CARBONE FOSSILE, CARBONE VIVANT

CHRISTIAN DE PERTHUIS

CARBONE FOSSILE CARBONE VIVANT

VERS UNE NOUVELLE ÉCONOMIE DU CLIMAT

nrf

GALLIMARD

Pour Pierre-André Jouvet
Mon collègue et ami parti trop tôt

Pour Jacques, Anatole et Léon
Nos petits-fils nés en 2022 et 2023

Introduction

ABONDANCE, RARETÉ, ÉQUITÉ

20 août 2018. Greta Thunberg est dans sa seizième année. Elle décide de ne plus aller à l'école jusqu'aux prochaines élections législatives qui doivent se tenir le 9 septembre en Suède. Au lieu de prendre le chemin du lycée, elle s'installe aux portes du Parlement avec un bout de carton portant la mention « *Skolstrejk för klimatet* » (« Grève scolaire pour le climat »). Elle y campera jusqu'au jour du scrutin.

Une lycéenne qui sèche pendant deux semaines la rentrée des classes : un non-événement qui aurait pu être vite oublié une fois les élections passées ! Mais Greta décide alors de ne reprendre les cours que quatre jours par semaine. Elle maintient son mot d'ordre de grève le vendredi, en appelant tous les lycéens du monde à la rejoindre. Le mouvement « *Fridays for Future* » est lancé. Greta Thunberg va bientôt devenir une icône incontournable en matière d'action climatique.

Le mouvement des lycéens pour le climat a pris une ampleur certaine. Des cortèges parfois imposants de jeunes ont battu le pavé des villes, surtout en Europe. Cette mobilisation n'y a cependant guère perturbé le système scolaire et n'a pas eu l'impact escompté sur les politiques climatiques. D'autres formes de désobéissance civile fortement médiatisées ont pris le relais : interruption de manifestations sportives ; blocages de centres commerciaux ou de voies de communication ; jets de liquides pour occulter des tableaux célèbres dans les musées…

Les images de jeunes qui se collent au bitume des autoroutes urbaines ou aux murs de musées choquent l'opinion publique. C'est une constante de ce type d'actions. Le philosophe américain David Thoreau en fit une véritable doctrine dans son livre de 1847 inspiré de sa lutte contre l'esclavagisme[1]. Un peu plus de cent ans avant les activistes du climat, la suffragette Mary Richardson s'introduisait déjà dans la National Gallery pour y lacérer la *Vénus* de Vélasquez au nom de la cause du droit de vote des femmes.

Abolition de l'esclavage, droit de vote des femmes, action en faveur du climat… Des causes justes qui poussent la société civile à multiplier les formes de désapprobation. La déferlante des contestations au titre des politiques climatiques n'est pas près de faiblir. Ses protagonistes la justifient par la passivité des responsables politiques face au réchauffement planétaire. Pour la majorité des observateurs, ces contestations reflètent, sinon le désengagement sur la question climatique, du moins la désespérante lenteur de l'action.

Inactif face au climat, le Parlement de Stockholm ? C'est pourtant le premier à avoir introduit une taxation du carbone au début des années 1990, puis un arsenal législatif et réglementaire sans pareil pour réduire les émissions de gaz à effet de serre. Si bien qu'aujourd'hui le pays de Greta Thunberg présente l'empreinte carbone par habitant la plus basse de tous les pays industrialisés. Comment alors expliquer que l'activisme climatique prenne sa source là où l'action face au réchauffement semble avoir quelques longueurs d'avance ? Simple hasard ?

Au démarrage de ce livre, posons une hypothèse qui inverse la représentation habituelle. La montée des contestations sur le climat reflète avant tout les tensions qui apparaissent sitôt que les sociétés commencent à se mobiliser face au réchauffement global. Elle nous dit que la transition climatique a déjà commencé, mais exprime simultanément une sorte de sidération face à l'ampleur des transformations que la crise climatique va nous contraindre à opérer.

Ayant eu la chance de rencontrer des climatologues au début des années 2000, j'ai été moi-même saisi par une telle sidération. Depuis, je tente d'intégrer le climat dans mes recherches, avec l'idée que les bons instruments économiques seront utiles à l'action collective.

Dans un premier temps, je l'ai fait en utilisant les outils des économistes « orthodoxes » qui traitent le climat comme une « externalité environnementale », autrement dit comme une nuisance dont les coûts pour la société ne sont pas pris en compte par les marchés. Le rôle de l'économiste consiste dès lors à aider la puissance publique à corriger cette défaillance du marché grâce à la tarification carbone. J'ai beaucoup appris à la lecture de l'essai de référence[2] de Nicolas Stern publié en 2006. Peu après, nous avons analysé avec Denny Ellerman et Franck Convery le fonctionnement du système européen d'échange de quotas de CO_2 dans un ouvrage commun[3].

Ces approches sont d'une grande utilité, mais n'épuisent pas le sujet. La question climatique ne peut se réduire à un problème d'externalité. Les lectures de l'ouvrage de Nicholas Georgescu-Roegen sur l'entropie[4] et de l'essai plus récent de Kate Raworth sur « l'économie du donut[5] » m'ont renforcé dans cette idée. Elles m'ont convaincu que l'économie que j'avais apprise puis enseignée à l'université devait être revisitée. C'est ce que je me propose de faire dans ce livre à partir de trois notions clefs autour desquelles s'est forgée notre discipline : l'abondance, la rareté, l'équité.

Dans l'approche économique traditionnelle, l'abondance des biens est la finalité de l'activité. La rareté prend la forme d'un ensemble de limites que l'économiste aide à repousser par une allocation efficace des ressources assurant la croissance. L'équité concerne les conditions d'accès aux biens produits qui peuvent être livrés par le marché (biens privés) ou fournis par la collectivité (biens collectifs).

La crise climatique nous contraint à quitter ce paradigme. Elle ne provient pas de la rareté des matières premières mais de leur trop grande abondance. Trop de charbon, trop de pétrole, trop de gaz d'origine fossile conduisent à l'accumulation de gaz à effet de serre dans l'atmosphère et au dérèglement climatique. Le rôle de l'économiste consiste dès lors à chercher la bonne façon d'introduire de la rareté pour limiter l'abondance des biens qui est à la source du trop-plein de gaz à effet de serre dans l'atmosphère. L'équité porte sur la façon dont ce rationnement peut s'opérer tout en répondant à la demande en biens et services essentiels au bien-être de la population.

Ce nouveau paradigme conduit à changer notre représentation du capital naturel. Dans l'approche classique, la nature est pensée comme un stock dans lequel on puise des matières premières. D'où la crainte récurrente de buter sur le mur de la rareté : pas assez de terre (Malthus), pas assez de biens agricoles (Ricardo), pas assez de charbon (Jevons), pas assez d'énergie fossile (club de Rome)… Face au spectre de la rareté, les économistes les plus libéraux postulent que le marché permet de trouver des substituts aux ressources qui, devenant rares, voient leurs prix relatifs augmenter. Ils imaginent la possibilité d'une « croissance infinie dans un monde fini ».

L'économiste du climat ne peut se satisfaire de cette figure réductrice du capital naturel. Il découvre que ce capital assure avant tout un ensemble de fonctions régulatrices auxquelles nous ne savons pas trouver de substituts. Il n'y a pas de « Planète B ». Le climat est l'une de ces fonctions régulatrices. Une autre est la biodiversité, autrement dit l'abondance du vivant, qui joue un rôle crucial dans la reproduction de la vie. Son érosion est accélérée par le réchauffement de la planète. Notre abondance matérielle s'opère au détriment de celle du vivant. Nous verrons à mesure de la progression du livre combien les enjeux relatifs au climat et à la biodiversité sont intrinsèquement liés.

Les deux premiers chapitres affinent nos représentations de l'abondance et de la rareté. Le premier rappelle l'ampleur du basculement de la rareté vers l'abondance résultant d'un siècle et demi de croissance économique basée sur l'énergie fossile. Une bascule sans précédent historique qui nous met aux prises avec des crises planétaires d'un nouveau type : destruction de la couche d'ozone, réchauffement climatique, érosion de la biodiversité. Occupés qu'ils étaient à étudier comment repousser les limites imposées par la rareté des matières premières, les économistes n'ont pas vu venir ces crises de l'abondance, quand ils ne les ont pas occultées.

Le deuxième chapitre examine comment notre utilisation de l'énergie fossile et celle du carbone vivant dans le milieu naturel provoquent le débordement du stock de gaz à effet de serre dans l'atmosphère. Enrayer le réchauffement implique de stabiliser ce stock. Pour y parvenir, il faut viser la neutralité climat en agissant sur deux axes : la transition énergétique qui vise à rationner le carbone fossile ; la transition agroclimatique qui remet en cause notre usage du carbone vivant pour les approvisionnements alimentaires au détriment de la biodiversité.

La transition énergétique fait l'objet des deux chapitres suivants. Le chapitre 3 examine sa dynamique d'ensemble, consistant à investir dans de nouvelles sources décarbonées en désinvestissant de l'énergie fossile. La baisse historique du coût des énergies convertissant des flux naturels (soleil, vents) est un puissant stimulant de l'investissement. Pour désinvestir des énergies fossiles, il faut simultanément donner un grand coup de frein à la demande d'énergie. Pour limiter cette demande de façon équitable, il convient de s'attaquer aux inégalités énergétiques en redistribuant les consommations superflues des nantis au profit des besoins essentiels qui sont loin d'être couverts.

Les impacts de la transition énergétique sur les régimes de croissance sont passés en revue au chapitre 4. L'investissement est facteur de croissance. Le désinvestissement qui affaiblit la capacité productive joue en sens inverse. La transition énergétique est un levier d'accélération de la croissance dans les pays moins avancés dont les économies ne sont pas encombrées d'actifs liés aux énergies fossiles. Les pays rentiers dépendant des énergies fossiles se trouvent à l'autre extrémité du spectre. L'Europe est dans une situation intermédiaire. L'impact de la transition énergétique sur son régime de croissance dépendra de sa capacité à reconvertir ses actifs économiques liés à l'usage des énergies fossiles. Les actifs financiers, bien sûr, mais surtout les actifs physiques et le capital humain.

À quelles conditions un monde sans émissions de carbone fossile conduit-il à la neutralité climatique ? C'est le fil conducteur des deux derniers chapitres, consacrés à la transition agroclimatique.

Le chapitre 5 analyse la logique d'ensemble de cette transition. Côté demande, elle implique une modification des régimes alimentaires afin de limiter les produits issus des élevages de ruminants, principale source des émissions spécifiques de l'agriculture. Côté offre, cela conduira à réorganiser les systèmes agricoles en utilisant la diversité du vivant pour produire mieux, et souvent plus, à l'hectare. L'agroécologie est la prochaine révolution agricole. Son déploiement va s'accélérer au détriment des schémas productivistes qui ont artificiellement optimisé les rendements, mais se révèlent peu résilients face à la crise climatique. La sécurité alimentaire en sortira renforcée.

Le chapitre 6 se focalise sur la protection des puits de carbone naturels : les océans et la biosphère. L'atteinte de la neutralité climat est tributaire de cette protection, bien plus que du déploiement de techniques artificielles. Les océans doivent cesser d'être un angle mort des politiques climatiques. Certaines pratiques renforcent le puits de carbone océanique quand d'autres l'altèrent. Sur terre, la protection des puits de carbone n'est pas acquise. L'arrêt de la déforestation tropicale en zone humide et la lutte contre la désertification en zone sèche sont subordonnés aux changements de pratiques agricoles. La protection du puits de carbone forestier doit contrarier les impacts du réchauffement, qui menace la santé et la croissance des arbres.

En conclusion, je vous propose de revenir sur la notion de justice climatique et ses liens avec la résilience. À long terme, la question de la résilience renvoie à celle de la démographie. À plus court terme elle soulève la question de la démocratie. Face à l'urgence climatique, les méthodes de l'autoritarisme peuvent séduire. Comme dans le cas des famines dans le monde examiné par Amartya Sen[6], l'analyse des expériences réelles est sans ambiguïté. La performance des démocraties l'emporte sur celle des dictatures. C'est plutôt rassurant : « *Skolstrejk för klimatet* » !

1

MAUDITE ABONDANCE

Lorsque le prix Nobel de littérature a été décerné à Annie Ernaux, j'ai eu deux réactions contradictoires. D'un côté une bonne dose de fierté qu'une compatriote écrivant dans ma langue maternelle décroche cette reconnaissance. De l'autre une sorte de vexation de n'avoir lu aucun des livres qu'elle avait publiés. Je cherche en effet à me tenir à distance suffisante des écrans pour être en mesure de lire les livres qui comptent, et pas seulement dans le domaine de l'économie. J'étais pourtant passé à côté de ceux d'une Nobel de littérature ! Je me suis rattrapé depuis en lisant *Les Années.* Il n'y a pas meilleure introduction pour aborder la question de l'abondance qui a envahi notre monde, ses promesses non tenues, les remises en cause qu'elle provoque chez l'économiste qui tente de se positionner face à tous ses méfaits alors qu'il avait appris, et même enseigné, que l'abondance était le but même de l'activité économique.

« ON VIVAIT DANS LA RARETÉ DE TOUT[1] »

Les premières pages du roman nous ramènent au lendemain de la Seconde Guerre mondiale, du côté d'Yvetot, en Normandie. L'auteure y décrit, bien mieux que les manuels universitaires, ce qu'était alors l'économie de la rareté : « On vivait dans la rareté de tout. Des objets, des images, des distractions, des explications de soi et du monde… » Pour une part cette rareté s'était aggravée durant cinq années d'un conflit qui avait imposé le rationnement et pratiquement bloqué tout achat de biens non essentiels.

Cinq ans sans achat ! Une situation difficile à imaginer aujourd'hui. Mais à l'époque, la rareté était le lot commun de l'immense majorité de la population. Les biens manufacturés avaient bien sûr commencé leur intrusion dans le quotidien. Mais on prenait grand soin d'eux, en les réparant pour prolonger leur utilisation et en les recyclant lorsqu'ils devenaient inutilisables.

L'économie du recyclage, imposée par la rareté, fut celle des innombrables générations qui nous ont précédés. Elle opérait dans un périmètre très restreint. La grande majorité des biens consommés étaient d'origine locale.

Les historiens de l'économie ont abondamment décrit cette économie de la rareté qui imposait ses dures lois à la quasi-totalité de la population quand l'opulence était réservée à d'infimes minorités. Ils ont également étudié le long chemin qui nous fit basculer de la rareté à l'abondance.

Angus Maddison figure parmi ceux qui ont le plus méticuleusement observé cette métamorphose dans une perspective de long terme[2]. Durant le premier millénaire de notre ère, rien ne bouge : population, richesse par habitant, espérance de vie sont à des niveaux équivalents en l'an 1 et en l'an 1000.

L'historien de l'économie détecte ensuite un lent mouvement haussier entre l'an 1000 et l'année 1820. La population mondiale passe de 270 millions d'habitants à un peu plus de 1 milliard. La richesse par habitant s'accroît de 50 %, soit un taux annuel de croissance de 0,05 %. On est encore dans un régime que les économistes ont qualifié de « stagnation séculaire ».

À partir de 1820, le monde amorce la bascule vers l'abondance. Jusqu'en 1950, le mouvement est circonscrit à l'Europe de l'Ouest, aux États-Unis et à quelques autres composantes de ce qu'on appelle le « monde occidental », plus le Japon. Cette bascule ne se transmet pas au reste du monde. Pis, elle s'effectue plutôt à son détriment car la colonisation et l'échange inégal déstructurent les économies périphériques. Ce double mouvement d'accumulation de capital et de destruction des capacités productives est décrit en détail par un autre économiste, Paul Bairoch, dans son analyse de la révolution industrielle[3].

1950, c'est exactement la période où nous transporte Annie Ernaux. La photo inspirant le décor du début de son roman porte la mention « Août 1949, Sotteville-sur-Mer ». La rareté y prédomine. Mais les biens manufacturés ont commencé à se diffuser et une partie croissante de la population a pu s'affranchir du rythme des travaux agricoles. En particulier les enfants qui passent désormais la plus grande partie de leurs journées sur les bancs de l'école.

Lorsqu'elles regardent vers l'avenir, les générations d'alors associent le progrès à la fin des restrictions, la promesse d'abondance. Écoutons de nouveau Annie Ernaux : « Le progrès était l'horizon des existences. Il signifiait le bien-être, la santé des enfants, les maisons lumineuses et les rues éclairées [...]. Il était dans le plastique et le Formica, les antibiotiques et les indemnités de la sécurité sociale[4]... ».

Depuis 1950, cette promesse d'abondance a dépassé tout ce que pouvaient imaginer nos ancêtres. En un peu plus d'un demi-siècle, le monde a été envahi par d'innombrables biens et services.

« ON VIVAIT DANS LA PROFUSION DE TOUT[5] »

Il y eut d'abord ce que Maddison nomma « l'âge d'or », séparant l'immédiat après-guerre des chocs pétroliers et de la vague inflationniste des années 1970. Durant ces « Trente Glorieuses », titre d'un ouvrage de Jean Fourastié[6], la production de biens et services croît comme jamais elle ne le fit dans le monde. Maddison estime à pratiquement 5 % par an sa croissance entre 1950 et le premier choc pétrolier. Du jamais-vu !

Depuis les années 1970, la dynamique s'essouffle dans les pays d'industrialisation ancienne, surtout au Japon et en Europe occidentale. Elle s'accélère dans le reste du monde. Le centre de gravité de l'économie mondiale bascule vers les pays émergents d'Asie, au premier rang desquels la Chine. Sur l'ensemble de cette période, la croissance mondiale reste supérieure à 3 % l'an, d'après les calculs du FMI. Un peu moins que durant l'âge d'or, mais bien plus que lors de toutes les phases qui l'avaient précédé.

Ces quelques décennies de croissance débridée nous emmènent à la fin du roman d'Annie Ernaux. L'auteure a migré de Normandie vers la région parisienne. Nous sommes entrés dans les années 2000. Le décor a bien changé : « Les lieux où s'exposait la marchandise étaient de plus en plus grands, beaux, colorés, méticuleusement nettoyés [...]. La liberté avait pour visage un centre commercial, des hypermarchés croulant sous l'abondance[7]. »

À la fin du roman *Les Années*, l'économie circulaire imposée par la rareté a cédé la place à celle du linéaire du centre commercial engorgé de marchandises impossibles à utiliser en totalité. La zone de chalandise du centre commercial s'est étendue, au détriment du commerce de proximité. Ses aires d'approvisionnement sont désormais directement branchées sur le monde.

L'abondance ne se limite pas aux biens matériels. Elle touche les services. Le transport, bien sûr, car la mobilité et la vitesse sont devenues les supports indispensables à la consommation de masse des biens matériels. La santé et l'éducation, qui occupent à elles seules le quart d'un agrégat baptisé produit intérieur brut (PIB), qui recense toutes les valeurs s'ajoutant les unes aux autres dans le circuit économique. L'information, surtout, dont les flux amorcent leur croissance exponentielle dès le début des années 2000.

Une telle escalade ne pouvait échapper à la perspicacité de la romancière. À la fin de son livre, Annie Ernaux décrit notre entrée dans le monde du numérique : « On vivait dans la profusion de tout, des informations et des expertises [...]. Avec le numérique, on épuisait la réalité[8]. »

LES MIRAGES D'UNE ÉCONOMIE DÉMATÉRIALISÉE

Curieusement, alors que les biens matériels envahissaient notre quotidien, ils ont semblé disparaître des agrégats de production. Leur croissance s'est comme diluée dans celle des services, à l'origine de 80 % du PIB aux États-Unis en 2020, d'après la Banque mondiale, contre seulement 1 % pour l'agriculture et moins de 20 % pour l'industrie. À l'autre extrémité de la pyramide, dans les pays à plus faible revenu, qu'on trouve majoritairement au sud du Sahara, l'agriculture et l'industrie comptent chacun pour plus du quart du PIB alors que les services en fournissent moins de 40 %.

Cette dilution des matières brutes et des biens industriels dans les services est parfois interprétée comme l'amorce d'un mouvement vers des économies dématérialisées. De là à anticiper le reflux automatique des émissions de gaz à effet de serre à partir du moment où la croissance profite surtout aux services, il n'y a qu'un pas que certains n'hésitent pas à franchir. L'idée qu'une économie de services serait moins émettrice de gaz à effet de serre qu'une économie basée sur l'industrie et la production de biens primaires est largement répandue.

Une telle assertion serait en phase avec ce que les économistes Gene Grossman et Alan Krueger ont appelé la « courbe environnementale de Kuznets » : dans un premier temps, la croissance de l'économie augmenterait les dommages environnementaux ; un pic serait atteint une fois la phase d'accumulation industrielle réalisée ; la diversification de l'économie par adjonction d'activités de services conduirait ensuite à une baisse des pressions environnementales[9]. Séduisante sur le papier, cette assertion repose sur des bases bien fragiles dans le cas des gaz à effet de serre.

En premier lieu, elle ne correspond pas aux observations qui peuvent être faites à partir des données disponibles. En moyenne, l'empreinte environnementale d'un Américain moyen est bien supérieure à celle d'un Africain habitant au sud du Sahara. L'Américain consomme beaucoup plus de biens matériels pour se nourrir, se déplacer ou se loger et émet en moyenne 8 à 10 fois plus de gaz à effet de serre. L'observation n'est pas vraiment en phase avec la courbe de Kuznets. On peut cependant objecter que les pays moins avancés n'ont guère amorcé de développement industriel. Ne serait-il pas plus pertinent de comparer les États-Unis avec des pays plus industrialisés ?

Effectuons la même comparaison avec l'Union européenne, la Chine et la Corée. Les émissions de gaz à effet de serre d'un Américain moyen sont nettement plus élevées que celles d'un Européen (2,2 fois en 2020), d'un Chinois (1,7 fois) ou d'un Coréen (1,3 fois). Dans ces trois pays, la tertiarisation de l'économie est pourtant moindre qu'aux États-Unis. Les preuves empiriques de l'existence de la phase déclinante de la courbe environnementale de Kuznets restent à trouver. La tertiarisation de l'économie n'a pas réduit l'abondance des biens matériels ni son empreinte sur le réchauffement du climat.

Ces biens peuvent être directement consommés : par exemple, lors d'un repas à la maison ou de l'utilisation d'un véhicule personnel. Ils peuvent l'être indirectement via un prestataire de services : par exemple le restaurateur qui va servir le repas ou le loueur de voitures qui mettra à disposition le véhicule. La tertiarisation de l'économie traduit souvent une nouvelle façon d'utiliser les biens matériels. Elle ne réduit pas leur abondance. Dans certains cas, comme le numérique, c'est du reste l'apparition de nouveaux biens matériels, plus puissants et sophistiqués, qui provoque l'émergence de nouveaux services.

En second lieu, la déformation des structures sectorielles de l'économie à long terme doit plus aux mouvements de prix relatifs qu'à la variation des volumes consommés. Les économistes qui se sont penchés sur la question savent combien le terme « croissance » peut être trompeur. À dix ou vingt ans d'intervalle, on ne produit pas les mêmes biens et services. La croissance se double d'un mouvement incessant de réassortiment de nouveaux biens et services qui chassent ceux préexistants. Ce réassortiment a de multiples ressorts : techniques, économiques, marketing. Il touche aussi bien les biens matériels que les services immatériels.

Dans ce processus de réassortiment, les prix relatifs, qui recouvrent des écarts de gains de productivité, jouent un rôle majeur. Les biens ou services dont la diffusion est la plus massive sont ceux dont les prix baissent le plus rapidement grâce à des gains de productivité très élevés. Produits dans des quantités de plus en plus abondantes, ils disparaissent pourtant des radars du PIB, qui ne comptabilise que les valeurs, autrement dit des volumes multipliés par des prix. À l'échelle microéconomique, cela s'observe dans le budget des familles. Les économistes Roger Fouquet et Peter Pearson ont par exemple approfondi le cas de l'éclairage domestique au Royaume-Uni. Il ne fait aucun doute que l'éclairage des maisons est aujourd'hui bien plus abondant que du temps des chandelles ou de la lampe à pétrole. Pourtant, les achats de bougies et de pétrole lampant pesaient bien plus lourd dans le budget des familles de l'époque que celui des ampoules et du courant électrique pour les faire fonctionner aujourd'hui[10].

Or, les gains de productivité sont très hétérogènes suivant les secteurs. Une partie des services, notamment ceux rendus à la personne comme l'éducation ou les soins, ne connaissent que des gains modestes, voire nuls, de productivité. Le temps de consultation du généraliste pour réaliser son diagnostic ou celui requis pour apprendre la lecture et l'écriture à un enfant ne varient guère dans le temps. Le poids de ces services croît fortement dans le PIB, qu'ils soient fournis par le secteur privé ou dans le cadre du service public. Il écrase celui des biens matériels dont l'abondance ne cesse de nous envahir, mais dont les prix relatifs baissent en raison des gains de productivité.

Cela est bien connu des biens manufacturés, mais joue également pour les biens à l'amont des chaînes de production. Dans les économies les plus avancées, les matières premières ne représentent plus qu'une partie dérisoire de la production de biens et services : 1 % pour les biens agricoles aux États-Unis pourtant connus pour leur puissance agroalimentaire, 2 % dans l'Union européenne, 4 % en moyenne dans le monde.

Mais attention aux contresens. Un secteur d'activité peut représenter une part minime du volume global de la production mesuré par le PIB, mais être indispensable au fonctionnement du système économique. Que l'agriculture représente 1 ou 40 % du PIB, la population a besoin de se nourrir. Quelle que soit la part de la production d'énergie primaire dans le PIB, si l'on n'a plus d'énergie, l'ensemble du système économique s'effondre !

LES EXCLUS DE L'ABONDANCE

Avec la débauche de garnitures dans les vitrines et le flux ininterrompu d'informations se déversant dans les réseaux, l'abondance semble être partout. Si elle se distribuait de façon égalitaire, elle serait accessible à tous. La promesse d'abondance exprimée au lendemain de la Seconde Guerre mondiale serait largement atteinte. Où en sommes-nous plus d'un demi-siècle après ?

Commençons par quelques observations. En France, l'Insee calcule un taux de pauvreté monétaire, défini comme la part de la population vivant avec moins de 60 % du revenu médian. Il s'agit donc d'un indicateur de pauvreté relative. En 2020, un peu moins de 9 millions de personnes, 14 % de la population, vivent en dessous de ce seuil. Si on fixe un seuil plus bas, on réduit leur nombre : 5 millions de pauvres pour un seuil de 50 % et 2 millions dans la très grande pauvreté pour un seuil de 40 %.

L'évolution dans le temps indique une diminution importante de la proportion de pauvres jusqu'à la fin des années 1970. Les progrès sont depuis à l'arrêt. La proportion du nombre de personnes pauvres est la même en 2020 qu'en 1979. Leur nombre s'est accru de 1,7 million[11]. Comme il s'agit d'un indicateur de pauvreté relative, il serait excessif d'affirmer que cette partie de la population a été totalement exclue de l'abondance. Mais elle n'en a touché qu'une portion congrue.

Les indicateurs exprimés en grandeur physique montrent la persistance d'une pauvreté absolue, et parfois son augmentation. En 2020, la précarité énergétique concerne 5 millions de ménages (10,5 % de la population). Le nombre de personnes mal logées atteint 4,1 millions. Parmi elles, 300 000 n'ont aucun domicile et leur nombre a doublé sur la dernière décennie. On estime enfin que 3 % de la population est en situation de sous-nutrition.

La rupture observée à la fin des années 1970 n'est pas particulière à la France. Dans l'ensemble des pays développés, les Trente Glorieuses conjuguent forte croissance et inégalités contenues. La machine redistributive fonctionne à plein, y compris aux États-Unis, où le taux marginal d'imposition sur les revenus dépasse 70 % jusqu'en 1979. Au sein de ces pays, les inégalités se creusent à partir de 1980. Elles déforment le sommet de la pyramide avec les fameux 1 % qui concentrent une proportion croissante des revenus et des patrimoines. Simultanément, l'ascenseur social semble se gripper, bloquant l'amélioration des conditions de vie du bas et du milieu de la pyramide. L'abondance reste inaccessible à une partie significative de la population.

Désormais bien connues, ces observations donnent lieu à des interprétations diverses. La remontée des inégalités contredit la courbe en cloche mise au point par l'économiste Kuznets en 1955 qui anticipait une baisse continue des inégalités après leur augmentation initiale. Dans *Le Capital au XXIe siècle*[12], Thomas Piketty prend le contre-pied de cette thèse. Pour lui, la norme du système capitaliste est le creusement des inégalités et seuls les événements exceptionnels comme les guerres ou les périodes de reconstruction conduisent à une interruption transitoire de cette tendance. Le creusement inégalitaire depuis 1980 s'interprète alors comme un retour à la norme. Dans son ouvrage sur les inégalités mondiales[13], Branko Milanović apporte un diagnostic plus nuancé. Pour lui, les inégalités suivent ce qu'il appelle des « vagues de Kuznets », sortes d'oscillations de long terme où se succèdent périodes de hausse et de baisse des inégalités.

L'apport majeur de Milanović consiste à mixer l'analyse des inégalités à l'intérieur des pays riches avec celle des inégalités entre pays. À partir de 1980, la redistribution de la croissance provoque une réduction spectaculaire des inégalités entre pays. Principalement au bénéfice des pays émergents d'Asie. La mondialisation aggrave les inégalités au sein des pays riches mais élargit massivement l'accès à l'abondance dans le reste du monde. D'où ce que l'auteur appelle « l'apparition d'une classe moyenne mondiale » illustrée par sa fameuse courbe en forme d'éléphant. Entre 1988 et 2008, les revenus par tête augmentent rapidement à l'extrémité de la trompe (les très hauts revenus) et sur le dos de l'éléphant (la sortie de la pauvreté d'un nombre croissant d'habitants des pays émergents). Ils stagnent en revanche pour les très bas revenus, car la redistribution de la croissance ne touche pas tous les pays pauvres, et pour les classes de revenus faibles et intermédiaires des pays riches.

La photographie du monde en 2020 donnée par la Banque mondiale témoigne de l'apparition de cette classe moyenne mondiale. Elle distingue quatre groupes de pays. Les plus riches regroupent 1,2 milliard d'habitants (15 % de la population mondiale) et les plus pauvres 700 millions (7 % de la population mondiale). Entre ces deux extrêmes les pays à revenus intermédiaires regroupent pratiquement trois Terriens sur quatre. 3,4 milliards (43 % de la population mondiale) appartiennent au groupe des revenus intermédiaires bas comme l'Inde ou le Pakistan. Même si ces pays n'appartiennent plus au groupe des pays moins avancés, ils regroupent un grand nombre de personnes qui sont proches des seuils de grande pauvreté. Les 2,5 milliards (30 % de la population mondiale) du groupe des revenus intermédiaires hauts habitent des pays comme la Chine, où une partie croissante de la population adopte des modes de consommation proches de ceux des pays riches. Cette photo est bien différente de celle prévalant à la fin des années 1970, où prédominait encore une opposition Nord-Sud avec un bloc étroit de pays à revenu intermédiaire.

Dans l'intervalle, la mondialisation a provoqué un recul massif de la pauvreté dans le monde. La Banque mondiale utilise un indicateur de grande pauvreté défini à partir d'un seuil absolu de subsistance (actuellement 2,15 dollars par jour). En 1981, 44 % de la population mondiale vivait en dessous de ce seuil, loin de l'abondance. En 2019, cette proportion était redescendue à 8,5 %. Cela signifie qu'environ 2,7 milliards de personnes sont sorties de la grande pauvreté. Ce n'est pas anodin ! L'institution a cependant tiré la sonnette d'alarme sur la dégradation rapide et inédite de la situation à la suite de l'épidémie de Covid et du renchérissement des denrées de base aggravé par la guerre en Ukraine. Cette dégradation est intervenue alors que les progrès dans la lutte contre la grande pauvreté s'essoufflaient depuis le milieu des années 2010[14].

Les indicateurs en données physiques corroborent cette vision. Nous en utiliserons de deux sortes dans cet ouvrage. Ceux d'accès à l'énergie sous forme d'électricité ou de systèmes modernes de cuisson et ceux d'accès à la ressource alimentaire. L'un et l'autre indiquent des progrès spectaculaires dans le monde durant les décennies 1980 à 2000 : la faim recule comme jamais elle ne le fit dans l'histoire, tandis que l'accès à l'électricité s'élargit. Les pays du Sud connaissent à leur tour les « trente glorieuses ».

Ces progrès s'infléchissent cependant dès le milieu des années 2010 pour la faim dans le monde. À partir de 2020, on observe une forte remontée de la sous-nutrition pour partie liée à la multiplication des chocs climatiques. En 2022, il s'y ajoute une vive dégradation des conditions d'accès à l'énergie. D'après l'Agence internationale de l'énergie (AIE), le renchérissement des matières de base, aggravé par la guerre en Ukraine, a contraint environ 100 millions de personnes à revenir à des pratiques de cuisson rudimentaires et dangereuses pour la santé. 75 millions ont sans doute perdu tout accès à l'électricité. La période des « trente glorieuses » serait-elle également révolue pour les pays du Sud ?

LES DÉSILLUSIONS DE L'ABONDANCE

La montée des inégalités ne constitue pas en elle-même une remise en cause des bienfaits de l'abondance. Elle renvoie plutôt au mode de répartition de la richesse au sein de la société qui a été au cœur de deux grands courants de pensée économique : le marxisme et le keynésianisme. Les deux sont restés dans un cadre conceptuel où l'abondance est la finalité de l'économie et la rareté le synonyme de manque et de pauvreté.

Marx conteste l'accaparement du profit par les capitalistes au nom d'une meilleure répartition de l'abondance, avec un double horizon : la société socialiste, débarrassée des prélèvements indus des capitalistes où chacun est rémunéré suivant « ses capacités » ; la société communiste, où l'abondance permet de se libérer des contraintes de la rareté pour rémunérer chacun « selon ses besoins[15] ». Pour sortir de la grande dépression des années 1930, Keynes préconise dans sa *Théorie générale* de redistribuer du revenu pour relancer la demande globale et vaincre le chômage. Keynes ne remet nullement en cause les bénéfices de l'abondance. Il imagine même un futur où elle permet de réduire le temps de travail à trois heures par jour[16] !

Le premier économiste à discuter des bénéfices et des méfaits de l'abondance est John Stuart Mill. Dans ses *Principes d'économie politique* de 1848, Mill se prononce en faveur d'un arrêt volontaire de la croissance : « Aussi ne puis-je éprouver pour l'état stationnaire des capitaux et de la richesse cette aversion sincère qui se manifeste dans les écrits des économistes de la vieille école. Je suis porté à croire qu'en somme il serait bien préférable à notre condition actuelle[17]. » Ce renoncement volontaire à la croissance est préconisé au nom des « progrès moraux et sociaux » et de « l'art de vivre » qu'entrave la compétition pour la recherche de la richesse. Il n'est pas abusif de considérer Mill comme le premier économiste objecteur de croissance.

Les raisons morales ou philosophiques de se méfier de l'abondance n'ont pas disparu. Loin de là. Elles ont été répertoriées avec perspicacité par le philosophe Michael Sandel, qui montre combien l'omniprésence des références marchandes dans la société américaine corrompt les valeurs collectives[18]. Mais il n'est pas nécessaire de les évoquer pour comprendre comment le trop peut devenir nuisible. « Abondance de biens ne nuit pas », nous disait le proverbe ? Notre quotidien montre l'inverse : l'encombrement des rues par des véhicules bloque la mobilité ; l'exposition excessive des enfants aux images affaiblit leurs capacités d'apprentissage ; la surconsommation de biens alimentaires fragilise les organismes et devient, à l'instar de la sous-alimentation, un nouveau vecteur de morbidité… On peut multiplier les exemples. Dans le monde réel, il ne fait aucun doute qu'au-delà de certains volumes l'abondance de consommation génère plus de méfaits que de bénéfices.

D'après les manuels de microéconomie, cela ne devrait pourtant jamais se produire. Pour les biens et services que nous utilisons, « l'utilité marginale », disent les économistes, autrement dit la satisfaction qu'on tire d'un supplément de consommation du produit, décline. La saturation est atteinte lorsque cette utilité devient nulle. Le consommateur cesse d'acheter dès qu'on atteint ce point sur la courbe déclinante (et même généralement avant car il a une contrainte budgétaire). Comme on pose par ailleurs l'hypothèse que ce consommateur est parfaitement informé, l'équilibre général se fixe à un niveau où l'on maximise à la fois sa consommation et son bien-être !

Dans son ouvrage *Prospérité sans croissance*, Tim Jackson s'inscrit en faux contre cette représentation de la réalité. Dans le monde réel, le consommateur est emprisonné dans ce que Jackson appelle « la cage de fer du consumérisme ». Il est poussé à une surconsommation de biens matériels bien au-delà du moment où le supplément de consommation apporte un réel bénéfice. Cela se voit sur le plan macroéconomique : « Au-delà d'un certain point, la recherche permanente de la croissance économique ne semble plus favoriser le bonheur humain, et peut même l'entraver. » Cela s'applique au bonheur comme à d'autres variables essentielles au bien-être : l'espérance de vie, l'éducation, la santé.

Jackson recommande donc d'« arrêter la quête permanente de la croissance dans les pays développés où la prolifération des biens de consommation n'apporte plus grand-chose au confort matériel[19] ». Il préconise simultanément de réallouer les moyens disponibles vers les pays à bas revenu, où la couverture des besoins de base est loin d'être assurée.

Un autre paramètre doit être mis dans la balance : les limites du budget temps qu'analyse Timothée Parrique dans son essai *Ralentir ou périr, l'économie de la décroissance*. Chaque journée fait vingt-quatre heures et chaque année trois cent soixante-cinq jours (+ 1 une fois tous les quatre ans !). Le temps occupé à produire un bien A ne peut l'être pour une autre activité : « Passé un certain stade, plus on consacre de temps et d'effort à la production de marchandises, moins on en consacre à son bien-être, à la famille, à la communauté. »

La règle s'applique également à la consommation. Consommer toujours plus enferme le consommateur dans une course permanente à la vitesse, porteuse de tensions et de frustrations perpétuelles bien plus que de bien-être. Et le progrès technique ne nous apportera jamais la journée de quarante-huit heures ! Comme le dit Parrique : « Si on appliquait à l'ensemble de nos productions le test de *l'empreinte temps*, il y a fort à parier qu'une grande partie des innovations que l'on pense économes en temps se révéleraient chronophages à l'échelle macroéconomique… augmenter notre vitesse ne nous fait pas toujours gagner du temps[20]. »

Troisième cause de désillusion : les atteintes à l'environnement. L'abondance de biens ne se contente pas de nous nuire. Elle nuit aussi à la qualité de notre environnement.

LES DÉGÂTS DE L'ABONDANCE

Certaines pollutions sont liées à la rareté des moyens de subsistance. Elles sont loin d'avoir disparu. La plus importante concerne l'air que l'on respire dans les logements précaires ou à proximité. L'Organisation mondiale de la santé (OMS) estime qu'elle a provoqué le décès prématuré de 3,2 millions de personnes en 2020. La principale source de cette pollution est l'utilisation de systèmes de cuisson rudimentaires par plus de 2 milliards de personnes vivant surtout dans les pays à bas revenu. Sans accès au gaz ou à l'électricité, les familles prélèvent de la biomasse dans le milieu naturel qu'elles brûlent souvent sur des foyers ouverts dépourvus de tout système d'évacuation des fumées.

Le nombre de décès imputables à ces pollutions imposées par la rareté a nettement reculé entre 2000 et 2020. En 2000, l'utilisation de systèmes de cuisson et de chauffage rudimentaires était la première cause de mortalité par les pollutions dans le monde. Elle causait plus de décès prématurés que les rejets des pots d'échappement, des chaudières et de toutes les installations de combustion modernes. Ce n'est plus le cas aujourd'hui. Entre 2000 et 2019, les décès prématurés provoqués par ces formes modernes de pollution ont en effet bondi de 2,9 à 4,2 millions[21]. Le coût humain des pollutions de l'abondance a dépassé celui des pollutions du dénuement.

La liste des dégâts engendrés par l'abondance est très longue. Elle concerne l'air que nous respirons, l'eau que nous utilisons, les sols et les plantes qui poussent dessus, les chaînes alimentaires qui nous nourrissent… Ces dégâts peuvent être immédiats. Par exemple lorsque le soleil tape fort l'été et que les vents ne soufflent pas, les rejets des pots d'échappement et des chaudières provoquent une pollution à l'ozone dangereuse pour les habitants directement exposés. Ces dégâts peuvent être plus sournois, indirects et plus lents à apparaître.

Un cas d'école est la pollution des eaux de la baie de Minamata, au Japon, par les rejets des résidus du mercure utilisé comme catalyseur par une usine pétrochimique. Les premiers rejets ont lieu en 1932. Ils intoxiquent les poissons puis les humains qui les consomment. Les premiers symptômes de la « maladie de Minamata » sont décrits en 1949. Ils sont attribués aux rejets de mercure en 1959. Il faudra attendre trente-quatre ans après le démarrage de l'usine, plus de dix mille cas et près de neuf cents décès, pour que le propriétaire de l'usine décide en 1966 de changer son processus de production en abandonnant le mercure.

Très tôt, il est apparu que les dommages environnementaux ne sont pas spontanément pris en compte par le marché. Le coût des dommages sanitaires du mercure n'étant pas intégré dans les prix de vente de l'usine, son propriétaire n'était pas financièrement incité à cesser d'intoxiquer les poissons de la baie et leurs consommateurs. Une partie de ce coût lui a été imputée *ex post* lorsque le gouvernement japonais l'a contraint à indemniser les victimes. Dès 1920, l'économiste Arthur Pigou préconise d'intégrer ces coûts environnementaux *ex ante*, de façon préventive. Pour ce faire, il recommande d'introduire une taxe qui renchérisse le prix des biens et services polluants, au prorata des dégâts qu'ils infligent à la société[22]. La taxe pigouvienne est l'ancêtre du principe pollueur-payeur qui sera adopté un demi-siècle plus tard par l'OCDE (1972) et intégré dans le Code français de l'environnement en 1995.

Dans cette vision de l'économiste conventionnel, les dégâts environnementaux sont comme extérieurs à la sphère économique et il convient de les y intégrer via une intervention publique. Cette intervention peut prendre la forme de normes qui restreignent ou interdisent l'usage de certains polluants. C'est de loin l'instrument le plus utilisé en pratique. Les instruments de tarification qui internalisent les coûts des pollutions ont généralement la préférence des économistes (mais pas celle du public !). On démontre assez facilement que si les marchés fonctionnent correctement, ils permettent de réduire le coût des actions de protection de l'environnement.

L'un des tout premiers économistes à s'être penché, dès la fin des années 1970, sur le réchauffement climatique est William Nordhaus. Nordhaus a consacré une grande partie de sa carrière à appliquer au changement climatique les méthodes traditionnelles d'analyse de l'environnement. Cela l'a conduit à accorder une grande place à la tarification des émissions de gaz à effet de serre, sous forme de taxe carbone ou de système d'échange de quotas. Ce travail académique lui a valu l'attribution du Nobel d'économie en 2018, mais ne lui a pas épargné de sévères critiques d'une partie de la société civile lui reprochant d'accorder une place trop importante à la tarification carbone.

Cette vision de coûts externes au fonctionnement de l'économie laisse toutefois perplexes les historiens qui se sont penchés sur l'histoire des pollutions. Leurs travaux considèrent les pollutions non comme une externalité mais comme un attribut intrinsèque au régime économique[23]. La critique porte encore plus quand on considère non plus les innombrables pollutions locales mais la montée des désordres environnementaux globaux. Peut-on considérer la destruction de la couche d'ozone, le réchauffement du climat, la perte de biodiversité comme de simples externalités à corriger ?

OZONE, CLIMAT, BIODIVERSITÉ : LES CRISES DE L'ABONDANCE

Dans le cas de la pollution de l'air domestique liée à la précarité, l'émetteur de la nuisance en est aussi la victime. Quand on élimine la source polluante, les bénéficiaires sont ceux qui ont modifié leur pratique de cuisson soit en utilisant une source d'énergie moins polluante, gaz ou électricité, se substituant à la biomasse, soit en améliorant les systèmes de cuisson pour les familles qui restent à la biomasse.

Les crises environnementales planétaires qui apparaissent au XXe siècle sont d'une tout autre nature. Ce sont des crises de l'abondance. Elles résultent de l'agrégation de multiples pratiques locales dont le cumul altère durablement un système de régulation naturelle planétaire : le cycle de l'azote, celui de l'eau douce, le climat, la biodiversité… Il n'y a plus aucun lien direct entre l'émetteur de la nuisance et ses victimes potentielles. Ni lien géographique puisque les dommages résultent du cumul des pratiques indépendamment de leur localisation d'origine. Ni lien temporel puisque les impacts des pratiques se cumulent d'une génération à l'autre, affectant plus lourdement celles qui arriveront en dernier.

La première crise environnementale planétaire apparue au XXe siècle concerne la couche d'ozone située dans la stratosphère, environ 20 kilomètres au-dessus de la surface terrestre. Cette couche, datant de quelque 2,5 milliards d'années, joue un rôle aussi important pour la vie terrestre que l'oxygène que nous respirons. Elle filtre les rayons ultraviolets du soleil, dont certains sont létaux pour tous les êtres vivants. On comprend la sidération qui saisit le monde lorsque le géophysicien Joe Farman publie en 1985 le résultat de ses observations faites depuis la base de Halley Bay, dans l'Antarctique. Un « trou » se forme dans la couche d'ozone à chaque printemps austral qui s'élargit d'année en année. Ce trou ne se forme pas de façon naturelle. Un groupe de chimistes qui se verra récompensé du Nobel[24] montre bientôt qu'il est creusé par l'accumulation de substances chimiques rejetées dans l'atmosphère, dont les plus importantes sont les CFC, une famille de gaz fluorés alors massivement utilisée dans l'industrie du froid et dans les vaporisateurs.

La réaction de la communauté internationale est alors rapide : une convention est signée à Vienne dans le cadre des Nations unies. Elle est suivie du protocole de Montréal, adopté en 1987, qui planifie l'interdiction graduelle du rejet de ces gaz dans l'industrie. Le dispositif fonctionne au-delà de toute espérance. En un peu moins de deux décennies, la quasi-totalité des rejets atmosphériques de CFC ont été éliminés grâce à l'utilisation de substituts dans l'industrie mondiale. La couche d'ozone a donc cessé de se dégrader. En revanche, il faudra une cinquantaine d'années pour qu'elle retrouve son état initial. C'est le temps de séjour moyen des gaz CFC dans l'atmosphère. Comme ces gaz sont également à effet de serre, ils continuent d'exercer leur pouvoir de réchauffement sur la planète.

Deuxième crise environnementale planétaire, le réchauffement climatique résulte de l'accumulation des gaz dits à effet de serre dans l'atmosphère. L'effet de serre désigne le piégeage d'une partie du rayonnement infrarouge par certains gaz présents dans l'atmosphère qui agissent comme une couverture réchauffant la surface de la planète. Il a été décrit pour la première fois en 1824 par le mathématicien français Joseph Fourier. De façon très incomplète. Les mérites de la découverte de l'effet de serre sont habituellement attribués au physicien irlandais John Tyndall, suivi quelques décennies plus tard par le chimiste suédois Svante Arrhenius.

C'est oublier la contribution de la chercheuse américaine Eunice Foote qui, trois ans avant Tyndall, mit en relief le rôle de la vapeur d'eau et du CO_2 dans l'effet de serre. Cet oubli n'est pas fortuit. Eunice était femme, et suffragette de surcroît. Elle souffrit du sexisme de la communauté scientifique de l'époque. En 1856, elle ne peut accéder à la réunion annuelle de l'American Association for the Advancement of Science (AAAS) pour présenter ses travaux. Au lieu de publier l'intégralité de son article fondateur, l'AAAS ne publiera qu'un résumé de deux pages dans ses annales. La Royal Society, l'une des institutions scientifiques les plus respectées au monde, a récemment réhabilité le travail de recherche d'Eunice Foote dans un article minutieusement documenté[25]. On ne peut que s'en réjouir, même si la reconnaissance est un peu tardive !

De façon similaire à la destruction de la couche d'ozone, ce n'est pas le flux annuel des émissions de gaz à effet de serre qui réchauffe la planète. C'est l'accroissement de leur stock dans l'atmosphère. L'analogie s'arrête là. Dans le cas de l'ozone, ces substances étaient utilisées dans un nombre limité de procédés industriels. Pour le climat, le gonflement du stock provient à hauteur de 70 % de trois produits – le charbon, le pétrole, le gaz – qui couvrent 80 % des besoins énergétiques du monde, et à hauteur de 25 % de l'ensemble constitué par l'agriculture, ses déchets en fin de cycle et la forêt. Pour enrayer le réchauffement, il convient de stabiliser le stock. Plus facile à dire qu'à faire. L'abondance des biens et services à laquelle nous nous sommes habitués repose directement sur l'utilisation d'énergie. Une réduction massive des émissions provenant du système énergétique implique une réorganisation drastique de l'ensemble du système économique. Quant aux 25 % provenant de l'agriculture et de la forêt, ils renvoient directement à la question de la sécurité alimentaire et à la façon dont nous utilisons le vivant pour produire notre alimentation et quelques autres biens.

La troisième crise environnementale planétaire concerne l'érosion de la biodiversité. À mesure que les biens et infrastructures matériels envahissent la planète, l'abondance du vivant disparaît. Certains chercheurs ont calculé que le poids cumulé de tous ces biens et infrastructures dépasse désormais celui de l'ensemble des espèces vivantes. Les plastiques à eux seuls pèseraient deux fois plus que tous les animaux de la terre[26] !

Le déclin de l'abondance du vivant est bien documenté grâce à la Plateforme intergouvernementale sur la biodiversité (IPBES), l'homologue du GIEC pour la biodiversité. Elle peut concerner des espèces emblématiques ou qui nous ressemblent : le panda en Chine, l'aigle chauve aux États-Unis ou l'ours polaire à la dérive sur un bloc de glace détaché de la banquise. Ces risques d'extinction émeuvent le grand public, ce qui facilite les campagnes de protection. Mais le mouvement est bien plus large. Il concerne toutes sortes d'êtres vivants que nous connaissons mal et pour lesquels nous n'avons pas d'empathie : des insectes, des amphibiens (grenouilles), des reptiles… Il affecte les espèces végétales, dont la variété disparaît de nos paysages et plus encore de nos champs cultivés. Sans oublier la multitude d'êtres vivants que nous ne voyons pas, comme les bactéries ou les lombriciens (vers de terre) dans le sol, qui jouent un rôle majeur dans la reproduction de la vie.

Les causes de l'érosion de la biodiversité ne peuvent se ramener, comme dans le cas de l'ozone ou du climat, à un stock de substances que nous rejetons dans l'atmosphère. Elles sont multiformes. Le réchauffement du climat y participe, mais n'en est pas la cause principale. Du moins pas encore. Toutes se ramènent *in fine* au comportement d'une espèce un peu particulière : *Homo sapiens*, qui semble engagé dans une entreprise de destruction systématique des autres espèces pour la satisfaction de ses besoins. Le problème, c'est qu'il risque à la fin de se détruire lui-même. Dès 1820, Lamarck, illustre savant du Muséum d'histoire naturelle, nous avait mis en garde : « L'homme est perpétuellement en guerre contre ses semblables, et les détruit de toutes parts et sous tous les prétextes : en sorte qu'on voit des populations, autrefois considérables, s'appauvrir de plus en plus. On dirait que l'homme est destiné à s'exterminer lui-même après avoir rendu le globe inhabitable[27]. »

Nous n'en sommes pas là. Mais la question est cruciale pour quiconque se penche sur la question du climat. Car la crise climatique est liée de multiples façons à celle de la biodiversité. On ne peut espérer lutter avec efficacité contre le réchauffement de la planète sans agir sur la biodiversité. Et vice versa.

COMMENT LES ÉCONOMISTES ONT ÉVACUÉ LA NOTION DE LIMITE

La montée des crises environnementales planétaires doit conduire les économistes à repenser la notion de « limite ». Un terme qui a déjà fait couler pas mal d'encre.

En 1972, une équipe de chercheurs du MIT conduite par Dennis et Donella Meadows publie *The Limits to Growth*, titre malencontreusement traduit en français par *Halte à la croissance*, probablement pour des raisons marketing[28]. Le travail a été réalisé à partir d'une modélisation formalisant les interactions entre population, production, pollution et disponibilité des ressources matérielles. Il indique que la poursuite de la croissance exponentielle dans le monde va buter sur des contraintes de rareté au XXIe siècle. Les différents scénarios n'anticipent pas un brusque épuisement physique des ressources, mais un accroissement graduel des coûts à mobiliser pour les extraire ou assurer leur reproduction dans le cas des ressources renouvelables. À partir de certains seuils, variant d'un scénario à l'autre, le poids de ces coûts provoque un retournement de l'ensemble du système qui décline d'autant plus abruptement qu'on a auparavant tiré sur les ressources.

Moins d'un an après la publication du rapport Meadows, les cours du pétrole s'envolent. Fini les Trente Glorieuses durant lesquelles on surfait sur un pétrole abondant et pas cher. Les calculs de la jeune Agence internationale de l'énergie tout juste constituée confirment l'ampleur du problème : au rythme d'extraction de l'époque, il ne reste guère plus d'une quarantaine d'années de réserves de pétrole en terre. Les travaux de l'équipe de modélisation du MIT étaient prémonitoires. Il subsiste juste une interrogation : l'effondrement ne va-t-il pas se produire plus tôt qu'attendu ?

Les économistes les plus chevronnés de l'époque, emmenés par Robert Solow, considéré comme le père de la théorie de la croissance, donnent alors de la voix[29] : l'équipe du MIT était constituée d'ingénieurs (en matière de production d'ingénieurs, le MIT est un peu aux États-Unis ce que l'École polytechnique est à la France !). Elle manquait d'économistes. Du coup, elle a négligé la formidable propension de notre système économique à trouver des substituts aux ressources, qui, se raréfiant, voient leurs prix relatifs augmenter. Du reste, ce n'est pas la première fois qu'une fausse alerte est lancée. Souvenez-vous. Malthus l'annonçait déjà en 1798 dans son fameux traité sur la population. D'après lui, la rareté des terres allait bloquer la croissance démographique.

De fait, ce petit retour en arrière n'est pas inutile. Non pour donner raison à tel ou tel, mais pour comprendre comment la théorie économique a pu évacuer la question des limites avec autant d'assurance. Rappelons la formule assassine de Kenneth Boulding auditionné par le Congrès des États-Unis un an après la sortie du rapport Meadows : « Ceux qui pensent que la croissance exponentielle peut continuer à jamais dans un monde fini sont soit fous, soit économistes[30]. »

La question de la rareté des ressources est très présente chez les auteurs classiques. Le capital naturel y est figuré comme un stock de matières premières, renouvelables ou pas, dans lequel on peut puiser. Leur rareté est une préoccupation majeure. L'une des fonctions de l'économiste consiste alors à aider le politique à repousser les limites imposées par cette barrière de la rareté pour faciliter la croissance.

Concernant la limite des terres agricoles, Malthus, pasteur de son état, recommande de freiner la natalité par l'abstinence. Il vise plus particulièrement la classe laborieuse, pour laquelle il préconise par ailleurs de supprimer les aides sociales. Dans ses *Principes de l'économie politique et de l'impôt*, Ricardo analyse le problème en introduisant un concept encore d'actualité en économie de l'énergie : celui de rente différentielle. Pour entretenir une population plus nombreuse, il faut étendre les surfaces agricoles en mettant en culture des terres moins fertiles. Cette extension provoque une augmentation des prix agricoles, laquelle gonfle la rente perçue par les propriétaires fonciers. La rente foncière mange alors le profit des capitalistes et, avec lui, le potentiel de croissance future. D'où l'acharnement de Ricardo à supprimer les droits de douane sur les importations de grains pour freiner la baisse tendancielle du taux de profit[31].

En 1865, William Stanley Jevons tire la sonnette d'alarme sur les risques d'épuisement du carburant de la première révolution industrielle : le charbon. Il met en exergue ce qu'on appelle depuis « l'effet rebond ». Les nouvelles machines à vapeur utilisées dans les mines de charbon sont bien plus efficaces que les anciens procédés. Les ingénieurs sont fiers de leurs prouesses, qui vont permettre d'économiser la matière première. Détrompez-vous, leur rétorque Jevons : « C'est une totale confusion des idées de supposer que l'utilisation économique du combustible équivaut à diminuer sa consommation. L'exact opposé est la vérité[32]. » La baisse du prix du charbon produit plus efficacement dans la mine va en effet doper la demande. Et le charbon risque de manquer. La solution ? Dans le modèle d'économie néoclassique, dont

Jevons est l'un des fondateurs, elle viendra d'elle-même : la rareté du charbon fera augmenter son coût, ce qui limitera la demande et incitera à trouver des substituts…

Dans le cadre néoclassique, la question de la rareté des matières premières disparaît des radars. Elle se dilue dans la multiplicité des flux d'échange qui se réorientent en permanence suivant les signaux des prix relatifs. Les travaux de l'économiste Hotelling dans les années 1930 illustrent parfaitement cette dilution. La ressource épuisable est devenue un actif comme un autre. Pour l'exploiter de façon optimale, il convient d'ajuster le rythme de son extraction en fonction du taux d'intérêt de l'économie[33]. Et quand elle vient à manquer ? On lui trouvera nécessairement un substitut puisque la fonction de production du modèle est à facteurs substituables !

On comprend mieux l'indignation des économistes au moment de la publication du rapport Meadows. Depuis un siècle, ils étaient parvenus à évacuer la notion de limite, et voici qu'une bande de jeunes et brillants ingénieurs du MIT la réintroduit de façon magistrale dans le débat public. Indignation de tous les économistes ? Pas tout à fait. À peu près simultanément au rapport Meadows, Nicholas Georgescu-Roegen publie *The Entropy Law and the Economic Process*, qui va contribuer à déplacer le débat.

REPENSER LES LIMITES

Georgescu-Roegen est convaincu des limites de la croissance, mais il pense que le risque d'épuisement des ressources n'est que la face apparente des choses. La bonne question sur la limite n'est pas celle de la disponibilité plus ou moins grande des ressources matérielles : on peut gloser à l'infini sur le pic pétrolier toujours annoncé, sans cesse retardé. Elle concerne l'entropie qui règle les flux d'énergie et la biologie évolutionniste qui s'applique aux êtres vivants. Ce sont ces lois de la nature qui conditionnent sur le long terme la quantité de ressources qui pourra être utilisée et certainement pas le progrès technologique couplé au jeu des prix relatifs, des élasticités de substitution entre facteurs de production et du taux d'intérêt sur le capital mobilisé.

L'intuition de Georgescu-Roegen nous contraint à changer de paradigme. Concernant l'énergie, elle est lumineuse. Cessons de nous inquiéter du risque d'épuisement du pétrole ou du gaz. La véritable limite ne réside pas dans la finitude de leurs gisements. Elle est bien plus dans les dérèglements planétaires auxquels conduit leur trop grande abondance. Il y a trop de pétrole, trop de gaz d'origine fossile et beaucoup trop de charbon dans le sous-sol, alertera bientôt le premier rapport du Groupement intergouvernemental sur le climat (GIEC), publié une vingtaine d'années après le livre de Georgescu-Roegen.

On ne trouve pas trace de ces questions dans le rapport Meadows de 1972, qui s'inscrit dans l'ancien logiciel des économistes représentant le capital naturel comme un stock de ressources où puiser. Le modèle « World3 » utilisé par l'équipe du MIT a bien été calibré pour prendre en compte les rétroactions négatives résultant des pollutions locales. Pas celles résultant des dérèglements du climat ou du trou de la couche d'ozone. Ces problématiques sont discutées dans la version actualisée du rapport de 2002, qui consacre un chapitre détaillé à la détérioration de la couche d'ozone[34]. Mais elles ne sont pas intégrées dans les modèles alors utilisés.

Prémonitoire, le livre de Georgescu-Roegen reste d'un

accès difficile et assez théorique car les désordres environnementaux planétaires sont à l'époque encore naissants et peu documentés. Ce n'est plus le cas aujourd'hui. Le GIEC et l'IPBES sont passés par là. En 2009, une équipe de scientifiques conduite par Johan Rockström produit une première cartographie des systèmes de régulation planétaires[35]. Elle identifie neuf systèmes biophysiques, parmi lesquels on trouve l'ozone, le climat, la biodiversité. Chaque fois un ou deux indicateurs fixent un seuil probable à partir duquel le système Terre quitte la « zone de sécurité ». Un visuel figurant les neuf systèmes sous forme de cadrans permet de voir visuellement les limites qui sont déjà atteintes ou dépassées. L'annexe 1 de l'ouvrage explique plus en détail leur mode de construction.

Ces limites, aussi dénommées « frontières planétaires », ne sont pas fixées une fois pour toutes. Elles évoluent en fonction des progrès de la connaissance du système Terre, qui est d'une rare complexité. Elles sont également affectées d'une grande incertitude, car les modèles ne permettent de saisir qu'une partie de cette complexité. C'est pourquoi les limites planétaires sont régulièrement actualisées en fonction des progrès de la connaissance et de l'évolution des empreintes humaines[36]. Ces indicateurs sont calculés en grandeurs physiques, différentes d'un système à l'autre. Ils sont parfois fournis dans des unités un peu mystérieuses. Qui connaît la définition de l'unité Dobson utilisée pour mesurer l'épaisseur de la couche d'ozone ?

La modélisation de base des limites imposées à l'abondance par le climat, la biodiversité et tous les grands systèmes de régulation planétaires est donc disponible. En l'état, elle n'est pas directement exploitable par les économistes qui ne sont pas habitués à intégrer l'unité Dobson dans leurs modèles, et plus généralement les flux physiques. Un travail assez titanesque reste donc à opérer en la matière.

C'est la tâche à laquelle nous invite Kate Raworth dans son livre : *La Théorie du donut*. Mais que vient donc faire ici le fameux beignet troué par le milieu, vendu par les marchands ambulants à chaque croisement de Manhattan ? Réponse de Raworth : il nous permet de fixer un plafond et un plancher à l'intérieur desquels devra fonctionner l'économie du XXIe siècle. Comme l'explique plus en détail l'annexe 1, le plafond écologique reprend les neuf frontières planétaires définies par les scientifiques. Le plancher est plutôt à aller chercher du côté des indicateurs de développement humain. Entre les deux, se situe la zone de fonctionnement de confort de l'économie : « En deçà du fondement social du donut se trouvent les pénuries en matière de bien-être humain, qu'affrontent ceux auxquels manquent les choses essentielles comme la nourriture, l'éducation et le logement. Au-delà du plafond écologique se trouve un excès de pression sur les systèmes sources de vie, par le biais du changement climatique, de l'acidification des océans et de la pollution chimique par exemple[37]. »

Dans les chapitres qui suivent, je vous propose de nous concentrer sur l'une des tranches du donut : le climat, qui n'est que l'une des neuf composantes du plafond écologique. Est-ce à dire que nous n'allons traiter qu'un neuvième du sujet ? Pas tout à fait. Les neuf composantes du plafond écologique ne sont pas indépendantes les unes des autres, ce qui ne facilite pas l'utilisation de l'outil. En approfondissant la question du climat, nous serons donc contraints d'étudier les multiples interactions du réchauffement climatique avec d'autres tranches du beignet, en particulier toutes celles concernant la biodiversité.

Raworth est parfaitement consciente de ces interactions multiples qui ajoutent à la complexité de la tâche de l'économiste. Elle l'exprime dans son style assez inimitable : « Si vous avez envie de prendre votre plume pour tracer des flèches sur le donut afin d'explorer comment chacune des limites pourrait affecter les autres, vous avez compris. Et le donut en vient à ressembler davantage à un plat de spaghettis ». L'affaire est entendue. Je vous propose de nous concentrer maintenant sur une seule tranche du beignet plutôt que de prendre le risque de nous perdre dès le démarrage dans les entrelacs du plat de spaghettis !

2

CARBONE FOSSILE, CARBONE VIVANT

L'historien américain John McNeill a consacré sa carrière à l'étude des questions environnementales. Son ouvrage majeur, *Du nouveau sous le soleil*, brosse une fresque historique de l'environnement au XXe siècle. McNeill scrute les différents facteurs à l'origine des dégradations environnementales. De multiples innovations y ont contribué. L'introduction des tronçonneuses mécaniques – leur production démarre en 1917 aux États-Unis – divise par exemple de cent à mille le temps requis pour abattre un arbre. C'est un paramètre qui compte dans l'accélération de la déforestation au XXe siècle. Dans les années 1920, le chimiste Thomas Midgley met au point un additif au plomb pour réduire le cliquetis des moteurs. L'essence ainsi enrichie sera, de loin, la première source d'intoxication au plomb au XXe siècle. Quelques années après, le même Midgley brevette un produit se substituant aux liquides utilisés dans les réfrigérateurs de l'époque, qui avaient une fâcheuse propension à exploser. Ce nouveau produit miracle n'est autre que le CFC, dont l'accumulation dans l'atmosphère provoquera, un demi-siècle plus tard, l'altération de la couche d'ozone.

Dans sa préface à l'édition française de l'ouvrage, McNeill revient sur les différents facteurs à l'origine des dégradations environnementales. « Lorsque j'ai commencé à travailler sur ce livre au début des années 1990, je pensais que l'élément qui avait le plus fortement marqué l'histoire environnementale mondiale du XXe siècle avait été l'accroissement de la population. Lorsque j'eus achevé ce travail, mon opinion avait changé, et c'est le système énergétique basé sur les énergies fossiles que je considérais comme la variable essentielle ; j'ai tâché de souligner son importance dans le livre. Je pense maintenant, dix ans plus tard, que si c'était à refaire j'insisterais encore plus sur les énergies fossiles[1]. » L'économiste du climat ne peut qu'acquiescer ! Les émissions de CO_2 provoquées par l'usage des énergies fossiles sont, et de loin, le premier facteur à l'origine du réchauffement planétaire. Mais ce carbone fossile a lui-même été produit par la nature durant plusieurs centaines de millions d'années à partir de déchets végétaux et animaux, autrement dit à partir de carbone vivant. Pour appréhender correctement les ressorts du dérèglement climatique et les moyens d'y faire face, il convient de clarifier les interactions entre carbone fossile et carbone vivant.

LE CARBONE FOSSILE EN SURABONDANCE

Quand on veut combattre les pollutions locales, on se heurte assez vite à des problèmes épineux de mesure. La composition des substances à la sortie de votre pot d'échappement ou de votre chaudière est d'une complexité rare. Il faut les repérer, ce qui n'est pas toujours facile quand elles sont microscopiques. Une fois sorties du pot, certaines de ces substances peuvent interagir avec l'air ambiant et en produire de nouvelles. C'est le cas des pollutions par ozone qui surviennent généralement l'été. De plus, la quantité des rejets nocifs dépend du réglage du moteur, de l'entretien du pot d'échappement et des conditions de conduite…

Le calcul des émissions de CO_2 d'origine fossile est bien plus simple. Il n'y a que trois produits : le charbon, le pétrole et le gaz. Leur combustion émet une quantité invariable de CO_2. En moyenne, pour produire une énergie équivalente à une tonne de pétrole (on dira une TEP pour « tonne d'équivalent pétrole »), on émet une quantité de CO_2 de l'ordre de 2,3 tonnes avec du gaz naturel, de 3,1 tonnes avec du pétrole brut et de 4 tonnes avec du charbon. Compter les émissions est assez simple : il suffit de connaître la quantité et la qualité des trois combustibles fossiles utilisés, puis de les multiplier par leurs facteurs d'émission respectifs.

Dans le cadre du *Global Carbon Project*, une équipe internationale de chercheurs s'attelle à cette tâche depuis plusieurs années, sous la coordination de Pierre Friedlingstein. Les résultats de leurs travaux sont livrés dans le rapport annuel *Global Carbon Budget*[2]. Que nous disent-ils sur le mouvement des émissions de carbone fossile depuis un siècle ?

En 1920, la population du globe était voisine de 1,86 milliard d'habitants. Chacun consommait environ 0,9 TEP, dont un peu moins de 60 % étaient fournis par le charbon. La biomasse arrivait juste après, le pétrole, le gaz et l'hydraulique loin derrière. Montant des émissions de CO_2 d'origine fossile de l'époque : 3,5 Gt, soit 1,8 tonne par tête.

Un siècle plus tard, en 2021, un Terrien consomme en moyenne deux fois plus d'énergie. Comme il y a 4,2 fois plus de Terriens, la consommation totale d'énergie a été multipliée par 8,4. La biomasse n'a pas été abandonnée, mais elle compte désormais pour un peu moins de 10 % des sources d'énergie mobilisées. Les trois énergies fossiles en représentent un peu plus de 80 %. Montant des émissions de CO_2 résultant de l'usage des énergies fossiles (y compris émissions de procédés industriels comme pour la fabrication du ciment) : 37 Gt, ou 4,7 tonnes par habitant, soit des multiplications respectives de 10,5 et 2,6 en un siècle.

Le regard porté sur le siècle qui vient de s'écouler suggère une corrélation forte entre le basculement du monde de la rareté vers l'abondance et l'escalade des émissions de carbone fossile. Examinons la liaison d'un peu plus près.

Sur les cent une dernières années, les émissions mondiales de CO_2 d'origine fossile ont été en baisse à quinze reprises. Chaque fois, le reflux est attribuable à un repli violent de l'activité provenant de récessions (1921, 1929, deux chocs pétroliers puis crise financière de 2008) ou de chocs sociopolitiques (Seconde Guerre mondiale, grèves des mineurs aux États-Unis, écroulement du système de planification soviétique). La pandémie de Covid a été le dernier en date de ce type de chocs. Elle a provoqué un recul des émissions de 5 % en 2020. Le mouvement a été éphémère. En 2021, les rejets de carbone fossile avaient retrouvé leur niveau de 2019.

Affinons la liaison en distinguant deux grandes périodes. De 1920 jusqu'aux années 1960, les gains d'efficacité énergétique, mesurés à l'échelle macroéconomique comme le rapport entre le PIB et la consommation d'énergie, sont faibles. Comme la part des énergies fossiles dans le mix énergétique augmente, les émissions de carbone fossile progressent un peu plus rapidement que la production. Leur rythme maximal est atteint durant les Trente Glorieuses de l'après-guerre.

À partir de 1970, les choses se complexifient. Les chocs pétroliers renchérissent les prix de l'énergie, ce qui stimule la recherche de gains d'efficacité. Le ratio énergie consommée sur PIB a désormais tendance à diminuer. Il faut pratiquement deux fois moins d'énergie primaire pour produire une unité de PIB en 2021 qu'en 1980. C'est un facteur de freinage de la croissance des émissions qui va être contrarié par la vague de croissance des pays émergents et le maintien d'un mix énergétique fortement émetteur.

La part des énergies fossiles dans le mix énergétique se stabilise un peu au-dessus de 80 % durant la période. Ce sont désormais les poids respectifs du charbon et du gaz qui conditionnent l'impact plus ou moins émetteur de ce mix. Durant les décennies 1990 et 2010, le recul du charbon au profit du gaz freine un peu la hausse des émissions du carbone fossile. La décennie 2000 est à l'inverse marquée par la fringale de charbon en Chine, qui accroît significativement le caractère émetteur du mix énergétique.

Ces moyennes recouvrent une grande variété de situations géographiques. Le 6e rapport du GIEC note ainsi que dix-huit pays ont réduit leurs émissions pendant plus de dix ans, sans que cela puisse être imputé à des délocalisations qui permettraient d'importer les biens à fort contenu carbone non comptabilisés dans les émissions territoriales. Certains ont même réduit leurs émissions de plus d'un tiers[3]. Mais la seule variable qui compte pour le réchauffement climatique est le volume global des émissions, pas leur distribution géographique. En un siècle, cette distribution a connu bien des changements.

INÉGALITÉS ÉCONOMIQUES ET DYNAMIQUES DES ÉMISSIONS

En 1920, on estime que 95 % des rejets de carbone fossile étaient localisés en Amérique du Nord, en Europe et au Japon. Le reste du monde figurait à peine sur la carte des émissions mondiales. En 1945, ces trois zones géographiques étaient encore à l'origine de plus de 90 % des rejets, dont 53 % pour les seuls États-Unis du fait du coup de fouet donné à l'industrie par le conflit mondial.

Durant la période des Trente Glorieuses, la croissance des émissions mondiales atteint son rythme maximal. C'est la période où une majorité des anciennes colonies prennent leur indépendance. Cela favorise la réduction des inégalités économiques entre les pays d'industrialisation ancienne et le reste du monde. Au sein des pays occidentaux et au Japon, la croissance est forte. Les inégalités sont contenues par des politiques volontaristes : fiscalité progressive et élargissement de la couverture sociale. Cela ouvre l'accès à la consommation de masse, qui est la cause majeure de l'accélération des émissions dans ces pays. La réduction des inégalités a doublement dopé les émissions mondiales durant la période.

En 1990, les pays occidentaux, le Japon et le bloc soviétique sont encore à l'origine de 75 % des émissions mondiales. Trois paramètres majeurs vont redessiner la carte mondiale des émissions de carbone fossile dans le monde.

En premier lieu, l'éclatement du système de planification centralisée provoque la chute des rejets de carbone fossile de l'ancien bloc soviétique durant la décennie 1990. La distribution du capital public entre les élites crée un capitalisme de copinage, bien plus favorable à la consommation ostentatoire des oligarques qu'à la diffusion des biens de consommation au sein de la population. Malgré leur remontée durant les décennies 2000 et 2010, les émissions de la Russie sont encore inférieures d'un tiers en 2021 à celles de 1990. Le poids de l'ensemble des pays constituant l'Union soviétique en 1990 recule de 16 % du total mondial en 1990 à 6 % en 2021.

Dans les pays occidentaux et au Japon, la baisse du régime de croissance des économies s'accompagne de politiques qui libéralisent les marchés et réduisent le poids de la fiscalité directe, notamment par l'allègement de l'impôt progressif sur le revenu et de celui pesant sur les patrimoines. Moins de croissance et plus d'inégalités. Simultanément, ces pays réduisent leurs rejets de carbone fossile, depuis 1990 en Europe de l'Ouest et au Japon, seulement à partir de 2005 aux États-Unis.

Le déplacement majeur des trois dernières décennies concerne l'Asie émergente. En trois décennies, la mondialisation provoque un recul inédit des inégalités économiques entre pays au profit des pays émergents. Ce recul s'accompagne du déplacement des émissions de carbone fossile. Entre 1990 et 2021, par exemple, les émissions cumulées de la Chine, de l'Inde et de l'Indonésie passent de 14 à 40 % du total mondial. Contrairement à une image répandue, cette redistribution géographique doit très peu aux relocalisations industrielles. L'empreinte en carbone fossile de leur demande interne est calculée chaque année par le *Global Carbon Budget*. Pour les trois pays, elle passe sur la même période de 13 à 37 % du total mondial. La montée en régime des rejets de carbone fossile des pays émergents reflète leur capacité à créer une croissance autoentretenue basée sur l'élargissement de la demande intérieure, qui va de pair avec l'augmentation du niveau de vie moyen de leur population.

La revue d'un siècle d'émissions de carbone fossile conduit à une conclusion simple. Dans les régimes de croissance passés, la réduction des inégalités a été un facteur d'accélération des émissions car elle a favorisé l'accès à des modes de consommation émetteurs de carbone fossile. C'est également l'observation que fait Lucas Chancel dans son ouvrage sur les inégalités environnementales : « En réalité, la redistribution des revenus – toutes choses égales par ailleurs – tend à accroître les émissions[4]. »

Dans ses travaux récents[5], Chancel donne une vision plus complète du lien entre inégalités économiques et émissions de gaz à effet de serre en croisant, comme Milanović (voir chapitre 1), les inégalités en matière d'émissions qui se réduisent entre les pays et celles qui se creusent à l'intérieur des pays. Ses travaux portent sur l'ensemble des gaz à effet de serre et intègrent les émissions liées aux portefeuilles d'actifs détenus par les individus. Ils ne sont pas directement transposables à ceux concernant les seuls rejets de carbone fossile. On peut toutefois en retenir deux conclusions majeures.

La première est que les inégalités entre pays, qui expliquaient 62 % des inégalités totales en matière d'émissions en 1990, n'ont certes pas disparu, mais n'en expliquent plus que 36 % en 2019. La seconde est que les inégalités des émissions au sein des différents pays semblent avoir augmenté à peu près partout dans le monde du fait de la croissance plus forte des émissions des habitants disposant de revenus et de patrimoines élevés.

Pour bien appréhender le rôle des inégalités sur la croissance des émissions, il faut donc tenir compte de ces deux paramètres qui jouent en sens inverse. Au niveau global, cela donne les ordres de grandeur suivants : en 2019, les 10 % d'habitants les plus riches de la planète seraient à l'origine d'un peu moins de la moitié des émissions de gaz à effet de serre (48 %) avec une contribution d'un même ordre de grandeur à leur croissance depuis 1990. Les 40 % d'habitants aux revenus intermédiaires seraient à l'origine de 40 % des émissions mondiales, avec une contribution de seulement 37 % à la croissance des émissions mondiales du fait d'une baisse de leurs émissions par tête. L'explication principale est le déclassement des classes moyennes des pays riches, en partie provoqué par la mondialisation. Au bas de la pyramide des revenus, la moitié de la population mondiale ne contribuerait qu'à hauteur de 12 % aux émissions mondiales. Cette part a augmenté sur la période grâce à l'impact de la mondialisation sur la réduction de la pauvreté dans les pays émergents. On retrouve, avec quelques nuances, des ordres de grandeur comparables dans les travaux de l'ONG Oxfam[6].

De ces observations du passé, que retenir concernant le futur ? En premier lieu, que les inégalités en matière d'émissions entre pays, au cœur des négociations sur le climat, ne sont pas les seules qu'il faut prendre en considération. Toute stratégie de réduction des émissions doit également s'attaquer à la question des inégalités au sein des pays, que les négociateurs du climat, mandatés par leurs gouvernements, passent généralement sous silence. C'était la conclusion d'une des premières études sur les inégalités des émissions entre habitants, conduite à la fin des années 2000[7]. C'est encore plus vrai dans les années 2020 du fait de la place croissante prise par les inégalités en matière d'émissions au sein des pays.

Pour mordre effectivement dans les émissions et rompre avec la dynamique des émissions mondiales, il faut donc s'attaquer, non seulement aux émissions des pays riches, mais également à celles des riches vivant dans les pays pauvres et des classes moyennes dans les pays émergents. Il faut également s'occuper de la situation des pauvres au sein des pays riches quand on met en place des politiques de réduction des émissions. Dans la suite de l'ouvrage, nous examinerons plus en détail ces points : au chapitre 3 en ce qui concerne les consommations d'énergie ; au chapitre 5 en ce qui concerne les régimes alimentaires.

NE COMPTEZ PAS SUR LE *PEAK OIL*

La nature met des millions d'années à transformer le carbone vivant en carbone fossile. Chaque fois qu'une tonne est brûlée, elle disparaît pour de bon des ressources exploitables. La rareté du stock en terre n'est-elle pas un facteur qui va contraindre les réductions d'émissions ? En particulier pour le pétrole, dont les émissions ont constitué un peu moins d'un tiers des rejets de carbone fossile dans l'atmosphère en 2021.

C'est la thèse des tenants du pic pétrolier, ou *peak oil*, qui anticipent un prochain manque de pétrole dans le monde[8]. Leur assertion prend racine dans la méthode mise au point par le géophysicien King Hubbert dans les années 1960. Hubbert édicte alors une loi qui porte son nom : quand la moitié des « réserves prouvées » d'un champ a été extraite, le pic d'exploitation est atteint et le déclin est inéluctable. Appliquant sa méthode à l'ensemble des champs exploités à l'époque aux États-Unis, l'ingénieur anticipe correctement le pic de production pétrolière apparu aux États-Unis en 1970.

Un bon point pour Hubbert. Mais l'ingénieur n'a pas vu venir les nouvelles techniques d'exploration permettant d'aller chercher bien plus de pétrole et de gaz grâce à la fracturation hydraulique et aux forages horizontaux. Ces techniques ont déclenché, après le dépassement du premier pic, un nouveau boom de la production de pétrole et de gaz. D'importateurs nets, les États-Unis sont redevenus exportateurs au début des années 2020, en dépit du niveau déraisonnable de leur consommation intérieure. La crise énergétique provoquée par la guerre en Ukraine l'a montré avec éclat : c'est de la côte est des États-Unis que sont arrivés les plus gros volumes de GNL à la suite de l'interruption des livraisons de gaz russe. Ils ont parfois été chargés dans des terminaux portuaires initialement conçus pour importer du gaz depuis le Proche-Orient !

Les travaux de Matthieu Auzanneau, auteur d'un ouvrage sans pareil sur l'histoire de l'or noir[9], permettent d'éclairer la question. Avec Hortense Chauvin, Auzanneau s'est penché sur les statistiques pétrolières à l'échelle du monde[10]. Ces deux auteurs nous mettent en garde contre les biais susceptibles d'entacher les chiffres portant sur les réserves publiés par des acteurs du jeu géopolitique. C'est le cas des pays de l'Opep, qui utilisent ces chiffres pour négocier leurs quotas de production comme des majors pétroliers dont le montant des réserves est scruté de près par les analystes financiers. Donc, prudence sur les chiffres portant sur les réserves, surtout quand ils concernent le pétrole.

Si l'on ne retient que les pétroles conventionnels, les réserves mondiales commencent à décliner dès le milieu des années 1980, ce qui a permis à certains experts d'anticiper correctement le déclin de la production mondiale effectivement observé à partir de 2008. Les Terriens ont donc probablement achevé dans cette décennie la phase la plus facile de la récupération du concentré d'énergie reposant dans le sous-sol sous forme de pétrole. Il y a consensus sur ce point.

Du fait de l'épuisement du stock de pétrole conventionnel, il faut plus de moyens pour aller chercher les pétroles dits non conventionnels : les pétroles extralourds très abondants au Venezuela, ceux extraits des sables bitumineux au Canada ou ceux qu'on va chercher dans des conditions extrêmes dans l'Arctique ou dans des gisements offshore profonds. Combien y en a-t-il de réellement exploitables avec les moyens techniques connus ? Il y a là un débat d'experts. D'après Auzanneau et Chauvin, la diminution des réserves pétrolières augmentées des pétroles conventionnels n'est que décalée dans le temps. Elle reprend clairement à partir de 2010, vingt-cinq ans après celle observée sur les pétroles conventionnels, et devrait se poursuivre. D'après l'AIE, les réserves incluant les pétroles non conventionnels continuent d'augmenter, quoique à un rythme ralenti, jusqu'en 2021.

Nous ne disposons pas d'éléments pour arbitrer entre ces deux visions. Les deux sont compatibles avec ce qu'indique l'évolution des cours mondiaux de l'or noir sur longue période. Exprimés en pouvoir d'achat, ces cours diminuent durant toute la période où les hommes tirent au maximum sur les gisements les plus faciles à exploiter. Ils prélèvent alors les fruits prêts à être cueillis au bas de l'arbre, suivant la formule consacrée. À partir de 1970, il leur faut commencer à grimper dans l'arbre pour continuer à remplir leur panier de fruits. Économiquement, cela a un coût. D'où le changement de tendance des prix réels du pétrole, qui cessent de baisser à partir de 1970, pour connaître les oscillations chaotiques et peu prévisibles qu'on leur connaît depuis.

Au dernier pointage de l'AIE, réalisé en octobre 2022, les réserves de carbone fossile représentent environ cinquante ans d'exploitation pour le pétrole et le gaz et cent quarante ans pour le charbon[11]. Ces « réserves prouvées » concernent les volumes identifiés dans des gisements connus et économiquement exploitables avec les technologies actuelles. La ressource totale en terre serait plus de dix fois supérieure, d'après l'AIE.

Imaginez que l'intégralité de ces réserves soit extraite du sous-sol. En utilisant les facteurs d'émission moyens précédemment cités, cela conduirait à relâcher dans l'atmosphère environ 3,5 billions (milliers de milliards) de tonnes de CO_2, provenant presque aux trois quarts de la combustion du charbon. Les billions de tonnes ne vous parlent pas beaucoup ? Rapportons-les aux émissions réelles. Depuis 1920, les Terriens ont rejeté dans l'atmosphère environ 1,6 billion de tonnes de CO_2. S'ils vidaient en plus tous les gisements aujourd'hui identifiés, cela conduirait à en ajouter un peu plus du double dans l'atmosphère. En combien de temps ? En 2021, les émissions de carbone fossile ont atteint 37 Gt de CO_2. Cela prendrait donc quatre-vingt-quinze ans au rythme des émissions actuelles.

Une conclusion s'impose : ne comptez pas sur le pic pétrolier ou sur la rareté du charbon et du gaz pour l'atténuation du réchauffement climatique !

Avons-nous bien tout compté ? Pas tout à fait. L'extraction et le transport de gaz, surtout quand ils sont réalisés dans de mauvaises conditions, génèrent des fuites de méthane, un autre gaz à effet de serre. C'est aussi le cas des mines de charbon, où ces fuites peuvent provoquer des explosions. Cette partie des émissions du système énergétique est plus difficile à évaluer que celle résultant de la combustion d'énergie. En ajoutant ces rejets de méthane, on alourdit la balance d'au moins 3 Gt d'équivalent CO_2 qui s'échappent dans l'atmosphère sans apporter le moindre service énergétique. Au total, les émissions résultant de l'utilisation d'énergie fossile dépassent 40 Gt d'équivalent CO_2 pour représenter environ 70 % des émissions mondiales de gaz à effet de serre.

LE CARBONE VIVANT, DEUXIÈME CONTRIBUTEUR AU RÉCHAUFFEMENT

En utilisant massivement les concentrés d'énergie fossile que la nature a mis des millions d'années à produire, l'homme court-circuite le cycle naturel du carbone. Cette déstabilisation est à l'origine de la surabondance des rejets de carbone fossile comptant pour 70 % des émissions totales. La plus grande partie du reste, de l'ordre de 25 %, provient du « carbone vivant ». De quoi s'agit-il au juste ?

Le CO_2 est retiré de l'atmosphère par les plantes grâce à la photosynthèse. Il se transforme en carbone vivant, qui permet leur croissance et sert ensuite de ressource alimentaire aux espèces animales dont les organismes ne savent pas utiliser directement le CO_2 atmosphérique. Au terme de leur vie, les êtres vivants se décomposent et relâchent les résidus de carbone dans l'environnement. Le carbone vivant est donc un maillon crucial du cycle global du carbone. Ce maillon est affecté par les impacts du réchauffement climatique, qui perturbe les écosystèmes. Il est également à l'origine d'un quart des émissions mondiales de gaz à effet de serre.

Attention. Autant évaluer les émissions de carbone fossile est particulièrement simple, autant estimer celles du carbone vivant s'avère d'une grande complexité. C'est encore plus compliqué que de s'y retrouver parmi les innombrables molécules qui encombrent votre pot d'échappement ! Les chiffres ne sont pas toujours concordants et doivent être considérés comme des ordres de grandeur (voir l'annexe 2 sur les sources de données statistiques).

Cependant, la connaissance progresse, notamment grâce à l'imagerie satellite. En 2019, le GIEC a consacré un rapport complet au carbone vivant[12]. Ses conclusions ont permis d'enrichir la partie du 6e rapport du GIEC, qui fait l'inventaire détaillé des émissions dans le monde. Les rejets du carbone vivant sont constitués de trois ensembles.

Il y a en premier lieu le CO_2 rejeté du fait de la déforestation et plus généralement des changements d'usage des sols.

Ces rejets peuvent varier fortement d'une année sur l'autre, mais ne s'éloignent guère depuis 1950 d'une horizontale à 5 Gt de CO_2 rejetées par an. Ces 5 Gt sont une grandeur nette. Les rejets bruts sont pratiquement triples, mais il faut déduire le captage additionnel du CO_2 obtenu quand on plante de nouveaux arbres ou quand on restaure des forêts. Si l'on arrêtait de couper des arbres en continuant d'en replanter, les changements d'usage des sols élimineraient du carbone de l'atmosphère. Le total des émissions résultant de l'usage des sols deviendrait négatif. Ajoutons que les pratiques agricoles ne sont pas neutres : labourer un sol de plus en plus profondément rejette du CO_2 dans l'atmosphère. Le couvrir en permanence comme dans le cas d'une prairie permanente ou entourer de haies ses parcelles cultivées permet en revanche de stocker du CO_2.

La distribution géographique des émissions liées à l'usage des sols a beaucoup évolué. Il y a un siècle, en 1920, les États-Unis étaient encore le premier front de déforestation comptant pour un quart des rejets mondiaux de CO_2 résultant des changements d'usage des sols. Ils élargissent désormais leur forêt, comme la majorité des pays d'industrialisation ancienne qui ont déforesté en premier. Les grands fronts de déforestation contemporains se situent désormais dans les massifs tropicaux : l'Amazonie, le bassin du Congo et l'arc Asie-Pacifique. Aussi bien hier qu'aujourd'hui, lorsqu'on se penche sur les causes de la déforestation, un constat commun ressort : son premier facteur est le défrichage des terres pour étendre les superficies utilisées par l'agriculture et l'élevage.

Les rejets de méthane et de protoxyde d'azote par l'agriculture comptent pour environ 6 Gt d'équivalent CO_2, soit environ 12 % des émissions totales de gaz à effet de serre (20 % en France). Ces émissions spécifiques à l'agriculture ne résultent pas de l'usage d'énergie par les agriculteurs, mais de l'impact des techniques agricoles sur le milieu vivant. Elles ont augmenté depuis 1990, mais à un rythme plus lent que celui du carbone fossile. Elles proviennent de trois sources principales : l'élevage des ruminants et la riziculture pour les rejets de méthane ; la fertilisation azotée pour le protoxyde d'azote. Les élevages porcins et avicoles grèvent un peu plus la note lorsqu'ils sont conduits sans une gestion stricte des déjections des animaux.

En fin de cycle de vie, il faut enfin compter avec les rejets de méthane provoqués par l'enfouissement des déchets. Dans les décharges récentes correctement équipées, ces émissions sont voisines de zéro : le gaz est récupéré et généralement réutilisé. Mais ce n'est pas le cas des décharges anciennes ni de la majorité de celles qui s'ouvrent dans les pays à réglementation laxiste. Lorsqu'on met bout à bout toutes ces fuites, on découvre que le monde rejette chaque année 2 Gt d'équivalent CO_2 pour mettre en décharge ses déchets organiques.

Les sources d'émission du carbone vivant ne sont pas de même nature que celles du carbone fossile. Les transformations à engager pour les faire reculer seront également bien différentes. Elles concernent au premier chef les systèmes de production agricole.

ET LES 5 % RESTANTS ?

En sommant les rejets de carbone fossile et ceux du carbone vivant, on n'atteint pas 100 % mais plutôt 95 %. Il n'y a pas erreur d'addition ! Deux catégories d'émission n'ont pas été intégrées dans les comptes. Certains procédés industriels, à l'instar de la fabrication du nylon, peuvent émettre des gaz à effet de serre hors CO_2. Ils se situent principalement dans l'industrie chimique et celle de l'aluminium. Ces rejets sont en baisse. La tendance devrait se poursuivre car il n'est pas très difficile de les éliminer.

Plus préoccupants sont les rejets de gaz fluorés, principalement utilisés dans les équipements produisant du froid : réfrigération et climatisation. Depuis 1990, ils ont augmenté pratiquement trois fois plus vite que ceux de CO_2 d'origine fossile. Parmi les équipements qui ont envahi notre quotidien, les climatiseurs et autres matériels de réfrigération ne sont pas en reste. Ils n'utilisent plus de CFC, qui ont été totalement éliminés des appareils neufs durant la période récente pour freiner la destruction de la couche d'ozone, mais des substituts aux CFC, principalement des gaz HFC, une autre famille de gaz fluorés qui ne détruisent pas la couche d'ozone mais sont à effet de serre.

Fort heureusement, il a été décidé en 2016 d'étendre le régime de la convention de Montréal, initialement adoptée pour éliminer les seules substances détruisant la couche d'ozone, à leurs substituts qui réchauffent la planète. L'amendement de Kigali, adopté en 2016, programme leur élimination graduelle, dans un dispositif similaire à celui ayant permis d'éliminer les rejets de CFC. On peut raisonnablement penser que l'inquiétante envolée des émissions de gaz fluorés va s'interrompre puis s'inverser.

LE DÉBORDEMENT DES STOCKS ATMOSPHÉRIQUES

Une fois relâchés dans l'atmosphère, les gaz à effet de serre vont y rester longtemps. Parfois très longtemps. En moyenne, le méthane y séjourne douze ans et le protoxyde d'azote cent vingt et un ans. Pour certains gaz fluorés particulièrement résilients, cela peut durer plus de cinq mille ans. Et le CO_2 ? Il est souvent affirmé qu'il séjournerait environ cent ans dans l'atmosphère. C'est une assertion très approximative. Contrairement aux autres gaz à effet de serre, le CO_2 n'est pas détruit au bout d'un certain temps par des réactions chimiques favorisées par le rayonnement solaire. Il y reste tant qu'il n'a pas été absorbé par ce que les climatologues appellent un « puits de carbone ».

Sur terre, le puits de carbone est toujours une plante qui, grâce à la photosynthèse, absorbe ce CO_2. Cela peut être très rapide. Lorsque au printemps vous vous promenez en forêt, certaines molécules de CO_2 rejetées par vos poumons ne mettront pas longtemps à être absorbées par les arbres autour de vous. D'autres pourront rester des milliers d'années dans l'atmosphère. Le GIEC estime que de 15 à 40 % du CO_2 déjà rejeté par les Terriens séjourneront dans l'atmosphère plus de mille ans.

Sur mer, le puits de carbone fonctionne en deux temps. Le CO_2 est d'abord dissous dans l'eau en surface. Mais l'eau de mer ne va pas devenir pétillante. Le CO_2 est ensuite transformé en sédiments qui rejoindront les fonds marins, par des procédés complexes où le vivant (les phytoplanctons notamment, mais pas seulement) joue un rôle décisif.

Ces longues durées de séjour provoquent un accroissement des stocks de gaz à effet de serre dans l'atmosphère. C'est cet accroissement qui augmente l'effet de serre naturel et réchauffe la planète. On peut, sans exagération, parler de débordement tant la hausse est impressionnante : + 48 % pour le stock de CO_2 et même + 156 % pour celui du méthane relativement à l'ère préindustrielle.

Du jamais-vu, du moins à ce rythme, dans les archives paléoclimatiques.

L'apport majeur des travaux d'évaluation du GIEC est de modéliser les interactions entre l'accroissement de ces stocks et la température moyenne à la surface de la Terre. Le 6e rapport d'évaluation fait état d'un réchauffement moyen de 1,1 °C sur la décennie 2010 relativement à l'ère préindustrielle, ce qui concorde avec le réchauffement de 1,2 °C observé en 2020 par l'Organisation météorologique mondiale (OMM). Examinons comment les différents gaz à effet de serre ont contribué à ce réchauffement.

Première surprise : l'accroissement des stocks de gaz à effet de serre a provoqué un réchauffement de l'ordre de 1,8 °C sur la décennie 2010, supérieur à celui de 1,1 °C qu'on vient de mentionner. L'impact direct des gaz à effet de serre a en effet été compensé par d'autres substances que nous rejetons également dans l'atmosphère qui, elles, refroidissent la planète.

Les aérosols, qui sont de fines particules solides dangereuses pour notre santé, sont les plus importantes. Ils freinent le rayonnement solaire et impactent également la formation des nuages. Les oxydes d'azote (NO_x) ne sont pas toxiques que pour les humains : une fois dans l'atmosphère ils détruisent le méthane, ce qui contribue indirectement à refroidir la planète. Si l'on supprimait du jour au lendemain ces polluants, le réchauffement s'accroîtrait quasi-instantanément d'un peu plus de 0,5 °C car ces substances, contrairement aux gaz à effet de serre, ne résident pas longtemps dans l'atmosphère. Ce sont leurs rejets ininterrompus qui y maintiennent un certain stock et intoxiquent, par là même, nos organismes.

Parmi les gaz à effet de serre, deux ont une contribution

déterminante. À lui seul, l'accroissement du stock de CO_2 a contribué à hauteur de 0,8 °C au réchauffement observé sur la décennie 2010, et celui du stock de méthane à hauteur de 0,5 °C. Le protoxyde d'azote et les gaz fluorés ont compté chacun pour environ 0,1 °C.

Pour enrayer le réchauffement moyen, il n'y a pas d'autre voie que de stabiliser ces stocks qui sont les moteurs du réchauffement. Une telle stabilisation est obtenue lorsque les flux entrants, les émissions brutes, sont ramenés aux flux sortants, le CO_2 absorbé par les puits de carbone et l'élimination en fin de séjour des gaz à effet de serre hors CO_2. Autrement dit, quand on a atteint la neutralité climat.

OBJECTIF NEUTRALITÉ

En matière d'atténuation du changement climatique, l'objectif final est généralement fixé à partir d'une gradation sur le thermomètre. Avant la COP tenue à Paris en décembre 2015 (la COP21), un consensus semblait se dessiner pour limiter le réchauffement climatique à 2 °C relativement à l'ère préindustrielle. À la COP21, les représentants des petits États insulaires et de certains pays fortement exposés à la remontée de la mer comme le Bangladesh ont donné de la voix. Ils ne signeraient pas un accord limitant à 2 °C le réchauffement global. Pour réduire les risques de submersion, et de disparition pure et simple pour les plus exposés d'entre eux, la limite acceptable ne devrait pas excéder 1,5 °C.

Cette exigence portée avec détermination a failli faire capoter les négociations, tant la revendication d'une limite à 1,5 °C semblait à l'époque iconoclaste. Un compromis a cependant été trouvé. L'article 2 de l'accord de Paris vise ainsi à « contenir l'élévation de la température moyenne de la planète nettement en dessous de 2 °C par rapport aux niveaux préindustriels et à poursuivre l'action menée pour limiter l'élévation de la température à 1,5 °C par rapport aux niveaux préindustriels[13] ». Et pour pouvoir ultérieurement trancher lequel de ces deux objectifs prime, on a alors commandé au GIEC un rapport spécial afin de creuser la question.

Ledit rapport a été publié en 2018. Il documente en détail les dommages induits par les deux types de trajectoires[14]. Sa conclusion est sans équivoque. Un monde à 2 °C est un monde beaucoup plus risqué, et pas seulement pour les petits États insulaires, car les désordres du réchauffement climatique sont bien plus graves que dans un monde à 1,5 °C. Sous l'influence de ce rapport, l'objectif effectivement visé dans les COP climat s'est *de facto* déporté vers la limitation du réchauffement à 1,5 °C. Depuis la COP de Glasgow, ce sont les chiffres des scénarios du GIEC limitant le réchauffement à 1,5 °C qui sont retenus comme ligne de mire dans les décisions finales[15].

Mais s'accorder sur une limite de température moyenne reste un objectif abstrait tant qu'on ne l'a pas converti en tonnes de gaz à effet de serre. Celles qu'on doit abattre et celles qu'on peut encore émettre sans trop prendre de risque sur la cible de température à atteindre. Ce que les experts appellent le « budget carbone ».

L'accord de Paris opère cette traduction à sa manière dans son article 4. Rappelons qu'il s'agit d'un traité international adopté au consensus. Les formulations doivent être suffisamment générales, voire hermétiques, pour ne pas heurter trop directement tel ou tel gouvernement. En la matière, l'article 6 est un modèle du genre. Il fixe comme objectif de « parvenir à un équilibre entre les émissions anthropiques par les sources et les absorptions anthropiques par les puits de gaz à effet de serre au cours de la deuxième moitié du siècle, sur la base de l'équité, et dans le contexte du développement durable et de la lutte contre la pauvreté ».

Le 6e rapport d'évaluation du GIEC permet de fixer des repères plus précis. Il le fait à partir de modèles simulant les liaisons entre des trajectoires d'émissions futures, les stocks de gaz à effet de serre en résultant et leur impact sur la température moyenne. Nous reprenons ces ordres de grandeur clefs en les actualisant avec les données de 2022.

Pour viser 2 °C, la neutralité climat doit être atteinte au plus tard vers 2075. On ne peut donc pas attendre la fin du siècle, comme le laisserait penser une lecture rapide de l'article 4. Compte tenu de l'inertie du stock, il faut cesser d'accroître les émissions dès le début de la décennie 2020 et les faire reculer rapidement à partir de 2025. Le budget carbone résiduel, pour avoir deux chances sur trois de stabiliser le réchauffement en dessous de 2 °C, est inférieur à vingt-cinq années d'émissions de 2022. C'est dire si le temps est compté.

Et pour 1,5 °C ? Le compte à rebours s'emballe. Pour la neutralité climat, c'est désormais 2050 qu'il faut viser plutôt que 2075. Non seulement les émissions doivent atteindre leur pic au tout début de la décennie 2020, mais elles doivent baisser significativement d'ici à 2030. Quant au budget carbone, il est même passé en dessous de dix ans d'émissions de 2022, pour avoir juste une chance sur deux de limiter le réchauffement à 1,5 °C.

Pas besoin d'être un expert de haut vol pour comprendre combien ces objectifs sont en rupture avec les tendances historiques. Pour les atteindre, il convient d'agir vite, aussi bien en réduisant les émissions brutes de CO_2 qu'en renforçant les puits qui le retirent de l'atmosphère. Il ne faut pas non plus sous-estimer le rôle du méthane.

ATTENTION : MÉTHANE !

Réduire les émissions de méthane est probablement l'action qui impacte le plus rapidement le rythme du réchauffement. Le méthane exerce un pouvoir de réchauffement de vingt-huit à trente fois supérieur à celui du CO_2 sur cent ans. Le méthane ne séjourne en effet en moyenne que douze ans dans l'atmosphère. Cela signifie que si l'on était capable de cesser toutes les émissions anthropiques, le stock serait stabilisé en un peu plus d'une décennie.

Du moins en l'absence d'autres facteurs susceptibles d'agir sur le stock. La variation du stock de méthane dépend en effet des rejets anthropiques mais également de rejets naturels. Le méthane est produit par fermentation anaérobique (sans oxygène). Il se forme ainsi dans une rizière quand on utilise des techniques d'inondation pour accroître les rendements. Dans ce cas, le rejet est considéré comme anthropique. Mais il est également rejeté par l'étang qui se trouve depuis toujours au fond de votre jardin et dans toutes les zones humides. Ces rejets sont alors naturels. Pour rattacher le flux au stock, il faut également tenir compte de ces rejets naturels.

Cette complexité propre au méthane explique pourquoi son stock atmosphérique n'évolue pas de façon aussi prévisible que celui de CO_2 ou de protoxyde d'azote. L'évolution récente est particulièrement préoccupante. L'OMM, qui avait déjà alerté sur l'accroissement du stock en 2020, a renouvelé avec insistance son message pour 2021 : « Depuis le début des mesures systématiques, il y a près de 40 ans, jamais la progression annuelle des concentrations de méthane n'a été aussi forte qu'en 2021. La cause de cette augmentation exceptionnelle n'est pas clairement établie, mais il semble que des processus tant biologiques qu'anthropiques soient à l'œuvre[16]. »

Une équipe de recherche coordonnée par Shushi Peng a creusé la question pour l'année 2020[17]. Ses conclusions sont que les facteurs naturels et anthropiques ont joué à peu près à parts égales. Le facteur naturel est une rétroaction du réchauffement global qui accélère la fermentation produisant le méthane dans certains milieux humides. Cela risque évidemment de ne pas s'arranger tant que la hausse du thermomètre n'a pas été enrayée. Le facteur humain est, lui, conjoncturel. En 2020, les confinements de la population pour lutter contre le Covid ont réduit les émissions d'oxydes d'azote. Or, comme on l'a vu, une fois dans l'atmosphère, ce gaz détruit le méthane. Moins d'oxydes d'azote rejetés pendant les confinements, c'est donc plus de méthane qui va y subsister.

Il est encore trop tôt pour avoir une explication scientifique de la nouvelle poussée du stock de méthane en 2021. Mais il est probable que l'impact propre aux émissions d'oxydes d'azote a reculé car les confinements ont été moins sévères qu'en 2020 dans la majorité des pays. Dans ce cas il est à craindre que le facteur naturel se soit amplifié sous l'effet d'une dangereuse rétroaction climatique. Une autre mauvaise surprise serait la libération, à la suite de la fonte du permafrost, des grandes quantités de méthane qui y sont actuellement piégées par le gel. Il faudra donc surveiller comme le lait sur le feu toutes les émissions potentielles de méthane depuis le milieu naturel.

L'alerte sur le méthane renvoie à ce que les climatologues appellent les « surprises ». Dans leur *Défi climatique*, Jean Jouzel et Anne Debroise nous mettent en garde : « Les risques de surprises, de mauvaises surprises dans les cas que nous avons évoqués, sont donc d'origines très diverses. Pour la plupart, ils ont d'autant plus de probabilité de survenir que le climat se réchauffe de façon importante[18]. » On trouve une considération voisine dans l'ouvrage de référence du climatologue britannique John Houghton : « Le système climatique pourrait être plus vulnérable aux perturbations que nous ne l'avons généralement pensé. En ce qui concerne les changements climatiques futurs, il ne serait pas prudent d'ignorer la possibilité de surprises[19]. »

Mais à quoi servent les modèles climatiques, s'ils ne nous permettent pas d'anticiper correctement ce type de surprise ? À beaucoup de choses. En particulier à confectionner des scénarios climatiques.

SCÉNARIOS CLIMATIQUES : *HAPPY END* OU CATASTROPHE ANNONCÉE ?

En premier lieu, rappelons la complexité des modèles climatiques qui simulent les effets en chaîne se déclenchant à la suite des rejets humains de gaz à effet de serre et d'autres substances qui déstabilisent le climat. Pour y parvenir, ils doivent intégrer un très grand nombre de rétroactions. Par exemple, la fonte des glaces transforme une surface lisse et claire qui réfléchit le rayonnement solaire en une masse plus sombre qui l'absorbe. Cela diminue l'albédo de la surface terrestre mesurant cette capacité de réflexion et accélère le réchauffement. Autre rétroaction particulièrement importante : le réchauffement accroît l'évaporation des océans et l'évapotranspiration des plantes sur les continents, ce qui augmente la teneur en vapeur d'eau de l'atmosphère, le gaz à effet de serre le plus abondant dans la nature. Cela impacte de surcroît la formation des nuages.

Les surprises mentionnées par les climatologues sont les rétroactions qui n'ont pas été prises en compte dans les modèles. De fait, il est impossible d'anticiper toutes les rétroactions. Mais une fois documentées par les scientifiques, elles seront intégrées dans les équations des modèles des générations suivantes.

L'existence de ces surprises ne remet nullement en cause la robustesse des modèles climatiques développés depuis plusieurs décennies. Les chercheurs utilisent ces modèles de façon rétrospective pour simuler les différents facteurs agissant sur le climat. À quelques centièmes de degré près, ils retombent invariablement sur les températures réellement observées en injectant en entrée de modèles les trajectoires historiques de gaz à effet de serre. Regarder le passé pour mieux comprendre le fonctionnement du système Terre, c'est utile. Les modèles permettent aussi d'explorer les futurs possibles. C'est le rôle des scénarios climatiques.

Ces scénarios, mis à jour à chaque rapport d'évaluation du GIEC, sont des représentations simplifiées qui décrivent l'évolution des climats futurs en fonction des différentes trajectoires d'émission des Terriens. Au cinéma, c'est le scénariste qui décide de l'issue du film. À Hollywood une longue tradition a pratiqué le *happy end*. Le scénariste déploie alors des trésors d'inventivité pour nous faire sortir des situations les plus compromises. Une tradition prise à rebours par le film *Don't Look Up*, où le scénariste nous invite à vivre la fin du monde en compagnie de personnages qui n'ont pas pu empêcher une comète géante de percuter la Terre.

En matière de scénarios climatiques, ce n'est pas le scénariste qui décide de l'issue. C'est l'évolution des stocks atmosphériques de gaz à effet de serre que les modèles rattachent à nos trajectoires d'émissions. La première génération de ces modèles a été utilisée dans le premier rapport d'évaluation du GIEC, publié en 1990[20]. Son scénario central était construit suivant la méthode dite du *Business as usual* : on prolongeait les tendances d'émissions de l'époque. Les modèles utilisés conduisaient à un réchauffement moyen un peu supérieur à 4 °C à la fin du siècle, pouvant atteindre 6 °C dans certaines variantes. Peut-être pas la fin du monde comme dans *Don't Look Up*, mais une catastrophe annoncée.

Les scénarios répertoriés par le GIEC dans son 6e rapport se répartissent en trois groupes suivant leur caractère plus ou moins émetteur. Associons-les à une couleur pour mieux les repérer. Le rouge est celle des scénarios où la fringale d'émissions se poursuit au-delà de 2050, avec une impossibilité de stabiliser le stock de gaz à effet de serre d'ici à la fin du siècle. En 2100, la hausse du thermomètre atteint environ 4 à 5 °C. Elle va se poursuivre au siècle suivant. La hausse du niveau de la mer approche un mètre. La fonte de l'Antarctique menace d'accélérer vertigineusement la remontée des eaux. Les conditions de production agricole multiplient les crises alimentaires. La seule adaptation possible pour un nombre croissant de Terriens devient la migration. Mais il n'y a plus aucun refuge à l'abri des désordres climatiques. Dans un tel chaos, il est difficile d'imaginer comment les sociétés peuvent encore fonctionner.

Ces scénarios rouges rappellent le *Business as usual* du rapport de 1990. Ils retiennent des trajectoires similaires d'émissions et aboutissent à des conclusions comparables pour ce qui est de l'emballement du réchauffement climatique. Grâce à leurs progrès, les modèles actuels décrivent avec beaucoup plus de détails l'état d'un monde ne parvenant pas à la neutralité climat d'ici à la fin du siècle. Une différence majeure est que dans le 6e rapport du GIEC le rouge ne s'associe plus au *Business as usual*. C'est désormais le bleu, la couleur associée aux scénarios intermédiaires, qui doit être considéré comme le scénario tendanciel.

Dans le monde en bleu, les émissions mondiales de CO_2 atteignent leur pic vers 2030, puis se stabilisent sur un plateau jusqu'en 2050. Le reflux n'intervient qu'après 2050. La neutralité climat est au mieux atteinte juste avant la fin du siècle. Mais le budget carbone donnant deux chances sur trois de limiter le réchauffement en dessous de 2 °C a été consommé dès 2050. Le réchauffement se situe entre 2,5 et 3 °C en 2100. Ce monde est celui vers lequel nous dirigent les compromis passés dans les COP du climat. On n'est plus dans l'inaction. Mais dans une action bien trop molle conduisant à un monde totalement indésirable à la fin du siècle. Imaginons ce monde : sécheresses et tempêtes affectent de plus en plus les rendements agricoles, avec à la clef la multiplication des émeutes de la faim. Le coût des tempêtes a explosé. La hausse du niveau de la mer a dépassé 0,5 mètre. Particulièrement vulnérable, la population des deltas a commencé à migrer car la hausse va s'amplifier. L'abondance d'avant-hier paraît si lointaine. L'économie fonctionne en mode résilience avec toujours un temps de retard. Les débats d'hier sur la décroissance semblent surannés.

Dans le monde en vert, la hausse du thermomètre a été limitée en dessous de 2 °C. Pour y arriver, il faut inverser la trajectoire d'émissions durant la décennie 2020, puis continuer les efforts de réduction au-delà. Suivant les scénarios, les points d'arrivée peuvent rester voisins de 2 °C ou tomber à 1,5 °C. Dans les deux cas, les impacts du réchauffement dans la seconde moitié du siècle seront bien plus sévères que ceux qui perturbent déjà le fonctionnement des sociétés avec un réchauffement moyen de 1,1 °C sur la décennie 2010. L'économie devra encore largement fonctionner en mode résilience, mais avec une meilleure capacité d'anticipation. On n'est pas dans le *happy end* hollywoodien des mondes à l'eau de rose. Le monde en vert n'est pas aussi hospitalier qu'on le rêverait. Mais il est vivable.

Les scénarios climatiques ne servent pas à prévoir le futur. Ils sont là pour nous aider à mieux comprendre les implications des décisions d'aujourd'hui sur les climats de demain. Ce qui est réversible ou pas. Le temps qu'il reste pour nous adapter et opérer les transformations requises si nous voulons nous éloigner un peu plus du rouge. Et surtout, passer du bleu au vert. Ils constituent une référence incontournable pour la fixation des objectifs climatiques.

Ces scénarios jouent également un rôle pivot dans le débat public et la mobilisation citoyenne qui grandit à mesure que se font sentir les effets du réchauffement. Cette mobilisation surexploite les images catastrophiques du scénario en rouge. Une planète qui brûle et va bientôt être submergée par la remontée des océans. Ces images ont une utilité si elles stimulent l'action. Le philosophe Jean-Pierre Dupuy l'a théorisé dans son livre sur le « catastrophisme éclairé[21] ». D'après lui, le plus sûr moyen d'éviter la catastrophe est de se persuader qu'elle est imminente. Dans un parallèle audacieux, il compare la catastrophe climatique au grand soir nucléaire. La dissuasion nucléaire fonctionne grâce à la crainte de l'imminence de la catastrophe au cas où l'on appuie en premier sur le bouton. Il faudrait que nous soyons convaincus de l'imminence de la catastrophe climatique pour agir.

Le parallèle est discutable. Pour éviter le cataclysme nucléaire, la seule réelle protection serait bien sûr de supprimer le stock de bombes atomiques. Pour désamorcer la bombe climatique, il faut s'attaquer au stock des gaz à effet de serre dans l'atmosphère. Une grande vertu des scénarios du GIEC est de nous indiquer où sont les leviers d'action. C'est à ce type de lecture, où la science est mise au service d'actions positives, que nous invite dans un ouvrage accessible au grand public[22] Valérie Masson-Delmotte, l'une des personnes clefs des équipes de chercheurs du GIEC.

Rester positif n'implique pas pour autant de devenir candide. Ce n'est pas parce qu'on est passé du rouge au bleu depuis le premier rapport du GIEC que la moitié du chemin a été parcourue depuis 1990. Une telle vision irait contre le catastrophisme ambiant, qui peut paralyser l'action plutôt que la stimuler. Mais ce serait se bercer d'illusions. On n'est plus dans *Don't Look Up*, mais pas du tout dans les différentes variantes du *happy end* hollywoodien. Les budgets carbone associés aux différents scénarios sont là pour nous le rappeler. Nous sommes loin du scénario vert à 1,5 °C. Le temps est compté pour le rejoindre. Selon certains, il serait même trop tard.

IL SERAIT TROP TARD ?

« *Say Goodbye to 1,5 °C* », titrait l'hebdomadaire *The Economist* au moment de la COP27 tenue en novembre 2022 à Charm El-Cheikh. Et pour ne laisser aucun doute, le sous-titre de la couverture ajoutait : « *Why Climate Policy is out of Target*[23] ». Pourtant réputé pour le sérieux de ses analyses, l'hebdomadaire semble avoir quelque peu succombé aux attraits du titre à sensation.

Agir sur un stock prend toujours nettement plus de temps que d'agir sur un flux. C'est la raison pour laquelle les experts affirment souvent que, pour l'essentiel, le climat des deux à trois prochaines décennies est déjà joué, compte tenu du stock de gaz à effet de serre qui a déjà été accumulé dans l'atmosphère.

Les scénarios du 6e rapport du GIEC ne dérogent pas à la règle. Un examen de ces scénarios à l'horizon 2050 laisse perplexe. Quel que soit l'effort de réduction des émissions entre 2020 et 2050, la ligne de 1,5 °C est franchie dans la majorité des cas, généralement avant 2040. Le réchauffement moyen est ainsi à peu près toujours supérieur à 1,5 °C en 2050. Fait aggravant : compte tenu de la variabilité du climat à court terme, il y a toutes les chances que l'OMM annonce d'ici à 2030 que la ligne rouge a été franchie telle ou telle année.

Doit-on pour autant affirmer, et le mettre bien en exergue sur sa couverture, que limiter le réchauffement climatique en dessous de 1,5 °C est devenu hors de portée ?

Si vous considérez que l'horizon de la politique climatique s'arrête en 2050, assurément. Mais il ne faut surtout pas s'arrêter à cette échéance. Ce sont les évolutions apparaissant après 2050 qui traduisent les retombées de nos trajectoires d'émissions des prochaines décennies. Les scénarios décrivent alors des mondes bien différents. Dans certains, la température moyenne peine à se stabiliser d'ici à la fin du siècle. Dans d'autres, on parvient à la stabiliser aux alentours de 2 °C. Dans les scénarios les plus volontaristes, le réchauffement moyen recule durant la seconde moitié du siècle pour se stabiliser en dessous de 1,5 °C après être passé par un pic de l'ordre de 1,6 à 1,7 °C.

Cette phase de recul n'est évidemment pas due au hasard.

Elle implique de poursuivre les efforts, une fois la neutralité climat atteinte, pour passer en régime d'émissions nettes négatives. Un régime dans lequel les activités humaines retirent plus de gaz à effet de serre de l'atmosphère qu'elles n'en introduisent via les émissions brutes. Autrement dit, la neutralité n'est pas l'objectif ultime des politiques climatiques. C'est un point de passage, au-delà duquel il faudra continuer à agir pour limiter les risques d'un réchauffement supérieur à 1,5 °C.

Un tel régime d'émissions nettes négatives semble aujourd'hui hors d'atteinte tant sont fortes les liaisons entre le fonctionnement de l'économie et le trop-plein d'émissions. De fait, ce ne sont pas de simples ajustements incrémentaux qu'il faut opérer. Ce sont des transformations majeures des structures de l'économie qui doivent être opérées. Ces transformations concernent tant le carbone fossile que le carbone vivant.

La première transformation, la transition énergétique, concerne le carbone fossile. Elle consiste à détacher le plus rapidement possible le système économique de son addiction aux énergies fossiles. C'est une logique de rationnement des énergies fossiles qu'il faut dès lors introduire. Non pas pour le plaisir de souffrir, mais pour tailler dans le vif des 70 % d'émissions mondiales provenant du charbon, du pétrole et du gaz.

La seconde transformation, la transition agroclimatique, porte sur le carbone vivant. Elle concerne l'agriculture, la gestion des forêts et celle des océans, avec un double objectif : réduire les émissions spécifiques de l'agriculture qui résultent des réactions du milieu naturel aux techniques employées par les agriculteurs ; renforcer la capacité d'absorption du CO_2 par les puits naturels. Reposant sur une logique de bioéconomie, elle implique de réinvestir dans la diversité du vivant. Cette seconde transformation est bien plus complexe à conduire que la transition énergétique. Elle n'en est qu'à ses balbutiements.

Les deux prochains chapitres examinent plus en détail comment opérer la transition énergétique. Les deux suivants exploreront les voies de la transition agroclimatique.

3

TRANSITION ÉNERGÉTIQUE

En 1882, Thomas Edison met au point à Newark (New Jersey) la première centrale électrique au monde qui distribue du courant à un miniréseau électrique. En 1892, Rudolf Diesel brevette à Berlin un moteur à combustion interne fonctionnant à l'huile végétale. Six ans avant lui, un autre Allemand, Carl Benz, avait breveté un moteur fonctionnant à l'essence. D'après l'économiste Robert Gordon, la génération de l'électricité et le moteur à combustion interne sont deux des trois innovations ayant joué un rôle majeur dans la croissance au XXe siècle[1].

Les innovations de rupture de l'époque ne concernent pas toutes les énergies fossiles. Durant la décennie 1880, Charles Fritts installe sur un toit de Manhattan le premier panneau photovoltaïque convertissant l'énergie solaire en électricité et Charles Brush construit à Cleveland la première éolienne transformant l'énergie du vent en électrons. On savait déjà stocker l'électricité dans des batteries depuis 1800 (Volta) et produire de l'électricité avec de l'hydrogène dans une pile à combustible depuis 1842 (Grove). Toutes les briques technologiques de ce qu'on appelle aujourd'hui « les nouveaux renouvelables » devenaient disponibles. Elles seront maintenues aux marges du système énergétique. Pour une raison basique : portés par de puissants intérêts privés et soutenus par de généreuses politiques publiques, les énergies fossiles vont gagner toutes les batailles des coûts au XXe siècle.

Et au XXIe siècle ? Durant la première décennie, l'addiction du système économique aux énergies fossiles semble s'aggraver. La fringale de la Chine pour le charbon apparaît sans limite, comme l'insouciance des acheteurs de SUV américains et européens qui surfent sur la faiblesse des prix du pétrole et du gaz jusqu'à la crise financière de 2009. Nul ne voit encore venir la révolution qui se profile. Pour la première fois depuis plus d'un siècle, les fossiles sont en train de perdre la bataille des coûts. Amorcé dès les années 2000 avec la chute des coûts à la production du photovoltaïque et de l'éolien, le mouvement s'amplifie dans les années 2010 avec celle du stockage de l'électricité et de la gestion intelligente des réseaux. Durant la décennie 2020, c'est au tour de l'hydrogène, un nouveau vecteur énergétique, d'entrer dans la spirale baissière.

L'inversion de l'échelle des coûts entre les énergies renouvelables qui exploitent des flux naturels (soleil, vent) et celles qui exploitent les stocks de carbone fossile est historique. Elle impulse la transition vers un système énergétique décarboné. La grande transformation du XXIe siècle. C'est la bonne nouvelle. La moins bonne, c'est que le rythme de son déploiement est insuffisant pour limiter le réchauffement global à 1,5 °C. Pour hâter la transition, il faut des politiques imposant la rareté des rejets de carbone fossile. C'est un changement complet de logiciel. Nous nous étions habitués à ce que « transition énergétique » rime avec empilement des sources d'énergie les unes sur les autres, dans une logique du toujours plus. Le climat nous contraint de passer à la logique du encore moins.

LES MÉTAMORPHOSES DU SYSTÈME ÉNERGÉTIQUE

Au début, nos ancêtres ont utilisé une source énergétique unique : leurs aliments qu'ils convertissaient en énergie musculaire.

Une première transition énergétique résulta de la domestication du feu vers le milieu du Paléolithique. Le feu, via ses utilisations pour la cuisson et le chauffage, transforma leurs conditions de vie. Comme l'indique Vaclav Smil dans son *Energy Transitions*[2], la source d'énergie reste la biomasse utilisée pour la combustion. C'est la capacité de l'homme à convertir cette source en énergie utile qui transforme le système.

Arrive ensuite la traction animale qui se diffuse avec la sédentarisation des hommes et la naissance de l'agriculture. Aux muscles de l'homme et à sa capacité à utiliser le feu s'ajoute alors l'apport des animaux de trait. Ces nouveaux convertisseurs de biomasse vont fournir la majorité de l'énergie utilisée pour les transports et le travail des champs jusqu'au XXe siècle. C'est la seconde transition majeure du système énergétique.

À partir de 1850 s'amorce une troisième transition. Elle résulte de l'ajout d'une nouvelle source : le charbon, qui sera au XXe siècle l'énergie la plus utilisée dans le monde jusqu'aux années 1960. Le charbon n'est plus puisé dans le stock de matière vivante (biomasse) mais dans celui de carbone fossile. Son usage se diffuse grâce à de nouveaux convertisseurs comme la machine à vapeur de Watt.

Au charbon s'ajoutent ensuite le pétrole puis le gaz naturel. La diffusion de ces nouvelles sources est facilitée par les progrès techniques permettant d'en extraire davantage du sous-sol. Elle repose avant tout sur des convertisseurs qui démultiplient l'efficacité des chaînes de plus en plus complexes rattachant les sources primaires aux utilisations finales. Le moteur à combustion interne et la génération de l'électricité, mis en avant par Gordon, sont effectivement deux convertisseurs majeurs dopant l'usage de carbone fossile. Au début de la décennie 2020, la génération électrique est à l'origine du quart des émissions mondiales de gaz à effet de serre et le transport terrestre et maritime, qui fonctionne grâce au moteur à combustion interne, d'environ 15 %.

La quatrième transition énergétique qui s'amorce au XXIe siècle va conduire à substituer des énergies décarbonées aux sources fossiles. Appelons-la la transition bas carbone. À long terme, elle est inévitable du fait de l'épuisement graduel du stock de carbone fossile. L'enjeu climatique implique de forcer cette transition pour aller bien plus vite que le rythme impliqué par les seules contraintes géologiques.

Pour agir sur le rythme de la transition, il convient de diagnostiquer les multiples inerties propres aux systèmes énergétiques. Elles résultent de la complexité des liens rattachant les sources primaires à l'ensemble des infrastructures et équipements permettant de les convertir en énergie finale utile. Le pétrole brut ne sert à rien si l'on n'a pas derrière la raffinerie qui le transforme en carburant puis le moteur pour convertir le carburant en énergie cinétique, sans oublier les stations-service pour les approvisionner et les routes pour circuler. Mis bout à bout, cela fait beaucoup de capital immobilisé !

Ces inerties conduisent à des délais souvent considérables entre la date d'une innovation et le moment où sa montée en régime a un réel impact sur le système énergétique. Smil l'illustre avec le cas du transport de gaz naturel par bateau[3]. Le premier brevet sur le transport de gaz naturel liquéfié (GNL) par mer est déposé en 1915 aux États-Unis. Mais il reste dans le portefeuille de l'inventeur, un certain Cabot, pendant quarante-quatre ans. Les premières lignes commerciales de GNL ne sont testées qu'au milieu des années 1950. Elles restent confidentielles. Il faut attendre 2015, soit cent ans après le dépôt initial de brevet, pour que le transport de GNL par bateau assure 25 % des échanges mondiaux de gaz naturel.

DE L'ADDITION À LA SOUSTRACTION

Près de cent quarante ans après l'innovation initiale, éolien et solaire ne fournissent en 2021 qu'environ 7 % de l'énergie utilisée dans le monde. Il faut amplifier leur rythme de pénétration pour faire face à la crise climatique dans les temps. La première des conditions pour accélérer la transition est donc de lever les verrous qui bloquent ou freinent la montée en régime des énergies de flux. Mais ce n'est pas tout.

Une autre conséquence de cette inertie est la durée d'utilisation bien plus longue qu'on ne l'imagine des anciennes sources d'énergie. Dans les années 1970, Marchetti et Nakicenovic ont représenté les transitions du système énergétique mondial comme une suite de courbes en cloche figurant le déploiement, l'apogée puis le déclin de la source dominante[4]. Dans cette logique, le gaz naturel était amené à se substituer au pétrole, qui lui-même s'était substitué au charbon. Après le gaz, arriverait l'âge du nucléaire. D'après ce modèle déterministe, l'usage de la biomasse traditionnelle aurait dû disparaître depuis longtemps, alors qu'elle est encore utilisée par plus de deux milliards de personnes. Idem pour le charbon qu'on catalogue parfois – à tort – comme l'énergie du XIXe siècle. Non seulement il est loin d'avoir disparu, mais son poids a même augmenté durant la première décennie du XXIe siècle.

Du fait de la résilience des anciennes sources, c'est plus l'image de l'empilement que celle des courbes en cloche de Marchetti et Nakicenovic qui rend compte des différentes phases de la troisième transition énergétique : le pétrole s'ajoute au charbon, qui lui-même n'a pas chassé la biomasse. Arrive le gaz qui s'ajoute au tout. Une véritable « histoire d'addition », suivant la formule de Bonneuil et Fressoz[5]. L'enjeu de la transition bas carbone est de basculer de cette logique de l'empilement à celle de substitution pour marginaliser les sources fossiles. Passer à une histoire de soustraction, diraient Bonneuil et Fressoz.

Sous l'angle économique, cela veut dire que la transition énergétique va impliquer un transfert considérable d'actifs productifs. D'un côté, il faut créer des nouveaux actifs pour produire et convertir les nouvelles sources décarbonées en énergie finale utile. Mais si ces actifs ne font que s'ajouter à ceux déjà immobilisés, on reste dans la logique de l'empilement. Il convient donc de se défaire le plus rapidement possible des actifs utilisés pour produire et consommer l'énergie fossile. Il faut apprendre à désinvestir !

Il y a trois grandes catégories d'actifs. D'abord, les actifs financiers. Ceux-ci ne sont pas difficiles à bouger : ils circulent en temps réel entre les différentes places financières. Il y a les actifs physiques, constitués de la masse des infrastructures et équipements requis pour l'usage des énergies fossiles. Ceux-là présentent une inertie considérable. Il y a enfin les actifs humains, qui sont le nerf de la transition. Les métiers et les qualifications d'un système bas carbone ne sont pas les mêmes que ceux permettant d'utiliser l'énergie fossile. Si les reconversions professionnelles sont subies et tardives, on aura une transition douloureuse sur le plan social et beaucoup de résistance au changement dans la société.

LES TROIS LEVIERS DE LA TRANSITION BAS CARBONE

La transition bas carbone s'opère grâce à la combinaison de trois leviers : la substitution d'une source d'énergie décarbonée à une source d'origine fossile ; l'amélioration de l'efficacité énergétique ; la sobriété énergétique, qui consiste à se passer des services énergétiques superflus.

Pour bien comprendre comment s'articulent ces trois leviers, partons de la consommation finale d'énergie. Dans le monde, elle a été en 2021 légèrement supérieure à 1,2 TEP/hab, cette fameuse « tonne d'équivalent pétrole » déjà rencontrée au chapitre précédent. L'énergie utilisée rend un certain nombre de services à la société. Par exemple s'éclairer lorsque la nuit tombe.

La quantité d'énergie utilisée pour s'éclairer dépend pour une part des comportements. Si vous parsemez votre salon de spots lumineux et maintenez la lumière allumée toute la journée, votre consommation sera bien plus élevée que si vous vous limitez au nécessaire. Ces comportements sont déterminés par de multiples paramètres, culturels, techniques, psychologiques… L'économiste, toujours un peu rabat-joie, est là pour rappeler qu'il ne faut pas négliger le rôle du prix. L'augmentation du prix de l'énergie finale incite tout le monde à économiser et rationne ceux qui n'ont pas les moyens de suivre. Et vice versa. C'est un instrument d'action qu'on ne peut ignorer.

La quantité finale d'énergie que vous consommez pour vous éclairer ne dépend pas que de la façon dont vous maniez l'interrupteur. L'efficacité de l'équipement utilisé entre en ligne de compte. Vous l'avez certainement remarqué lorsque les LED sont arrivées dans les rayons des supermarchés. Avec les nouvelles ampoules d'une puissance de 15 watts, on pouvait désormais obtenir autant de lumière (mesurée en lumen) qu'avec les bonnes vieilles ampoules à incandescence de 150 watts. Une économie d'un facteur dix pour le même service énergétique !

Voilà pour l'énergie finale. Mais d'où vient le courant lorsque vous appuyez sur l'interrupteur ? L'électricité est un vecteur énergétique dont la production a requis l'utilisation de sources primaires qui ont été converties en courant électrique. La quantité totale d'énergie utilisée pour éclairer votre salon dépend donc aussi de toutes les opérations qui en amont ont permis de produire le courant à partir de sources primaires et de le transporter jusqu'à votre compteur. Plus ce système sera efficace, moins vous aurez consommé d'énergie primaire pour un volume donné d'énergie finale.

La consommation totale d'énergie est donc supérieure à la consommation finale. De combien ? D'après les bilans énergétiques de l'AIE, il faut compter en moyenne à peu près 45 % de plus : une utilisation totale proche de 1,8 TEP par an et par habitant pour une énergie effectivement utilisée un peu supérieure à 1,2 TEP. Ce sont des ordres de grandeur. La consommation énergétique échappant aux circuits commerciaux, principalement la biomasse traditionnelle, est en effet assez difficile à évaluer. Il y a de plus plusieurs conventions de calcul pour convertir l'énergie primaire en énergie finale utilisable.

Pour la transition bas carbone, c'est la consommation totale d'énergie qui doit être prise en compte, car l'utilisation de carbone fossile rejette du CO_2, que l'énergie soit effectivement utilisée ou perdue en cours de route. Plus cette consommation est élevée, plus la substitution énergétique sera difficile à opérer. Depuis 1970, cette consommation a été multipliée par 2,9 et la part des fossiles dans le mix n'a pas varié. Si l'on avait amorcé la transition bas carbone dès 1970, on aurait eu trois fois moins d'énergie carbonée à faire sortir du système.

Pour pouvoir opérer la substitution énergétique, il convient donc de maîtriser la demande d'énergie. Cela apparaît clairement dans les scénarios produits par l'AIE dans sa publication annuelle *Global Energy Outlook*. Regardons l'allure de la consommation mondiale d'énergie dans ses scénarios les plus récents (octobre 2022). Au cours de la décennie 2010, la consommation totale d'énergie a augmenté de 10 %. Compte tenu des politiques déjà mises en place, les experts de l'AIE estiment que cette tendance devrait rester positive, mais ralentir d'ici à 2050, si l'on n'agit pas davantage face au réchauffement. En supposant que tous les engagements annoncés dans les COP sur le climat soient atteints, on stabiliserait juste cette demande d'ici à 2050. Pour arriver à la neutralité carbone en 2050, il faut réduire la demande mondiale d'énergie d'un quart entre 2021 et 2050. Une telle évolution n'a jamais été observée depuis un siècle et demi.

Comment obtenir cette réduction ? La limite de l'exercice de l'AIE est de ne pas toujours clairement distinguer la part de l'efficacité et celle de la sobriété dans les leviers d'action. Or, nous savons depuis Jevons que cette distinction est essentielle. L'exemple de la lumière analysée par Fouquet et Pearson nous le rappelle. Les gains d'efficacité énergétique obtenus depuis les bougies et les lampes à pétrole sont parmi les plus élevés qu'on puisse trouver. On consomme pourtant beaucoup plus d'énergie pour éclairer nos logements et nos villes que nos aïeux. Un parfait cas d'école de « l'effet rebond » auquel nous a déjà initiés Jevons dans le cas du charbon (chapitre 1).

Les scénarios prospectifs de NégaWatt ne portent que sur la France. Ils sont construits en dissociant clairement les contributions respectives de l'efficacité et de la sobriété. Leur conclusion est que la sobriété joue autant que l'efficacité pour atteindre le net-zéro en 2050. Ils révèlent par ailleurs combien la sobriété pose la question de l'équité[6]. Appliquée de façon indifférenciée, la sobriété plongerait beaucoup de monde dans la grande précarité énergétique.

PLANCHER DE SUBSISTANCE, PLAFOND DE SOBRIÉTÉ

La question de la sobriété est souvent traitée dans l'urgence. Pendant l'hiver 2022-2023, la rupture des approvisionnements en gaz russe et l'indisponibilité d'une partie du parc nucléaire ont laissé poindre en France le risque de pénuries d'électricité. Les pouvoirs publics et le gestionnaire du réseau ont multiplié les appels à la vigilance. Ce qui a plutôt bien fonctionné. La demande d'électricité a baissé d'environ 10 à 15 %. La météo aidant, on a pu passer l'hiver sans black-out et en conservant un stock de gaz de sécurité.

Si l'on veut inscrire la sobriété dans la durée, et pas seulement le temps d'un hiver, c'est une autre paire de manches. Se reposer sur le volontarisme des citoyens et la sobriété choisie est peu réaliste. Imposer cette sobriété par le rationnement ou l'envolée des prix n'est pas tenable. Il faut tenir compte des réalités sociales et s'accorder sur des règles d'équité.

Il y a dans le pays 5 millions de ménages en situation de précarité énergétique, et probablement autant pas très loin de ce seuil. À l'autre extrémité de la pyramide, certains ne se gênent pas pour surconsommer, notamment en matière de transports. Dans les sociétés pauvres, où la majorité des citoyens n'ont pas accès aux services énergétiques de base, la sobriété n'a pas de sens, sinon pour la minorité parfois très riche qui accapare la richesse. Dans les sociétés riches, mais inégalitaires, la sobriété pour tous conduirait à l'aggravation de la précarité si on l'appliquait sans discernement. Les retours de bâton du corps social viendraient rapidement freiner l'élan initial. Il faut donc coupler la sobriété à des politiques redistributives.

Quittons le cas hexagonal. On retrouve le même type de problème à l'échelle mondiale, mais à la puissance dix. En 2021, la consommation moyenne d'énergie dans le monde, d'un peu moins de 1,8 TEP par habitant, se répartit de façon très inégalitaire suivant les pays. Sans surprise, on est la plupart du temps de deux à quatre fois au-dessus de la moyenne dans les pays riches. Nettement plus en Amérique du Nord et dans certains pays peu peuplés et gros exportateurs d'hydrocarbures. Dans les pays moins avancés, on atteint rarement la demi-tonne d'équivalent pétrole.

Les écarts à la moyenne permettent de mesurer l'ampleur des inégalités énergétiques entre pays. Ils ne nous donnent pas de repères suffisants pour juger de la place de la sobriété dans la transition. Où se situe 1,8 TEP dans l'échelle de ce qui est nécessaire, utile ou superflu ?

Les liens entre la quantité d'énergie utilisée et la qualité de vie ont fait l'objet de nombreuses études. Elles rappellent le diagnostic de Jackson à propos du PIB. Les bénéfices croissent fortement au démarrage, lorsqu'on accède par exemple à l'électricité et à un système de cuisson plus efficace. Passé un certain seuil, les gains ralentissent. Au-delà d'un second seuil, ils deviennent inexistants. Il y a plusieurs façons de mesurer ces seuils qui varient suivant de multiples paramètres.

Reprenons ceux proposés par Smil[7]. Tant qu'on n'a pas atteint une consommation de l'ordre de 1,4 TEP par habitant, les bénéfices en termes de condition de vie augmentent très fortement. On peut considérer 1,4 TEP comme un plancher de subsistance en dessous duquel les besoins essentiels sont insuffisamment couverts. En 2021, 4,5 milliards de personnes (57 % de la population mondiale) vivent dans des pays où la consommation d'énergie par tête est inférieure à 1,4 TEP. On les trouve majoritairement en Asie du Sud et en Afrique.

À partir de 2,8 TEP par habitant, Smil estime que l'augmentation de la consommation énergétique par tête n'apporte plus de progrès détectable sur les conditions de vie. On peut alors parler de gaspillage d'énergie. En 2021, 1,2 milliard de personnes habitent dans des pays où l'énergie utilisée dépasse le seuil de gaspillage : la majorité des pays développés et de gros exportateurs d'énergie fossile (Russie et pays du Proche-Orient principalement). Comptant pour 15 % de la population mondiale, ils mobilisent 45 % de la ressource énergétique mondiale. Si l'on cesse le gaspillage en revenant à 2,8 TEP, on économise immédiatement 5 % de l'énergie mondiale.

Imaginons qu'on soit capable de transférer toute l'énergie

consommée au-delà du seuil de gaspillage dans les pays riches vers les pays en dessous du seuil de subsistance. On aurait de quoi réduire de 75 % le déficit des pays pauvres en énergie vitale.

Entre le plancher de subsistance et le seuil de gaspillage, peut-on définir où commence la sobriété ? On peut retourner la question dans tous les sens, elle est assez inextricable. Fixons arbitrairement un plafond de sobriété à égale distance du plancher de subsistance et du seuil de gaspillage, soit 2,1 TEP par habitant. Nous pouvons maintenant appliquer la méthode du donut proposée par Raworth. La zone à viser en matière énergétique se situe entre le plancher de 1,2 TEP par habitant, qui couvre les besoins essentiels, et le plafond de 2,1 TEP par habitant, qui suppose que tous les pays soient devenus sobres. Prenons la calculette pour en mesurer les implications.

Du côté du plafond, supprimer tous les gaspillages et en plus faire un effort de sobriété pour redescendre à 2,1 TEP entraîne une réduction d'un tiers de la consommation énergétique mondiale. On économise plus que ce à quoi nous contraint le scénario net-zéro de l'AIE (– 25 %). Ce n'est toutefois pas suffisant pour couvrir la totalité des besoins essentiels des pays pauvres. Pour y parvenir, il faudrait accentuer les efforts de sobriété en ramenant le plafond à 1,9 TEP par habitant, un peu au-dessus de la consommation moyenne observée en 2021. Avec un tel seuil, on atteint l'objectif d'une réduction de 25 % de l'énergie mondiale en mettant tous les pays à l'intérieur des limites du donut.

La limite de ces calculs est qu'ils ne prennent pas en compte les inégalités de consommation énergétique à l'intérieur des pays. Or elles existent bel et bien. Au sein des pays à faible consommation énergétique, on rencontre par exemple des minorités qui sont souvent bien au-dessus du seuil de gaspillage. En témoigne la taille des limousines et des villas dans les beaux quartiers. En ne considérant que les inégalités entre pays, on sous-estime donc le gisement d'économies d'énergie qu'on obtiendrait en redistribuant toutes les consommations d'énergie entre le plancher de subsistance et le plafond de sobriété.

UTILISER LE CARBONE FOSSILE SANS REJETER DE CO_2

Jusqu'à présent, nous avons considéré que la combustion d'énergie fossile rejetait invariablement du CO_2 dans l'atmosphère. C'est vrai à 99,9 %. Et le 0,1 % restant ? Un peu plus de 40 millions de tonnes de CO_2 ont été capturées en 2021 par des équipements *ad hoc*, puis envoyées dans des réservoirs souterrains. C'est ce qu'on appelle le captage, stockage et utilisation du CO_2, généralement désigné par le sigle anglais CCUS, qui inclut aussi les procédés susceptibles de réutiliser le CO_2 au lieu de l'enterrer.

Si l'on est capable de déployer à grande échelle ces procédés, ne pourrait-on pas prolonger l'utilisation des énergies fossiles à moindre risque pour le climat ? Cela limiterait l'effort de réduction à entreprendre pour économiser l'énergie. La question mérite d'être examinée avec attention.

La première génération de projets de CCUS a majoritairement été déployée dans le cadre de l'industrie pétrolière, généralement pour faire face à des contraintes d'exploitation : récupérer du CO_2 à la sortie de centrales à charbon pour le réinjecter dans des puits de pétrole afin d'en accroître la pression, ou extraire le CO_2 présent dans le gaz extrait en mer du

Nord pour le mettre aux normes commerciales[8]. D'évidence, ce n'est pas avec ce type de projets qu'on va venir à bout des émissions.

Les projets de deuxième génération sont plus intéressants. Portés par des acteurs issus d'horizons plus larges, ils concernent principalement la décarbonation d'outils de production industrielle comme les cimenteries, les aciéries ou les usines chimiques, la production d'hydrogène « bleu » à partir de gaz naturel et certaines centrales thermiques produisant de l'électricité. Dans ce cas de figure, on équipe directement des installations industrielles qui pourront utiliser de l'énergie fossile en réduisant leurs émissions à hauteur des taux de capture obtenus (habituellement supérieurs à 90 %).

Il s'y ajoute désormais des projets qu'on peut qualifier de troisième génération. Ils consistent à capter le CO_2 à la sortie d'installations de bioénergie, ou directement dans l'atmosphère. Les porteurs de projets sont ici souvent issus du milieu plus créatif des start-up. À l'image de Climateworks, qui a ouvert le premier pilote industriel de capture directe en Islande en 2022. Ou de Carbonworks, qui mise sur les microalgues pour transformer le CO_2 issu d'installations de bioénergie en produits utilisables en agriculture biologique ou en compléments alimentaires. Dans ces cas de figure, on ne retire pas du CO_2 provenant d'installations fonctionnant à l'énergie fossile comme dans le cas du CCUS. On retire du CO_2 de l'atmosphère qui peut compenser les émissions brutes qu'on n'est pas parvenu à abattre ailleurs. Pour les gouvernements engagés sur le papier à atteindre le net-zéro sans vraiment savoir de quoi il en retourne, cela peut sembler une aubaine.

L'élargissement de la gamme des projets, plus encore celui de l'écosystème des entreprises qui les portent, est une excellente nouvelle. Sur quelle quantité de CCUS peut-on alors compter en 2050 ?

Les avis sont loin de converger. La majorité des scénarios énergétiques du 6e rapport du GIEC atteignant le net-zéro en 2050 misent sur plus de 10 Gt de CO_2 retirées de l'atmosphère via le CCUS. Cela semble très ambitieux. D'autant plus que ces scénarios font également la part belle à la capture du CO_2 sur des installations de bioénergie et à la capture directe. L'AIE est plus prudente. Elle mise dans son scénario net-zéro sur 6,2 Gt de CCUS et 1,4 Gt de capture directe et depuis la bioénergie en 2050.

Cela nous semble un maximum. On a souvent tendance à sous-estimer les délais de diffusion de ce type de technologie. Il faut mobiliser des investissements lourds, dans des projets multiacteurs complexes. Leurs coûts ne sont pas facilement amortissables en l'absence d'une tarification carbone dissuasive. Paradoxalement, ces projets réduisent l'efficacité énergétique des installations auxquelles ils s'appliquent, car il faut utiliser de l'énergie pour capturer le CO_2, le transporter, et encore plus pour le réutiliser. Les débouchés pour la réutilisation du CO_2 sont étroits. À ce jour, le seul marché de taille qui se dessine serait celui des carburants de synthèse pour l'aviation.

Enfin, il y a des coûts cachés rarement évoqués : ceux de l'acceptabilité sociale. Tous les développeurs de terrain vous le diront. Ces projets font peur aux populations environnantes, alors que le CO_2 n'est ni toxique, ni explosif et encore moins radioactif. Pourtant, plusieurs projets ont été abandonnés en Europe à cause de l'hostilité de la population environnante.

Si l'on veut être au rendez-vous du net-zéro en 2050, mieux vaut ne pas trop s'en remettre à ce type de projets.

Les techniques permettant d'utiliser du carbone fossile sans émettre de CO_2 peuvent jouer un rôle très utile si l'on parvient à les déployer. Elles ne seront pas au cœur de la transition bas carbone. Comme le nucléaire, elles ne joueront qu'un rôle d'appoint.

NUCLÉAIRE : UN RÔLE D'APPOINT

Avec ses six réacteurs, la centrale de Gravelines affiche une capacité installée de 5 400 MW. Elle occupe 150 hectares en bordure de la mer du Nord, à proximité de Dunkerque. En 2021, elle a produit 29,8 TWh. C'est l'une des rares façons de générer une très grande quantité d'énergie sur une surface réduite. Les experts disent que le nucléaire est une source d'énergie à haute densité. Autre avantage : la fission des atomes dans le cœur des réacteurs a produit une énorme quantité de chaleur transformée en électrons par des turbines. Elle n'a rejeté que de la vapeur d'eau.

Nouvelle source à haute densité énergétique, sans rejet ni de CO_2 ni des innombrables polluants sortant des centrales à charbon et à fioul, le nucléaire semblait avoir beaucoup d'atouts en poche pour remplacer les sources fossiles. C'est pourquoi Marchetti et Nakicenovic y ont vu au moment des chocs pétroliers des années 1970 une composante centrale des futurs systèmes énergétiques. Ils n'ont pas été les seuls. L'énergie nucléaire s'est taillé la part du lion dans les budgets publics de recherche et développement consacrés à l'énergie jusqu'à la fin des années 1980[9].

Dans un premier temps, les faits leur ont donné raison. La production nucléaire a décollé dans les années 1970 et 1980, pour atteindre 17,5 % de l'offre mondiale d'électricité en

1996. Les trois accidents majeurs intervenus à Three Mile Island (1979), Tchernobyl (1986) et Fukushima (2011) ont contribué à casser la dynamique. Entre 1996 et 2021, la part du nucléaire est retombée à 9,8 % pour ne plus fournir qu'environ 3 % de l'énergie mondiale[10]. Comment s'écrira la suite de l'histoire ?

À la fin de son livre, Smil a cette formule lapidaire à propos du nucléaire : « Il n'y avait personne qui prédisait en 1965 que, juste deux décennies après, le nucléaire serait habituellement considéré au mieux comme une proposition douteuse, au pire comme une regrettable erreur[11] .» Pour certains, il ne faut pas enterrer trop tôt le nucléaire. La prise en compte du réchauffement climatique devrait au contraire conduire à la renaissance d'un nouveau nucléaire. Un peu à la façon du pétrole et du gaz de schiste, qui ont déjoué les prévisions d'effacement du pétrole américain par l'ingénieur Hubbert.

Les peurs générées par le risque d'accident comptent beaucoup dans l'opinion que se forgent les citoyens. Surtout quand ces risques sont multipliés par une guerre qui sévit aux portes de la plus grande centrale nucléaire d'Europe. Dans les pays démocratiques capables d'organiser de véritables débats citoyens sur la question, cela devrait contribuer à éclairer les décisions. D'autres éléments entrent dans la balance.

En premier lieu, il y a la lourdeur et la complexité des infrastructures pour faire fonctionner l'ensemble de la chaîne de production, de recyclage et d'approvisionnement du combustible. Mais ce n'est pas tout. Il faut ensuite traiter et stocker les déchets, dont une (petite) partie présente des risques élevés et durables de radioactivité. Sans oublier le démantèlement en fin de vie des centrales. Tout cela est décrit plus en détail dans le livre d'Antoine de Ravignan *Nucléaire. Stop ou encore*[12] ?

Cette complexité propre au nucléaire a un coût d'autant plus élevé que les exigences de la société seront fortes en matière de gestion du risque. François Lévêque a écrit un ouvrage complet sur la question[13]. Sur le plan économique, cela fait du nucléaire une forme d'énergie qui n'est guère accessible aux pays pauvres. Dans les pays riches ou émergents, cela en fait une technologie bien plus coûteuse que ses alternatives décarbonées. En Europe, l'AIE estime qu'en 2021 le coût du kilowattheure nucléaire est plus de deux fois supérieur à celui obtenu avec des panneaux photovoltaïques ou des éoliennes.

Cette échelle des coûts est-elle susceptible d'être modifiée par le développement de nouvelles technologies utilisant l'atome ? La recherche sur la fusion nucléaire progresse en laboratoire, mais n'a pas la moindre probabilité de trouver des implications industrielles d'ici à 2050. Si elle en sort un jour. Celle sur les petits réacteurs modulaires (SMR) en est déjà sortie. En 2020, l'opérateur russe Rosatom a lancé deux réacteurs de 35 MW (à comparer aux 900 MW des six réacteurs de Gravelines) qui sont montés sur un navire. Il s'agit ainsi de la première centrale nucléaire flottante. Selon certains, les technologies SMR seraient susceptibles de faire baisser fortement les coûts du nucléaire. Leur diffusion accentuerait cependant les risques de dissémination de la matière fissile.

La part du nucléaire dans le mix énergétique varie d'un scénario à l'autre. Celui de l'AIE lui est le plus favorable. Il nous dirigerait vers un monde où la part de l'électricité d'origine nucléaire serait en 2050 de l'ordre de 8 %, soit deux fois moins qu'à la fin des années 1990. Dans les stratégies de décarbonation massive, le nucléaire joue, dans le meilleur des cas, un rôle d'appoint. Ce n'est jamais lui qui fait la différence. Ce sont les énergies renouvelables qui transforment en énergie utile celle présente dans les flux naturels.

LE POTENTIEL DES ÉNERGIES DE FLUX

En moyenne, le Soleil envoie par son rayonnement sur la Terre une énergie équivalant à environ sept mille fois celle que nous extrayons du carbone fossile. Toute l'énergie que nous utilisons provient directement ou indirectement du Soleil. À deux exceptions près : l'énergie des marées vient de la force de la gravitation provoquée par la Lune et la géothermie de la chaleur souterraine est principalement provoquée par la radioactivité naturelle.

Le rayonnement solaire moyen est assez intense : de l'ordre de 170 W/m² en moyenne. Il varie d'un lieu à l'autre : 100 W/m2 à Dublin, mais 240 W/m² au Caire. Il est sujet au rythme des saisons, à l'alternance du jour et de la nuit, auxquels s'ajoutent les aléas de la pluie et du beau temps.

Le panneau photovoltaïque que Fritts installe en 1883 utilise le sélénium. Son rendement est inférieur à 1 % et le sélénium est cher. Il ne tiendra pas longtemps face à la concurrence des centrales électriques dont Edison a construit un an auparavant le premier prototype.

On peut également récupérer l'énergie du Soleil en la transformant en chaleur. C'est la filière thermique que vous pouvez utiliser pour chauffer votre eau courante mais qui est aussi exploitée à grande échelle dans des parcs où s'alignent des milliers de miroirs qui concentrent l'énergie des rayons lumineux. En 1912, l'ingénieur Frank Shuman tente une percée dans la vallée du Nil en installant des miroirs pour pomper l'eau du fleuve et irriguer des plantations de coton.

Il devra plier bagage avec la concurrence des motopompes, qui profitent de la chute du prix du pétrole à la fin du conflit mondial. Un sort identique sera réservé aux voitures électriques, qui ne résisteront pas à la concurrence du fameux Modèle T d'Henry Ford qui éjectera pour longtemps les modèles électriques de l'industrie mondiale.

En 1975, Jacques Percebois rédige son premier ouvrage consacré à l'énergie. Il y traite du solaire. Il diagnostique justement que l'utilisation à grande échelle de l'énergie solaire est encore une « utopie ». Quelques années plus tard, les velléités de récupérer l'énergie du rayonnement solaire dans les déserts de Californie ne résisteront pas au contre-choc pétrolier. Les subventions publiques ne pourront pas suivre ce qui cassera le déploiement à plus grande échelle de l'énergie solaire. Percebois ajoute cependant de façon prémonitoire : « Peut-être faut-il compter à ce jour sur l'utopie dynamisante pour promouvoir cette nouvelle source d'énergie[14]. »

Plus de quarante ans après, l'utopie dynamisante est en train de se réaliser. Le potentiel le plus élevé des énergies de flux réside dans la conversion directe du flux primaire d'énergie solaire alimentant naturellement notre planète. Smil estime la ressource totale potentiellement exploitable à près de mille fois la quantité d'énergie fossile actuellement utilisée. Aucune autre source énergétique ne s'approche d'un tel ordre de grandeur.

Environ 2 % du flux d'énergie solaire est converti en énergie cinétique : la circulation atmosphérique. Celle-là même qui répartit dans toute l'atmosphère nos rejets de CO_2, dont la majorité est concentrée sur la minuscule superficie occupée par les installations utilisant le carbone fossile. Si nous étions capables de construire des éoliennes de 11 kilomètres de haut, le potentiel exploitable serait nettement plus élevé.

C'est à cette distance de la terre que les vents sont les plus forts et les plus réguliers.

Cette technologie ne semblant pas réaliste, elle n'a pas été retenue dans l'étude de référence sur l'estimation du potentiel total de l'éolien[15]. La fourchette la plus prudente l'estime à 18-34 TW, soit une à deux fois toute l'énergie que nous tirons actuellement du carbone fossile. Ce potentiel est nettement plus élevé sur mer que sur terre, où l'accès à des surfaces suffisantes reste une contrainte. L'éolienne que Brush érigea en 1888 affichait une puissance de 14 kW. Vu ses dimensions assez impressionnantes, sa puissance au mètre carré devait être dramatiquement faible. Aujourd'hui, les éoliennes les plus puissantes développent une capacité mille fois plus élevée. Pourtant, et même si les vents ne sont pas trop irréguliers, elles fournissent nettement moins d'énergie au mètre carré que les sources fossiles ou nucléaires.

Dans le cadre des technologies connues, le développement des autres énergies de flux ne présente pas un potentiel susceptible de fournir des quantités comparables d'énergie décarbonée d'ici à 2050. Les deux principales sont l'hydraulique et la géothermie.

L'hydraulique est aujourd'hui la deuxième source d'énergie renouvelable. L'utilisation des moulins le long des rivières est une pratique ancestrale. L'invention de la turbine au xxe siècle a multiplié la capacité des hommes à convertir l'énergie des courants. Les barrages géants, comme celui des Trois-Gorges en Chine, fournissent d'énormes quantités d'électricité. Le potentiel d'augmentation de la production d'électricité hydraulique d'ici à 2050 est cependant limité. Dans les pays développés, la plupart des sites propices ont déjà été utilisés. Dans les autres, les contraintes d'investissement sont lourdes et les délais de réalisation élevés. Enfin, il ne faut pas sous-estimer les nuisances écologiques des grands barrages comme celles pouvant résulter de la multiplication d'ouvrages de plus petites dimensions le long des cours d'eau susceptibles d'affecter la continuité écologique des rivières.

La géothermie peut localement offrir des solutions très intéressantes. Elle fournit par exemple les deux tiers de l'électricité utilisée en Islande. Cela résulte de la configuration unique de cette île volcanique et n'est absolument pas transposable. La géothermie de surface permet plus d'applications diffuses dans le secteur résidentiel. Leur somme ne permettra pas d'apporter des quantités d'énergie pouvant changer la donne face à l'omniprésence actuelle de celles fossiles.

BIOMASSE : UN STOCK RENOUVELABLE GRÂCE À L'ÉNERGIE LUMINEUSE

La conversion de la biomasse en énergie peut s'effectuer de plusieurs façons. La principale est encore la combustion du bois et d'autres matières ligneuses qui fut le pilier des systèmes énergétiques avant l'arrivée des fossiles. De nouvelles voies s'y sont ajoutées : les biocarburants obtenus à grande échelle à partir de plantes cultivées (maïs aux États-Unis, canne à sucre au Brésil, blé, colza et betteraves sucrières en Europe, huile de palme en Indonésie). Les carburants de nouvelles générations pourraient convertir l'énergie présente dans les plantes ligneuses ou les algues. Le biogaz est obtenu par la fermentation de déchets organiques ou de cultures affectées à sa production. Principalement constitué de méthane, le biogaz est, après quelques opérations de purification, parfaitement substituable au gaz d'origine fossile. Toutes ces énergies peuvent entrer en compétition directe ou indirecte avec l'usage alimentaire de la biomasse. Cette compétition est une première limite à l'extension de son usage. Ce n'est pas la seule.

Le rayonnement solaire est transformé par les végétaux en énergie utile à leur croissance par la photosynthèse. Cette croissance aboutit à la formation d'un stock de matière vivante : la biomasse. Les bioénergies consistent à puiser dans ce stock de biomasse. On peut donc les qualifier de renouvelables aussi longtemps que leur usage n'altère pas la capacité du flux solaire à renouveler le stock via la photosynthèse. La limite ultime des bioénergies réside donc dans la capacité de régénération du stock de matière vivante par les flux naturels.

Cette limite est difficile à appréhender et prête à de nombreux débats. En Europe, l'utilisation du bois comme substitut à de l'énergie fossile est par exemple considérée comme neutre en carbone sur le système d'échange des quotas de CO_2. Ce type d'incitation à l'usage industriel du bois énergie est vivement contesté par une partie de la communauté scientifique[16]. Nous reviendrons sur cette question au chapitre 6, consacré aux puits de carbone. Dans tous les cas, le potentiel énergétique de la biomasse est sans commune mesure avec celui de l'exploitation du flux solaire. La photosynthèse est un médiocre convertisseur d'énergie solaire.

COMMENT LES FOSSILES ONT PERDU LA BATAILLE DES COÛTS...

Lors de mes premiers cours d'économie du climat, au début des années 2000, je prenais souvent l'exemple des panneaux photovoltaïques en Allemagne. À l'époque, les prix de rachat garantis par l'État atteignaient des sommets.

Je les convertissais en une taxe CO_2 qu'il aurait fallu imposer au charbon ou au gaz pour rendre le photovoltaïque compétitif. Pour installer des panneaux solaires sur un toit à Hambourg, on trouvait une taxe de l'ordre de 600 à 900 euros par tonne de CO_2. Je pouvais ensuite plus facilement expliquer à mes étudiants combien une taxe sur le carbone fossile aurait facilité le démarrage de la transition en économisant des deniers publics.

Aujourd'hui, je dois leur expliquer pourquoi les renouvelables rapportent autant d'argent au Trésor public : 31 milliards d'euros pour 2022 et 2023 en France d'après le régulateur de l'énergie. Sans doute bien plus en Allemagne, en avance sur le déploiement du renouvelable. Bien sûr, la guerre en Ukraine et la défaillance du parc nucléaire entrent en ligne de compte. Sans ces événements, les renouvelables auraient quand même contribué positivement au budget de l'État. Pour la première fois depuis plus d'un siècle, les fossiles sont en train de perdre la bataille des coûts. Et les renouvelables de la gagner. Une véritable révolution.

L'industrie des fossiles est plus que mature, tant sous l'angle de l'extraction que de ses grands convertisseurs. À l'amont, les techniques d'extraction font des progrès, pour le charbon comme pour le pétrole et le gaz. Avec parfois des sauts surprenants, comme la fracturation hydraulique couplée aux forages horizontaux, qui ont déjoué les pronostics de l'ingénieur Hubbert sur le pic pétrolier. L'effet premier de ces gains d'efficacité est d'accroître le volume total de carbone fossile qui pourra être exploité. Mais il faut utiliser de plus en plus d'énergie pour prolonger l'extraction. Charles Hall l'a bien montré à partir du concept d'*Energy Return on Investment* (EROI), qui rapporte la quantité d'énergie obtenue à celle utilisée pour la produire[17]. L'EROI des pétroles non conventionnels est de deux à trois fois plus faible que celui extrait des gisements classiques. Inévitablement cela finit par peser sur les coûts. La baisse tendancielle du prix réel du pétrole, qui a dopé son usage jusqu'en 1970, n'est pas près de reprendre.

Du côté des principaux convertisseurs d'énergie fossile, les gains d'efficacité sont derrière nous. Certes, les centrales à gaz à cycle combiné, récupérant une partie de l'énergie autrefois perdue après la combustion du gaz, permettent d'atteindre des rendements énergétiques de l'ordre de 60 % contre 40 % pour les centrales classiques. On s'approchera peut-être un jour de 80 % avec de nouveaux sauts technologiques. Une chose est certaine : on ne dépassera jamais 100 %. Idem pour les moteurs à combustion interne, dont le rendement plafonne depuis plusieurs décennies pour l'essence et plus récemment pour le diesel. Dans les premières phases du déploiement des énergies fossiles, les gains de rendement énergétique étaient d'une autre ampleur. La combustion interne a multiplié par trente le rendement des moteurs lors des premières étapes de son adoption. Un ordre de grandeur qu'on retrouve avec l'introduction des turbines.

Utilisant des technologies matures, l'industrie du carbone fossile l'est également dans son organisation. Elle est composée de très grandes entreprises, compagnies publiques ou majors privées, acteurs incontournables de la géopolitique de l'énergie. Sur le plan économique, l'enjeu central est le partage des rentes. Avec les deux composantes identifiées par Ricardo : la rente de rareté qui détermine la taille du gâteau à se partager ; la rente différentielle que captent les acteurs exploitant les gisements les plus favorables. Accaparée par ce jeu de plus en plus dangereux à mesure que les fruits les plus faciles à cueillir ont été ramassés, l'industrie des fossiles n'a pas vu venir la menace des énergies renouvelables.

… COMMENT LES RENOUVELABLES L'ONT GAGNÉE

Comme la valse ou la mazurka, la victoire de l'éolien et du solaire dans la bataille des coûts se joue en trois temps. Nous venons d'entrer dans le troisième.

Le premier temps concerne la baisse du coût du kilowattheure produit par une éolienne ou un panneau photovoltaïque. Dans les deux cas, cette baisse a une composante technique : l'amélioration du rendement énergétique. Celui des panneaux photovoltaïques actuels est de l'ordre de 15 à 20 % contre moins de 1 % pour celui de Fritts. Les éoliennes géantes qu'on pose en mer ont une puissance mille fois supérieure à celle de Brush. À cela s'ajoute un facteur économique très classique qui va faire la différence : les économies d'échelles résultant de la production de masse. Dans le photovoltaïque, la dynamique a été portée par la Chine. Elle ne doit rien à ses coûts salariaux, comme cela est souvent avancé, mais tout au faible coût du capital emprunté auprès des banques publiques locales. Capable d'agrandir la taille de ses usines bien plus vite que ses compétiteurs japonais ou occidentaux, la Chine a conquis une position ultradominante sur le marché mondial en une décennie (2005-2015). Le jeu est plus ouvert dans l'éolien, où les Européens ont une solide courbe d'expérience grâce aux pionniers danois et où les Américains sont loin d'avoir dit leur dernier mot.

Le deuxième temps concerne le stockage de l'électricité et la gestion intelligente des réseaux électriques. La baisse du coût des batteries lithium-ion s'effectue au même rythme que celle du photovoltaïque depuis deux décennies. Pour les mêmes raisons industrielles : le changement d'échelle de la production. La baisse du coût du stockage réduit le handicap de l'intermittence et de l'irrégularité des flux solaires et éoliens. Elle rend possible la substitution du moteur électrique au moteur thermique dans l'automobile.

La capacité à mettre de l'intelligence dans les réseaux énergétiques s'inscrit dans le cadre plus général de la numérisation de l'économie. Son volet le plus visible est le compteur Linky déposé d'office chez les particuliers, sans guère d'explications sur son mode d'utilisation. Nous n'utilisons pas le dixième de ses fonctionnalités. Sa mise en réseaux permettrait d'effacer la pointe de demande électrique et de gérer très efficacement des systèmes décentralisés où les consommateurs peuvent aussi être des autoproducteurs grâce aux panneaux qui captent le flux d'énergie solaire sur leurs toits ou dans leur environnement immédiat.

Troisième temps : l'arrivée de l'hydrogène vert. « Oui, mes amis, je crois que l'eau sera un jour utilisée comme combustible, que l'hydrogène et l'oxygène qui la constituent fourniront une source de lumière et de chaleur inépuisables et d'une intensité que la houille ne saurait avoir[18] », nous dit l'ingénieur Cyrus Smith, personnage principal de l'*Île mystérieuse* de Jules Verne. L'hydrogène est effectivement un vecteur énergétique qu'on peut produire à partir de l'eau par électrolyse. On savait déjà le faire du temps de Jules Verne. Les électrolyseurs sont en passe de devenir un convertisseur majeur car l'hydrogène est un puissant intégrateur du renouvelable dans le système énergétique. Côté offre, s'il est produit à partir d'électricité verte, il permet d'en stocker de grandes quantités. Mais cela nécessite de réaliser de coûteux investissements dans les infrastructures de stockage et de transport. Côté demande, il permet de décarboner des équipements lourds dans l'industrie (aciéries, chimie) ou le transport (camions, tracteurs, bateaux, peut-être avion…), pour lesquels les solutions alternatives ne sont pas légion.

L'hydrogène vert, produit par électrolyse ou par d'autres procédés (biomasse ou en cassant la molécule de méthane grâce à un courant électrique), est encore aujourd'hui nettement plus coûteux que celui fabriqué à partir du gaz naturel ou du charbon (95 % de l'offre mondiale). La bataille des coûts sur les fossiles sera totalement gagnée quand le coût de l'hydrogène vert sera passé en dessous de celui de l'hydrogène fossile. Vu la masse d'investissement immobilisée dans le monde pour changer l'échelle de sa production, ce n'est qu'une question de temps. J'ai refait le calcul de la taxe carbone requise pour rentabiliser dès aujourd'hui l'hydrogène vert relativement à son concurrent gris produit à partir du fossile[19] : de 100 à 250 euros par tonne de CO_2. La marche à franchir est bien plus basse que celle à laquelle se heurtaient les panneaux photovoltaïques lors de mes premiers cours d'économie du climat.

La baisse des coûts du renouvelable peut-elle être remise en question par la rareté des métaux et la remontée de leur prix ? À court terme, elle peut être interrompue. Cela a été le cas en 2021 et 2022 pour la fabrication des panneaux photovoltaïques et des éoliennes du fait de l'envolée du prix de certains métaux et composants. La marche vers le net-zéro sera ponctuée de multiples crises, de surprises bonnes ou mauvaises impossibles à prévoir, peut-être de périodes de régression. Mais elle s'inscrit dans une mutation plus générale du système capitaliste qui semble irréversible.

CAPITALISME THERMO-INDUSTRIEL, CAPITALISME VIRAL

Côté offre, la transition énergétique est portée par une dynamique de type capitaliste, avec la chute des coûts des sources renouvelables, du stockage de l'électricité et des réseaux intelligents. Cette chute ne provient pas de ruptures technologiques, mais du changement d'échelle de production et du couplage avec le numérique. Elle confère désormais des promesses de rentabilité qui surpassent celles des énergies fossiles. Elle attire en conséquence une part croissante des investissements nouveaux. Dans la génération d'électricité, plus de 80 % des nouvelles capacités installées dans le monde sont désormais décarbonées. Globalement, les investissements bas carbone mesurés par l'AIE augmentent de plus de 10 % l'an depuis 2020.

Industrie à coûts variables quasi nuls (on ne paie ni le vent ni le rayon solaire), la production d'énergie renouvelable est encore plus capitalistique que celle des fossiles. Pour la déployer à grande échelle, il faut y adjoindre des investissements lourds dans le stockage, les réseaux, les convertisseurs comme le véhicule électrique permettant l'électrification des usages. Il faut également investir à l'amont dans l'extraction et surtout le raffinage des métaux utilisés pour leur fabrication. Tout cela demande du capital. Beaucoup de capital, financier, physique, humain. La montée en régime des investissements va donc s'accélérer.

Cette dynamique est en train de métamorphoser la géopolitique de l'énergie. La sécurisation des approvisionnements en métaux de la transition, objets de l'ouvrage de Guillaume Pitron[20], en constitue un volet important. Demain, les prix du lithium ou du cuivre joueront un rôle comparable à ceux du pétrole ou du gaz dans l'économie du xxe siècle. L'accès aux zones les mieux ensoleillées ou ventées va se substituer à la compétition pour accéder aux gisements de pétrole, de gaz et de charbon. La maîtrise des réseaux de transport de l'électricité et de l'hydrogène deviendra un enjeu crucial. Dans ce nouvel environnement stratégique, la Chine semble être partie avec une longueur d'avance sur ses compétiteurs occidentaux.

Au-delà de la géopolitique, la transition énergétique contribue à une véritable mue du capitalisme. Depuis un siècle et demi, le capitalisme « thermo-industriel » puise ses forces dans les trois énergies fossiles. Il est en train de muter vers un capitalisme « viral », tels ces virus qui se multiplient dans les réseaux numériques. La matière première la plus stratégique de ce capitalisme est l'information. Son carburant est l'électron, vert de préférence, qui permet de stocker l'information et de la multiplier à l'infini sur les réseaux numériques.

L'expansion du capitalisme viral dope la transition énergétique. Il substitue du transport d'information au déplacement des personnes ou des marchandises. Dans la mobilité terrestre, il ne s'intéresse pas au moteur à combustion mais aux systèmes de conduite automatique et à la mobilité électrique. Dans la mobilité aérienne, il investit dans les drones, les taxis volants, les avions électriques. Dans la transition énergétique, il est motivé par les sources d'énergie renouvelable, la gestion intelligente des réseaux, les méthodes d'intelligence artificielle, la ville connectée.

Le capitalisme viral connaît plusieurs variantes : libérale en Amérique du Nord, centralisée en Chine, protectrice en Europe de l'Ouest, pour ne citer que les trois principales. Il a déjà gagné la bataille contre le capitalisme thermo-industriel, même si ce dernier défend âprement ses intérêts en freinant le désinvestissement des énergies fossiles. Son emprise croissante va accélérer la baisse des émissions de CO_2. En particulier, sa dynamique va faire passer le pic des émissions de carbone fossile dans les économies émergentes à des niveaux par habitant nettement inférieurs aux pics historiques observés aux États-Unis et en Europe de l'Ouest.

Le rythme imprimé par cette transition « capitalocène » n'est cependant pas compatible avec les scénarios du GIEC visant à limiter le réchauffement en dessous de 2 °C. Fondé comme ses prédécesseurs sur une logique de l'extension sans limite des marchés, le capitalisme viral nous promet une « quatrième révolution industrielle » et une croissance tous azimuts. Ses promoteurs s'inscrivent dans la continuité de la logique du « toujours plus », en faisant oublier l'enjeu primordial de la transition bas carbone : passer d'une logique de l'addition à une logique de soustraction en réduisant au plus vite les émissions de carbone fossile, ce qui implique des actions de grande ampleur sur la demande.

Pour réaliser cette transition énergétique d'un genre nouveau, il faut donc contraindre ou domestiquer la logique « capitalocène » par des régulations ou des révolutions qui assurent la maîtrise de la demande et la juste répartition des efforts.

L'ÉQUATION ÉCONOMIQUE

L'investissement dans les actifs décarbonés constitue le côté pile de la transition énergétique. Celui qui crée de la richesse supplémentaire. Combien ? Les investissements totaux dirigés sur l'énergie sont estimés en 2022 à environ 2,3 % du

PIB mondial. Pour être dans les clous du scénario net-zéro de l'AIE, il faudrait les porter vers 4,5 %, en les concentrant à 80 % sur la décarbonation du système énergétique et en arrêtant tout nouvel investissement de capacité dans les énergies fossiles. Dans leur évaluation pour la France, Jean Pisani-Ferry et Selma Mahfouz estiment de façon tout à fait convergente l'effort supplémentaire d'investissement à un peu plus de 2 % du PIB[21]. Dans les deux cas, c'est un choc majeur de demande, avec des effets multiplicateurs très favorables à la croissance économique puisqu'il crée de nouvelles capacités productives.

Ce n'est cependant pas le rythme de l'investissement qui détermine le tempo de la transition bas carbone, mais celui du désinvestissement. Si l'on veut rester dans la limite du scénario net-zéro, il faut débrancher à temps les sources de carbone fossile, en retirant du système économique les actifs liés à sa production et à sa consommation. Au plan macroéconomique, la transition énergétique implique donc simultanément d'ajouter et de retirer du capital, ce qui exerce des impacts de sens opposés sur le niveau de l'activité et le régime de croissance économique.

Le désinvestissement imposé par la transition peut prendre deux formes. Un déclassement prématuré d'actifs économiques qui « s'échouent », suivant l'expression consacrée. Ces actifs échoués disparaissent alors du système productif et des valeurs comptabilisées dans les bilans, ce qui inquiète les banques centrales. De façon prémonitoire, Mark Carnay, à l'époque gouverneur de la Banque d'Angleterre, l'a exprimé dès 2015 dans un discours fameux à l'assemblée annuelle du Lloyds[22]. La seconde forme de désinvestissement consiste à lisser dans le temps le déclassement en réduisant graduellement le taux d'utilisation du capital gris installé. Sur le plan macroéconomique, les deux méthodes ont un impact à peu près équivalent. Supposez que l'économie repose sur un capital installé de 100 unités, utilisées à 80 %. Si la transition exige d'en retirer 10 %, on peut indifféremment déclasser 10 % des actifs existants ou réduire à 70 % le taux d'utilisation de l'ensemble de ceux utilisés. L'impact régressif sur le volume d'activité est le même si l'on suppose que tous les actifs ont la même efficacité économique.

L'équation économique, avec ses deux faces indissociables, est inédite. Le côté pile de la transition, mobilisant des actifs financiers, physiques et humains, est le plus visible. Lorsqu'on évoque le coût de la transition énergétique, on fait généralement référence aux milliards qu'il faut trouver pour investir dans les électrolyseurs du futur produisant de l'hydrogène ou les usines géantes fabriquant batteries, composants photovoltaïques ou systèmes de régulation thermique. Le coût le plus lourd de la transition est pourtant celui du désinvestissement. Vous investissez dans la traction électrique. Que deviennent les fonderies qui fabriquent les moteurs thermiques ? Les pompes à chaleur doivent se substituer aux chaudières au fioul. Comment financer le retrait de 3,5 millions de chaudières en fonctionnement uniquement chez les particuliers ? Et que deviennent ceux qui les construisent ?... C'est le côté face qui pose le plus de problèmes aux pays engagés dans la transition énergétique. Il faut se débarrasser des actifs gris ou les reconvertir.

Les économistes ont abondamment étudié les liens entre l'investissement, le stock de capital productif et l'évolution du volume d'activité. Mais les modèles usuels de croissance n'ont pas étudié l'équation nouvelle où l'on impose une contrainte *ex ante* d'un désinvestissement qui doit être massif et rapide en réponse au risque climatique. Comment peuvent alors s'équilibrer les deux termes de notre équation ? Le plus peut-il l'emporter sur le moins et à quelles conditions ?

Cette question brûlante est posée à court terme dans tous les débats sur les politiques climatiques. Elle est souvent éludée dans le monde des économistes par des considérations sur la soutenabilité de la croissance à long terme. Deux visions du monde s'y affrontent. Du côté des orthodoxes, les « pro »-croissance, on recherche à la suite de Nordhaus, qui en fit les premières modélisations[23], un sentier optimal de croissance à très long terme minimisant les coûts de réduction des émissions pesant transitoirement sur l'activité. L'idée d'une rupture de la croissance, subie ou souhaitable, est étrangère à cette approche. À l'opposé, les « anti » partent du principe que le découplage entre les émissions et la croissance économique est mission impossible[24]. La seule voie pour reprendre la maîtrise du climat consiste dès lors à remettre en cause le fonctionnement du système économique au nom de la décroissance.

Quelle que soit votre proximité de pensée avec les « pro » ou les « anti », je vous propose maintenant d'adopter une attitude « agnostique[25] » à l'égard de la croissance, suivant l'expression de Raworth. C'est en tout cas la consigne que je me suis donnée pour examiner, au chapitre 4, les liens entre la transition énergétique et les régimes de croissance économique.

4

INVESTIR ET DÉSINVESTIR

Connaissez-vous le G17 ? Probablement pas encore. Sa liste figure en bas de page*. C'est le groupe des dix-sept pays les plus dépendants de leurs exportations de carbone fossile en 2021. Pour entrer dans le G17, il faut figurer parmi les plus gros exportateurs d'énergie et avoir un ratio exportation/production supérieur à un tiers pour au moins l'un des trois fossiles. J'y ai inclus le Venezuela et la Libye, qui ne remplissent plus ces conditions en 2021, mais dont les économies reposent sur la rente pétrolière.

Regroupant un milliard d'habitants en 2021, le G17 fournit plus des trois quarts de l'énergie fossile transitant par le marché mondial. Le contenu en carbone des exportations du G17 dépasse 10 Gt de CO_2, qui seront rejetées dans l'atmosphère dans les pays de destination. Cela représente deux fois leurs émissions territoriales, de l'ordre de 5 Gt. En ajoutant ces deux grandeurs, on obtient ce que l'Unep appelle dans son rapport *Production Gap*[1], « l'empreinte d'extraction ». Pour

* Afrique du Sud, Algérie, Arabie saoudite, Australie, Émirats arabes unis, Indonésie, Irak, Iran, Kazakhstan, Koweït, Libye, Nigeria, Norvège, Qatar, Russie, Turkménistan, Venezuela.

le G17, elle dépasse 15 Gt en 2021, soit pas loin de la moitié des rejets mondiaux de CO_2 résultant de la combustion d'énergie fossile.

Pour le G17, la transition bas carbone représente un coût exorbitant. Le poids des actifs à retirer du système productif ou à reconvertir est considérable. La rente fossile alimente l'économie via les recettes d'exportation, le budget de l'État, les revenus distribués aux ménages et les prix, souvent bradés, de l'énergie fossile consommée localement. Rester sous l'emprise de la rente fossile est pourtant suicidaire à long terme. La majorité des responsables du G17 en sont conscients et affichent leur volonté de s'en affranchir. Ils ont souvent amorcé la sortie de la rente fossile en investissant dans les infrastructures et équipements bas carbone. Le côté pile de l'équation posée à la fin du chapitre 3. Ils n'ont guère amorcé le désinvestissement des énergies fossiles, sans lequel on ne peut réduire massivement les émissions. Le côté face de l'équation.

Le positionnement des rentiers du fossile face à la transition énergétique est comme un miroir déformant. Le miroir reflète, de façon amplifiée, une question qui se pose à tous : comment coupler la vague d'investissement dans le bas carbone au désinvestissement massif des énergies fossiles imposé par les objectifs climatiques ? Au cœur de la transition énergétique, ce double mouvement a des impacts bien différents sur les régimes de croissance suivant la structure des économies considérées.

LA MALÉDICTION DE LA RENTE FOSSILE

Avec un peu plus de 2,2 Gt de CO_2, la Russie a exporté en 2021 l'équivalent de sept fois les émissions territoriales de la

France. Elle a été le premier exportateur de carbone fossile, qu'elle a mis sur le marché sous ses trois formes : premier exportateur mondial de gaz, deuxième de pétrole, troisième de charbon.

Cette rente fossile est au cœur du fonctionnement de son économie, qui s'écroulerait en cas de brusque disparition. Elle est recyclée pour une partie au bénéfice des oligarques privés, pour une autre par un appareil d'État qui l'a utilisée depuis des lustres pour éteindre par la violence bien des formes de contestation. En février 2022, l'utilisation de la violence a changé d'échelle avec le déclenchement de la guerre d'invasion en Ukraine.

L'économiste n'a pas d'outil pour analyser les dénouements possibles de ce type de situation où peut conduire la malédiction de la rente fossile. Il peut juste constater que le système énergétique russe n'a entamé aucun investissement sérieux dans les équipements et les infrastructures de la transition énergétique. Ses seuls actifs bas carbone se trouvent dans de grands barrages hydrauliques datant de l'ère soviétique et dans la filière nucléaire, également lancée à cette époque, dont l'opérateur public Rosatom est devenu l'un des leaders mondiaux.

Toutes les rentes fossiles ne conduisent pas à la guerre, et toutes les économies ne sont pas affectées de façon aussi extrême par la malédiction. Au sein du G17, j'en ai détecté cinq autres qui semblent lourdement touchées.

Les trois cas les plus graves sont l'Iran, le Venezuela et la Libye. Le premier présente d'inquiétantes similitudes avec la Russie : usage croissant de la rente pour réprimer la contestation du régime ; atrophie de l'appareil productif en dehors des secteurs transformant les hydrocarbures ou produisant du matériel militaire ; absence d'investissement dans le bas carbone, à l'exception du nucléaire.

Libye et Venezuela donnent un avant-goût assez dramatique de l'évolution d'une économie rentière brutalement privée de son carburant principal. Examinons le cas du second. Entre 2015 et 2021, la production de pétrole du Venezuela a été divisée par quatre et les recettes d'exportation par plus de dix. Deux raisons à cela : l'affaiblissement continu de la compagnie nationale (PDVSA), minée par la fuite des compétences, la corruption interne et l'indigence de son management ; les sanctions américaines, qui ont privé le pays de son principal débouché. Sur la période considérée, la contraction du PIB par habitant a atteint 75 %, entraînant un recul de deux ans et demi de l'espérance de vie à la naissance et une perte de quarante et une places dans le classement de l'indice de développement humain[2] établi par le Programme des Nations unies pour le développement (PNUD).

À un degré qui n'est pas comparable, la malédiction touche également le Nigeria et l'Algérie, où la rente est plus utilisée pour éteindre les crises sociales à court terme que pour créer les fondements d'une économie résiliente. Ces deux pays ont également fait face à des situations de violence interne que les moyens fournis par la rente permettent de réprimer avec plus d'efficacité.

Au Nigeria, la rente n'a pas été redistribuée au-delà de classes urbaines minoritaires dans la société. Près de la moitié de la population n'avait pas accès à l'électricité en 2020. En Algérie, elle l'a été de façon moins inégalitaire. Mais elle est utilisée pour payer la paix sociale à court terme et n'est guère mobilisée pour diversifier le tissu économique. Elle n'est que marginalement réinvestie dans la ressource solaire dont le pays est pourtant l'un des plus richement dotés au monde, alors que ses réserves de pétrole et de gaz déclinent.

Le tableau est assez négatif, mais il ne concerne qu'un tiers des membres du G17. Chez les onze autres on discerne des dynamiques, plus ou moins fortes, de réinvestissement de la rente fossile au profit de sources énergétiques décarbonées.

LES STRATÉGIES DE SORTIE DE LA RENTE

La guerre en Ukraine a provoqué d'importants mouvements de prix sur les trois énergies fossiles. Celui du gaz s'est envolé en Europe. Le cours mondial du pétrole s'est tendu sans rejoindre les sommets atteints au début de la décennie 2010. Le prix du charbon a crevé tous ses plafonds historiques sous l'impact d'une reprise non anticipée de la demande de l'Union européenne.

L'inflation des prix de l'énergie a brutalement élargi le montant total de la rente fossile. En l'absence de tarification carbone, cela a gonflé les profits des compagnies extrayant cette rente et élargi les moyens financiers des pays rentiers. À court terme, une reprise des investissements dans l'exploration-production des entreprises pétrogazières a été observée après plusieurs années de contraction. Ce mouvement augure-t-il d'un regain durable des investissements pour prolonger la durée d'existence de la rente ? La réponse diffère suivant la source fossile considérée.

Le gazoduc Nord Stream 2 raccordant la Russie et l'Allemagne n'entrera sans doute jamais en opération. Ce sont un peu moins de 10 milliards d'euros qui auront été investis à perte. En matière gazière, on n'est pas chiche quand on investit. Une chaîne complète qui extrait le gaz en Australie et le transporte par méthanier jusqu'au Japon pour le livrer au client final revient à près de 50 milliards de dollars. Une plateforme gazière dernier cri en mer du Nord ? De 6 à

8 milliards, transport compris depuis le chantier naval coréen où elle a été construite jusqu'aux confins de l'océan Arctique où elle entrera en opération.

Le conflit ukrainien a entraîné un regain d'investissement dans les filières gazières pour approvisionner l'Europe de l'Ouest. La Russie amplifie de son côté ceux permettant de rediriger le gaz, si abondant dans le cercle arctique, vers les consommateurs asiatiques, dont la demande semble insatiable. *In fine*, cela risque de faire beaucoup plus de gaz fossile injecté dans le système énergétique en 2030. Ce n'est compatible avec aucun scénario net-zéro à l'horizon 2050. Il convient de dépasser la dialectique douteuse du gaz fossile « énergie de transition » développée par certaines compagnies pétrogazières.

Le Qatar, la Norvège, l'Australie sont les trois plus gros exportateurs de gaz du G17 après la Russie. Ils continuent tous à investir dans l'élargissement des capacités de production et d'exportation de gaz naturel. La contribution déposée en 2021 par le Qatar auprès des Nations unies au titre de ses engagements climatiques est muette sur le rôle des énergies renouvelables mais prolixe sur les bienfaits du gaz[3]. La Norvège, championne des électrons verts et du véhicule électrique, investit une partie de la rente gazière dans l'énergie bas carbone. Mais elle exporte déjà treize fois plus de CO_2 avec son gaz qu'elle n'en émet sur son territoire et continue d'accorder de nouveaux permis en mer du Nord pour maintenir ses capacités. L'Australie, abondamment pourvue en soleil et en vent, a commencé d'investir dans l'exportation d'électricité et d'hydrogène vert à destination du marché asiatique. Elle n'a pas encore renoncé à élargir ses capacités de production et d'exportation de gaz naturel.

Examinons maintenant le cas du pétrole, à partir de la stratégie des pays du Golfe, les principaux exportateurs du G17 en dehors de la Russie et du Nigeria. La prise de contrôle de la rente pétrolière par ces pays date des années 1970. Elle a donné lieu à des stratégies de sortie de la rente à long terme basées sur la bonne vieille loi de la rente différentielle de Ricardo. Le coût du baril de brut extrait des bons gisements de la région est inférieur à 10 dollars quand il cote sept à dix fois plus sur le marché. Les stratégies de sortie de la rente consistent logiquement à prendre son temps car beaucoup de compétiteurs moins favorisés par la nature seront contraints de plier bagage plus tôt.

Prenons l'exemple des Émirats arabes unis (EAU). Dans un premier temps, leur stratégie de sortie de la rente a consisté à investir quelque 25 milliards de dollars dans la centrale nucléaire de Barakah, dont la dernière tranche a été raccordée au réseau en 2023. Durant la décennie 2010, le renouvelable, plus récemment l'hydrogène vert et les carburants de synthèse, a pris le relais via une entreprise publique dénommée Masdar. D'après le site de l'entreprise, Masdar avait investi fin 2022 environ 30 milliards de dollars pour installer des capacités de 20 GW en solaire et éolien. Il ne fait guère de doute que le rythme de ces investissements va continuer de s'accélérer. Le pays n'a cependant pas amorcé la phase de désinvestissement de ses capacités d'extraction et d'exportation de pétrole permettant de s'affranchir de la rente.

Un peu plus du cinquième de la consommation mondiale de charbon transite chaque année par le commerce international. L'Australie et l'Indonésie en fournissent près de 60 %. Autre membre du G17, l'Afrique du Sud a subi une baisse de ses ventes du fait du mauvais état de ses infrastructures (mines et chemins de fer). À court terme, la guerre en Ukraine a provoqué un regain de la demande de charbon en Europe, redevenu compétitif par rapport au gaz dans un contexte de baisse des expéditions depuis la Russie. Évidemment une mauvaise nouvelle pour le climat. À moyen terme, cela ne devrait pas relancer de vague d'investissement susceptible d'accroître les capacités d'extraction des grands exportateurs du G17.

En Australie, la promesse de retour sur investissement dans l'extraction de charbon décline relativement à celui attendu sur les marchés très porteurs des métaux de la transition bas carbone. À cela s'ajoutent la pression croissante des communautés aborigènes, plus généralement de l'opinion publique, et l'impossibilité de trouver des fonds pour ce type de projet auprès des grandes institutions financières occidentales. L'opérateur indien Adani, qui projette depuis des années d'investir environ 15 milliards d'euros dans la mine géante Carmichael, située dans le Queensland, se heurte à ces obstacles. Plus le temps passe, plus la probabilité de réalisation du projet diminue. On est dans un cas de figure bien différent de celui du gaz naturel. Les capitaux peinent de plus en plus à se diriger vers l'extraction et le transport du charbon.

Autre bonne nouvelle : non seulement les financements s'assèchent pour le charbon, mais ils peuvent abonder pour investir dans ses substituts. À la COP de Glasgow (novembre 2021), 8,5 milliards de dollars ont été mis sur la table dans le cadre d'un partenariat international pour financer un plan quinquennal de reconversion des mines et centrales thermiques vétustes d'Afrique du Sud. Un an plus tard, 20 milliards ont également été annoncés à destination de l'Indonésie dans le cadre du G20. Ces sommes sont encore modestes au regard de la masse requise pour réduire la totalité des infrastructures et équipements utilisés pour l'extraction, l'utilisation et l'exportation de charbon.

Mais elles amorcent la pompe du désinvestissement. Ce type de financement peut-il s'élargir à d'autres pays ainsi qu'au pétrole et au gaz ? La question du désengagement des énergies fossiles, longtemps éludée, figure désormais à l'ordre du jour des COP sur le climat.

NÉGOCIATION CLIMATIQUE ET SORTIE DES ÉNERGIES FOSSILES

Constitué pour les besoins de notre chapitre, le G17 n'a pas d'existence institutionnelle. En particulier, le G17 ne négocie pas en tant que groupe dans les COP. De façon informelle, les négociateurs de ces pays ont pourtant acquis un grand savoir-faire pour jouer la montre, ralentir la négociation pour des questions de procédure, enterrer toute proposition susceptible de déboucher sur des engagements contraignants pour les exportateurs de carbone fossile. La COP tenue en 2012 à Doha (Qatar) a par exemple été un modèle du genre : on y a parlé de tout, sauf d'énergie !

La nomination de Sultan Ahmed Al Jaber, ministre de l'Industrie des Émirats arabes unis, à la présidence de la COP28 programmée en décembre 2023 dans les émirats a provoqué quelques remous : Al Jaber est également le patron de la compagnie nationale pétrolière (Adnoc). N'y a-t-il pas un conflit d'intérêts majeur ? Mais l'homme est aussi cofondateur et président de l'entreprise Masdar, investie dans le renouvelable et l'hydrogène vert. Le contexte de la négociation climatique a beaucoup changé depuis la COP de Doha. L'accord de Paris (2015) est passé par là. Depuis la COP de Glasgow (2021), la question de la sortie des énergies fossiles, longtemps un non-dit de la négociation, s'est imposée dans les discussions. La COP28 offre ainsi une opportunité de faire de réelles avancées en la matière.

Engager le désinvestissement des énergies fossiles aura un coût élevé, difficile à anticiper, sur l'activité et la croissance des économies rentières. Ce coût intervient quasi instantanément alors que les bénéfices de l'investissement bas carbone sont plus longs à apparaître. Trois raisons de fond devraient néanmoins pousser les dirigeants de ces pays à l'assumer.

Primo, la résilience. Les stratégies actuelles de prolongation de la rente prennent le risque de l'effondrement de l'économie en cas d'interruption de la rente dans le futur. Plus les dirigeants repoussent dans le temps le désinvestissement, plus celui-ci aura un impact violent sur leur activité et le régime de croissance. Les exemples de la Libye et du Venezuela sont là pour nous rappeler les coûts monstrueux de l'effondrement brutal de la rente fossile sur les économies du G17. Payer le coût du désinvestissement, c'est prendre une prime d'assurance contre ce risque.

Secundo, les rentiers du fossile ont souvent des possibilités majeures de déplacer les actifs carbonés vers ceux de la transition énergétique : disponibilités en flux solaires et éoliens, hydrogène vert, métaux de la transition énergétique. Un tel transfert ne s'opère pas sans coût, car les actifs physiques et humains ne se déplacent pas instantanément. Mais il offre de multiples opportunités de reconversion qui peuvent limiter l'impact récessif du déclassement des actifs gris.

Tertio, la perte de croissance peut être largement compensée, et même surcompensée, au plan socio-économique si le désinvestissement s'accompagne d'une redistribution des revenus que la rente a généralement concentrés sur des minorités en bloquant ses retombées potentielles sur les conditions de vie de la majorité. Sans compter les gains additionnels sur la qualité de vie résultant du recul des pollutions locales.

Au-delà du livrable de la COP28, deux types d'avancées sont à réaliser dans les prochaines étapes de la négociation climatique.

Depuis l'accord de Paris, tous les pays sont tenus de déposer leurs engagements climatiques, dénommés « contributions nationales déterminées », auprès des Nations unies, et d'en rendre compte. Le cahier des charges du secrétariat onusien chargé du climat étant laxiste, une grande liberté a été laissée à chaque pays pour s'acquitter de l'obligation. Résultat : on peut chercher longtemps la moindre mention du désinvestissement des énergies fossiles dans les contributions déposées par les membres du G17. Il serait pourtant de leur intérêt de rompre avec les stratégies de prolongation de la rente. La meilleure façon serait qu'ils parviennent à s'entendre sur une trajectoire de désinvestissement du carbone fossile, probablement indicative dans un premier temps et comportant une clause annuelle de revoyure. En l'absence d'un tel saut en avant, la pression devra s'accentuer pour que les membres du G17 inscrivent dans leurs contributions nationales de réels engagements de sortie des énergies fossiles.

Une autre avancée serait que la COP multiplie les partenariats internationaux destinés à la reconversion des actifs fossiles du type de ceux annoncés pour l'Afrique du Sud et l'Indonésie. L'article 6.8 de l'accord de Paris sur les coopérations entre parties offre un cadre permettant d'inscrire dans le marbre ces initiatives et d'en suivre l'exécution. Concernant le charbon, il faudrait élargir les partenariats aux gros consommateurs comme l'Inde ou le Viêt Nam. La sortie des centrales thermiques au fioul pour produire l'électricité, nombreuses en Afrique et souvent vétustes, devrait également être éligible à ce type de financement.

Pour élargir ces financements, il faut mobiliser des fonds. Le marché des capitaux est certes profond. Malgré les bonnes intentions qu'il affiche en matière de sortie des énergies fossiles, il ne faut pas trop compter sur lui pour financer des projets à la rentabilité incertaine en l'absence d'une tarification des rejets de carbone fossile. Or, les dispositions des articles 6.2 et 6.4 de l'accord de Paris permettent d'accélérer la tarification des émissions de CO_2. Il n'y aurait pas meilleur moyen pour accélérer la sortie des énergies fossiles. Le coût en serait évidemment élevé pour les grands producteurs et consommateurs d'énergie fossile, dont le régime de croissance serait freiné. À l'inverse, les économies des pays moins développés pourraient devenir les principales bénéficiaires d'une tarification carbone généralisée si on leur redistribue une partie des recettes tirées de la tarification carbone au nom de la justice climatique.

SAUTER LA CASE FOSSILE POUR ACCÉLÉRER LE DÉVELOPPEMENT

Le lac Albert, dans le nord de l'Ouganda, recèle d'importantes réserves de pétrole, aujourd'hui inexploitées. Pour les valoriser, le gouvernement ougandais a donné son aval à la construction d'une raffinerie et d'un oléoduc de 1 446 kilomètres, opérés par TotalEnergies, pour raccorder les champs pétrolifères au port tanzanien de Tanga. Coût des deux investissements : de l'ordre de 7,5 milliards d'euros. Coût en CO_2 du projet sur vingt-cinq ans : 380 Mt de CO_2 (utilisations finales des produits pétroliers incluses). Émissions de CO_2

de l'Ouganda en 2021 : 5,8 Mt. En résumé, il s'agit de faire entrer l'Ouganda, pays occupant la 166e place dans le classement du développement humain des Nations unies en 2021, dans le G17.

Ce projet pétrolier est particulièrement controversé. Les ONG environnementales rappellent, à raison, qu'il n'est pas en ligne avec l'objectif du 1,5 °C. Au nom des droits de l'homme et de ses impacts locaux et climatiques, le Parlement européen a adopté en septembre 2022 une résolution condamnant le projet[4]. Thomas Tayebwa, vice-président du Parlement ougandais, a été prompt à rétorquer à ses homologues européens qu'il considérait ce type de résolution comme « le summum du néocolonialisme et de l'impérialisme contre la souveraineté de l'Ouganda et de la Tanzanie[5] ». Ambiance… La question posée est celle du positionnement des pays moins avancés (PMA) dans la transition énergétique.

Contrairement au G17, le groupe des PMA a une existence institutionnelle. La reconnaissance du statut de PMA par les Nations unies s'effectue à partir de trois critères plus larges que le seul PIB par habitant[6]. Elle donne accès à certaines lignes d'aide au développement. Il faut bien sûr accroître massivement les investissements dans les PMA. Il y a même urgence. Tous les indicateurs du développement – accès à l'énergie, situation alimentaire, indicateur du développement humain – sont passés au rouge à la suite du triple choc du Covid, de la guerre en Ukraine et des désordres climatiques. La responsabilité première en revient à leurs dirigeants, parfois prompts à gaspiller l'épargne dans des consommations ostentatoires ou, pire, des placements à l'étranger. Les financements internationaux ont un rôle crucial à jouer, en particulier pour renforcer l'accès à l'énergie et atteindre le plancher énergétique en dessous duquel la société reste emprisonnée dans la pauvreté.

Cela justifie-t-il les projets comme celui de l'oléoduc d'Afrique de l'Est en Ouganda (ou d'autres dans le golfe de Guinée) ? La réponse est non. Mais elle ne peut se contenter de condamner ce type de projets élargissant l'usage des énergies fossiles comme l'ont fait le Parlement européen et les ONG environnementales dans les cas ougandais et tanzanien. Elle doit surtout proposer des voies alternatives permettant d'y investir plus de 7 milliards de dollars pour constituer une infrastructure énergétique bas carbone permettant de réduire la pauvreté et d'accélérer le développement économique. Les premiers à convaincre sont souvent les responsables politiques de ces pays.

En 2022, le groupe des PMA est composé de quarante-six pays majoritairement localisés en Afrique au sud du Sahara, regroupant un peu moins de 1,1 milliard d'habitants. Sa consommation d'énergie se situe en moyenne au tiers du plancher de subsistance calculé au chapitre 3. En 2021, il a rejeté un peu plus de 0,4 Gt de carbone fossile dans l'atmosphère. À peine plus que la France. Par tête d'habitant, l'empreinte en carbone fossile des PMA est dix fois inférieure à la moyenne mondiale. Ces données conduisent généralement à justifier, au titre de l'urgence du développement, un droit des PMA à investir dans les énergies fossiles. Ce droit a été reconnu dans la Convention climat des Nations unies de 1992. Il fait partie des canons de la négociation climatique. Il se justifie par la faible responsabilité historique des PMA face au réchauffement climatique, mesurable par le cumul des rejets effectués depuis plus d'un siècle. L'argument est repris à satiété dans les COP.

À la suite de l'inversion des coûts relatifs du renouvelable et du fossile, il est pourtant devenu obsolète. Le dilemme entre croissance économique et transition bas carbone à la base de tous les compromis trouvés jusqu'à présent dans la négociation climatique (le plus important ayant été le protocole de Kyoto adopté en 1997) est en train de disparaître. Les économies des PMA ne sont pas encombrées par tous les actifs gris liés à l'usage des énergies fossiles. Et pour cause : en incluant la biomasse traditionnelle, les sources renouvelables fournissent plus des trois quarts de l'énergie qu'ils utilisent. Le désinvestissement ne concerne qu'une partie mineure de leurs actifs productifs. Pour ces pays, l'enjeu n'est pas de désinvestir. Il consiste à ne pas reproduire les schémas historiques de croissance carbonée en sautant la case fossile pour concentrer les capacités d'investissement sur les énergies renouvelables et l'efficacité de leur utilisation.

Plus facile à dire qu'à faire. L'accès à des systèmes de cuisson efficaces et sécurisés pour les familles est une priorité de rang un. Les trois quarts des habitants des PMA utilisent la biomasse comme énergie domestique, avec des modes de combustion inefficaces contribuant lourdement aux décès prématurés des femmes et des enfants. Les pays qui sont parvenus à éradiquer ce fléau ont majoritairement utilisé le vecteur du gaz fossile distribué en bouteilles, souvent à des prix subventionnés. Avec la baisse des coûts de l'électricité renouvelable combinée à des installations simples de cuisson, ce passage obligé par le gaz devrait bientôt disparaître[7].

Pour la mobilité, le chemin est également parsemé d'embûches. Les réseaux de transport ferrés sont atrophiés, tant pour les marchandises que pour les personnes. Idem pour les transports en commun. En ville, la densité de Mercedes et BMW impressionne ; les routes et pistes sont le domaine réservé du 4 × 4 de grosse cylindrée avec les taux d'émission que l'on connaît. La bascule vers le zéro carbone implique des choix différents, dans leurs dimensions techniques, sociales et culturelles.

L'électricité est le domaine où le renouvelable, principalement le solaire, est susceptible de changer le plus rapidement la donne. Outre son coût ultracompétitif, le solaire dispose de deux atouts majeurs : la facilité d'installation et d'entretien et la modularité. Lorsque le soleil et l'espace sont là, on peut ériger des capacités de production et d'exportation d'énergie bien supérieures à celles des projets pétrogaziers. La Mauritanie vise par exemple 30 GW d'électricité renouvelable et 1,7 Mt d'hydrogène vert à l'horizon 2030, dans son partenariat avec la compagnie CWP, pour des investissements de l'ordre de 40 milliards de dollars. À l'autre extrémité, les projets décentralisés, individuels ou collectifs, sont un levier permettant de lever de nombreux obstacles à l'accès à l'électricité. Dans le milieu rural, où l'électricité manque le plus, elle permet de diffuser l'électron bien plus rapidement qu'en étendant les réseaux traditionnels, à la façon de la téléphonie mobile qui a supplanté les réseaux fixes. Entre les projets géants et les microréseaux électriques décentralisés, les fermes solaires sont des solutions bien plus intéressantes pour alimenter les réseaux urbains que les centrales thermiques. Les projets de création ou d'extension de ces centrales, encore nombreux il y a quelques années, sont heureusement en voie d'abandon sur le continent.

Les signaux d'une dynamique nouvelle sont là. Ils s'observent dans l'effervescence des entreprises locales d'énergie renouvelable, dont la jeunesse et l'habileté numérique bousculent les compagnies nationales héritées de la période coloniale. Le mouvement est toutefois trop lent. Le dernier bilan réalisé sous l'égide des Nations unies est sans équivoque[8]. Il faudrait multiplier par trois le montant des capitaux investis dans le renouvelable dans les pays en développement.

C'est un investissement modeste au regard des capitaux circulant entre places financières. Il répond à l'urgence de développement mais aussi à des enjeux climatiques élevés sitôt qu'on se projette dans le futur. Prenons la calculette. En 2021, les habitants des PMA émettent en moyenne moins de 0,5 tonne de CO_2 par tête. Imaginez qu'en multipliant les projets dans les énergies fossiles ils rejoignent en 2050 le niveau actuel d'un Terrien moyen (4,3 t de CO_2). Compte tenu de la croissance démographique attendue, cela ferait 7,5 Gt de CO_2 rejetées dans l'atmosphère, soit le montant émis en 2021 par l'Union européenne et les États-Unis réunis aux arrondis près. Ne pas lancer d'investissements dans les fossiles au sein des PMA est bien une condition *sine qua non* pour atteindre l'objectif du 1,5 °C.

L'ÉMERGENCE DE L'ASIE ET LE PIC DES ÉMISSIONS MONDIALES

Dans son essai *The Great Derangement*, le romancier indien Amitav Ghosh considère que « le continent asiatique est critique pour tous les aspects du réchauffement global : ses causes, ses implications historiques et philosophiques, et la possibilité d'une solution globale à y apporter[9] ». Ghosh en rappelle également la genèse historique. Tant qu'elles ont été maintenues sous l'éteignoir colonial, ces économies n'ont guère contribué au réchauffement planétaire. En 1950, l'Asie compte pour 6 % des rejets mondiaux de carbone fossile. L'émergence des économies asiatiques (hors Japon) s'amorce dans les années 1950 et s'amplifie jusqu'à la période récente. En 2021, l'Asie compte pour 51 % des émissions mondiales de CO_2 d'origine fossile. La Chine et l'Inde pour respectivement 31 et 7 %. Le poids de ces deux pays est déterminant dans la croissance des émissions totales observée depuis 1990. De leurs décisions dépendra largement la possibilité, ou non, de passer le pic mondial des émissions durant la décennie 2020.

Face à ces chiffres, les ONG environnementales rétorquent souvent que les émissions territoriales, calculées à partir des inventaires nationaux, ne présentent que la face apparente des choses. Il faut tenir compte, affirment-elles, des émissions cachées transitant d'un pays à l'autre via le commerce international de biens manufacturés. Les rejets de CO_2 de l'acier utilisé pour fabriquer votre véhicule électrique importé de Shanghai sont comptabilisés dans l'inventaire chinois alors que c'est vous, consommateur occidental, qui portez la responsabilité de l'émission. Si l'on calcule l'empreinte de consommation en ajoutant les émissions importées et en retranchant celles exportées, poursuivent-elles, on voit qui sont les vrais responsables du réchauffement climatique : les pays développés, de qui dépend en réalité l'inversion de la trajectoire ascendante des émissions de carbone fossile.

Cette vision revient à considérer la Chine et l'Inde comme un vaste atelier de sous-traitance de l'Occident, ce qu'elles ne sont plus, ni l'une ni l'autre. Le *Global Carbon Budget* calcule chaque année les deux indicateurs d'émission territoriale et d'empreinte de consommation. Que nous disent-ils ? Si l'on tient compte des émissions de CO_2 transitant par le commerce international, il faut réduire de 7,5 % celles de la Chine et de 6,5 % celles de l'Inde pour retomber sur l'empreinte de consommation. Cela compte, mais ne change pas le constat de base. Le creusement de l'empreinte de consommation de la Chine et de l'Inde est à l'origine de 90 % de la croissance des émissions mondiales depuis 1990. Les rejets de CO_2 des aciéries et des cimenteries chinoises sont bien davantage incorporés dans les immeubles qui surgissent partout dans les villes du pays et dans les voitures y circulant que dans les exportations.

Deux périodes se distinguent. Jusqu'à la crise financière de 2008-2009, la mondialisation va bon train. Les exportations mondiales progressent plus vite que la production. L'Asie émergente y contribue de façon déterminante. Du fait des émissions incorporées dans les exportations, les données d'inventaires progressent alors plus rapidement que l'empreinte de consommation, surtout en Chine où elles s'emballent. La crise financière marque un coup d'arrêt à la mondialisation débridée. Depuis, les exportations mondiales augmentent moins vite que la production. C'est aussi le cas des émissions de CO_2 incorporées dans les exportations chinoises. Depuis 2005, les émissions territoriales de la Chine augmentent plus lentement que son empreinte de consommation. Elles ont même baissé pendant deux années consécutives (2015 et 2016), ce qui suggère que le pic d'émissions n'était peut-être pas si éloigné. Avant de redémarrer de 2017 à 2021, puis de diminuer légèrement en 2022. Nouveau mouvement de yo-yo ou amorce de la décrue des émissions ?

CHINE : LE RÔLE CLEF DE LA DEMANDE D'ÉNERGIE

Que ce soit sur les panneaux photovoltaïques, la motorisation électrique, le stockage de l'électricité et son transport à longue distance, l'hydrogène vert ou les métaux de la transition, la Chine occupe le devant de la scène. Elle a réalisé cette prouesse en partant souvent de moyens modestes. En 2022, le constructeur BYD est devenu numéro un mondial du véhicule électrique, devant Tesla. Son fondateur, Wang Chuanfu, était chercheur à l'Institut des métaux non ferreux de Pékin, spécialiste des terres rares. En 1995, il fonde avec un cousin l'entreprise BYD, un atelier produisant des batteries rechargeables. Il commence petit, sur le marché des portables, s'agrandit via celui des batteries de voitures, décide de sortir un premier modèle en 2003. En 2008, sa PME retient l'attention de l'investisseur américain Warren Buffett, qui y injecte quelques fonds. L'entreprise va changer d'échelle. En 2023, BYD joue dans la cour des grands. Son arrivée sur le marché européen inquiète les constructeurs les mieux établis.

La vague d'investissements bas carbone va s'amplifier durant la décennie 2020, ces secteurs faisant partie des cibles stratégiques du gouvernement chinois. De par les montants investis et la gamme couverte, elle n'a pas d'équivalent au monde. À quel moment peut-elle provoquer le désinvestissement des énergies fossiles ? La contribution nationale déposée par la Chine auprès des Nations unies indique que le pic d'émissions doit être atteint avant 2030[10]. Annoncée par le président Xi Jinping quelques jours avant la COP de Glasgow, elle n'a pas été préparée à la légère. Ses objectifs seront très probablement atteints. Faut-il miser plutôt sur le début ou la fin de la décennie 2020 ? La question n'est pas anodine vu le poids de la Chine dans les émissions mondiales.

Pas plus que mes collègues économistes, je ne dispose d'une boule de cristal permettant de parier à coup sûr sur l'une ou l'autre des dates. Pour éclairer la question, il convient d'examiner plus précisément le volet relatif à la demande d'énergie. Durant les trois dernières décennies, la Chine a connu une véritable boulimie en matière énergétique. En 2021, sa consommation avoisine 2,6 TEP par habitant, ce qui l'approche du seuil de gaspillage défini au chapitre 3 (2,8 TEP/hab). C'est le rythme futur de la demande qui va déterminer le moment où l'investissement bas carbone permettra d'amorcer le désinvestissement des fossiles et de passer le pic d'émissions.

En 2015 et 2016, le gouvernement central a ordonné l'arrêt forcé d'un certain nombre de centrales à charbon et d'usines sidérurgiques. Cela a donné un coup de frein aux émissions de CO_2, qui n'a pas duré bien longtemps car les actifs décarbonés ne permettaient pas de couvrir une demande d'énergie en forte croissance.

Pour la décennie 2020, l'équation se présente de façon différente. Côté offre, la vague d'investissement verte permet de fournir pratiquement deux fois plus d'énergie décarbonée en 2021 qu'en 2015, et l'élargissement des capacités de production se poursuit. Côté demande, la boulimie d'énergie a déjà fléchi depuis 2015. La demande d'énergie va progresser plus lentement durant la décennie 2020. La capacité d'offre d'énergie décarbonée va croiser la demande et permettre d'amorcer la phase de repli des émissions. Comme la production d'électricité et de chaleur contribue à près de la moitié des rejets de CO_2, l'indicateur le plus important annonçant ce déclin sera le moment où les retraits d'anciennes centrales thermiques seront supérieurs aux nouvelles capacités décarbonées. En 2022, le solde entre les capacités installées et celles retirées a été légèrement positif, mais le plus bas des trente dernières années. La Chine est probablement en passe d'atteindre son pic d'émissions.

INDE : CROISSANCE ET SOBRIÉTÉ ÉNERGÉTIQUE

L'Inde compte désormais autant d'habitants que la Chine. Sur la dernière décennie, ses émissions de carbone fossile ont augmenté deux fois plus rapidement. Son pic d'émissions est-il atteignable d'ici à 2030 ? Les engagements climatiques de l'Inde sont exprimés de façon elliptique dans sa contribution déposée aux Nations unies[11] : une capacité de production électrique décarbonée portée à hauteur de 50 % du total en 2030 ; une diminution de 45 % du contenu en CO_2 du PIB entre 2005 et 2030, ce qui ne dit rien sur le montant absolu des rejets de CO_2.

Pour atteindre le premier objectif, l'Inde mise prioritairement sur les parcs géants de production photovoltaïque, qui fournissent l'un des kilowattheures les moins chers du monde. Elle déploie également un programme d'installation de panneaux sur les toits qui a pris du retard. L'accroissement de la capacité installée en énergie renouvelable commence à compter dans le bilan, mais elle peine à dépasser celle ajoutée à partir du charbon, qui fournit encore les trois quarts de l'électricité en 2021. Le parc indien de centrales thermiques est l'un des plus jeunes au monde. Sur la décennie 2010, le pays a doublé sa capacité totale de production électrique, ce qui a permis de procurer un accès quasi universel à l'électricité. Un immense progrès social. Le gouvernement vise désormais l'installation d'une capacité de 450 GW d'électricité renouvelable en 2030, ce qui implique de doubler le rythme d'investissement. Si l'objectif est atteint, quelles retombées en attendre du côté des émissions ?

Tout dépendra de l'évolution de la demande d'énergie.

L'Inde apparaît comme un pays de grande sobriété : en moyenne une consommation de seulement 0,5 TEP/hab en 2021, nettement plus basse que le plancher de subsistance défini au chapitre 3. Dans l'État du Bihar, l'un des plus pauvres du pays, elle n'est que de 0,2 TEP/hab, contre 1,1 TEP/hab dans le Gujarat, l'État d'origine du président Modi. La croissance de la demande est très forte dans les deux cas. Dans le Bihar, l'accès universel à l'électricité est fragile et les systèmes dangereux et inefficaces de cuisson prédominent. Dans le Gujarat, où a émergé une classe moyenne, la demande des particuliers, forte sur la climatisation et les carburants, s'ajoute à celle des entreprises. Freiner la demande d'énergie au Bihar, où les besoins essentiels ne sont pas couverts, n'a aucun sens. Dans le Gujarat, il faudrait être en mesure d'agir sur les consommations de la seule classe moyenne, car à 1,1 TEP/hab une partie importante de la population n'est pas en mesure de couvrir les besoins de base.

Malgré l'ampleur des investissements bas carbone, l'accroissement des capacités électriques décarbonées ne suffira probablement pas à répondre à la demande, qui restera très forte d'ici à 2030. L'Inde devra continuer à investir, de façon déclinante, dans du fossile pour son approvisionnement électrique et ses besoins en énergie non électrique. L'inconnue indienne réside dans le niveau où peut se stabiliser la demande d'énergie. Si le pays parvient à rester sobre tout en couvrant les besoins énergétiques essentiels, il pourra amorcer d'ici dix à quinze ans le désinvestissement des énergies fossiles et passer le pic d'émissions avec des rejets de carbone fossile par habitant de l'ordre de 3 à 4 tonnes de CO_2, quand la Chine va passer le sien vers 8 tonnes. Ce serait une première mondiale.

Ghosh avait attiré notre attention. Ce qui se passe chez les deux géants asiatiques est déterminant pour le scénario climatique global. L'information majeure est qu'ils vont passer le pic d'émissions avec des rejets de CO_2 par tête bien inférieurs à ceux des pays d'industrialisation ancienne au moment de leurs propres pics d'émissions : 20 t/hab aux États-Unis (2005) et 12 t/hab dans l'Union européenne (1979). Cela laisse une fenêtre ouverte pour les scénarios mondiaux à 1,5 °C. Pour ne pas la refermer, il n'y a pas d'autre voie que d'accélérer la baisse des émissions une fois le pic passé. C'est l'enjeu posé aux pays développés.

APRÈS LE PIC D'ÉMISSIONS : LE CAS DES ÉTATS-UNIS

En matière de négociation climatique, le groupe des pays développés a un sens bien précis. Il s'agit des vingt-quatre pays d'industrialisation ancienne appartenant à l'OCDE en 1990, plus l'Union européenne. Ils sont listés dans l'annexe 2 de la Convention climat de 1992.

Si l'Asie émergente joue un rôle crucial dans le passage du pic d'émissions mondiales, le groupe des pays développés expérimente en premier les voies conduisant du pic d'émissions à la neutralité carbone. Cela va devenir l'enjeu majeur des transitions énergétiques à mesure que les autres pays atteindront leurs pics. Les deux principaux acteurs de ce groupe sont les États-Unis et l'Union européenne. En 1950, ils contribuaient à 63 % des émissions mondiales. En 2021, les États-Unis, deuxième émetteur mondial, en représentent encore 13 % et l'Union européenne, en passe d'être dépassée par l'Inde, 8 %.

Le 5 mai 2016, deux jours après avoir emporté l'investiture républicaine, le candidat Donald Trump à l'élection présidentielle est en meeting à Charleston, en Virginie-Occidentale. Devant des militants brandissant des pancartes « *Trump digs coal* », il promet de réouvrir les mines de charbon et d'y créer des milliers d'emplois. Une fois à la Maison-Blanche, le président Trump retire les États-Unis de l'accord de Paris et nomme à la tête de la puissante agence environnementale un lobbyiste du charbon. Le plan de l'administration Obama facilitant le retrait des centrales électriques au charbon est démantelé et des subventions sont promises aux compagnies charbonnières en déshérence. Cela n'a permis d'enrayer ni la fermeture des centrales thermiques, premier débouché du charbon, ni la baisse de la production charbonnière américaine (– 51 % entre 2008 et 2021) et de l'emploi des mineurs.

Aux États-Unis, comme au Canada et en Australie également abondamment dotés en carbone fossile, le climat est devenu un facteur de polarisation au sein de la classe politique. Les partis conservateurs s'opposent aux politiques climatiques, qui subissent des *stop & go* à chaque alternance électorale. L'ère Trump a porté à son paroxysme cette inquiétante dérive politique. Mais les déclarations populistes impactent peu le réel quand elles sont en opposition avec les dynamiques économiques qui poussent le capitalisme viral à s'affranchir des énergies fossiles. Quatre ans de présidence Trump n'ont pas ralenti le désinvestissement américain du charbon, amorcé au milieu des années 2000. C'est ce mouvement qui a permis aux États-Unis de passer leur pic d'émissions en 2005 puis de les réduire de 18 % jusqu'en 2021.

Le déclin charbonnier américain est d'autant plus important que les États-Unis détiennent environ le quart des réserves mondiales, loin devant les autres grands producteurs. Si le charbon des Appalaches est relativement coûteux, celui des

États de l'Ouest, exploitable à ciel ouvert, est très bon marché. L'administration Trump a donc cherché à investir dans les infrastructures ferroviaires et portuaires permettant de l'exporter vers le marché asiatique. Face à l'opposition conjuguée des représentants des réserves indiennes qui devaient être traversées et des populations des États côtiers (Oregon, Californie et Washington), elle a dû renoncer. L'enjeu climatique global n'est pas mince : le stock de charbon dans le sol américain, le premier au monde, équivaut à environ seize années d'émissions mondiales de CO_2 de l'année 2021. Le laisser en terre est une condition requise pour viser la neutralité carbone au niveau mondial.

L'une des premières décisions de Joe Biden à son arrivée à la Maison-Blanche a été de signer un décret présidentiel ramenant les États-Unis dans l'accord de Paris. La contribution américaine vise une réduction de 50 à 52 % des émissions totales de gaz à effet de serre entre 2005 et 2030 et l'accession à la neutralité carbone du système électrique à l'horizon 2035. Concrètement, cela implique de tripler le rythme de baisse des émissions à partir de 2022 et de passer à la vitesse supérieure pour la décarbonation du secteur électrique.

Pour y parvenir, l'administration Biden a réussi à faire passer au Congrès un plan très ambitieux, curieusement baptisé *Inflation Reduction Act* (IRA), qui met sur la table 386 milliards de dollars à la charge du budget fédéral pour accélérer la transition énergétique. La part du lion est constituée de crédits d'impôts et de subventions pour la décarbonation du secteur électrique. Trois blocs, de l'ordre de 40 milliards chacun, concernent l'incitation à l'électrification des transports, l'hydrogène vert et le captage et stockage du CO_2. Voté de justesse par le Congrès à l'été 2022, ce projet met une croix sur d'autres éléments plus impactants qui figuraient dans le programme du candidat Biden : normes contraignantes et taxation du CO_2. Cela fait dire aux experts du Rhodium Group qu'il permettra au mieux de générer la moitié des réductions requises pour atteindre les objectifs climatiques de 2030[12].

L'IRA s'inscrit dans la compétition géopolitique avec la Chine. L'objectif est de rattraper le retard considérable pris dans à peu près toute la gamme des investissements de la transition bas carbone. C'est pourquoi le plan est truffé de clauses protectionnistes réservant les aides publiques au *made in America*. Il ne s'attaque que marginalement à la demande d'énergie, là où les leviers d'action permettraient d'accélérer fortement la baisse des émissions. En 2021, un habitant des États-Unis consomme en moyenne 5,8 TEP, soit un peu plus de deux fois le seuil de gaspillage calculé au chapitre 3. Cette consommation plafonne depuis 2005, mais ne recule pas. Pour accélérer la réduction des émissions, il faudrait aborder cette question de fond qui met en cause le mode de vie américain.

Ce serait aussi s'affronter à une industrie pétrogazière puissante et florissante qui n'est pas prête à reconvertir ou déclasser ses actifs liés à l'usage des fossiles. En 2021, les États-Unis étant le premier producteur mondial de gaz et de pétrole, son système productif est encombré d'actifs gris qui ont été au cœur du capitalisme d'hier. Sa suprématie est contestée par une nouvelle variante du modèle capitaliste fondée sur l'information et l'électron, de préférence vert : le modèle des fameux Gafa. Il ne fait aucun doute que le modèle axé sur les fossiles va perdre la bataille. Mais il résiste et apporte de très bons rendements financiers à court terme sitôt que le prix des énergies fossiles s'envole. On risque donc de voir coexister pendant un certain temps les prospecteurs d'hydrocarbures et les développeurs d'énergie renouvelable dans les vastes espaces du Middle West. Le Texas, berceau de l'industrie pétrogazière américaine, est devenu le premier État américain pour la fourniture d'électricité d'origine éolienne. Il n'a pas amorcé son retrait du pétrole et du gaz.

APRÈS LE PIC D'ÉMISSIONS : LE CAS DE L'UNION EUROPÉENNE

Contrairement à celui des États-Unis, le sous-sol européen est pauvre en énergie fossile. Là où il reste du pétrole ou du gaz, comme en Norvège, on continue de l'exploiter. Là où il reste du charbon, on ferme les mines, parfois avec peine comme dans le cas du lignite, le charbon le plus émetteur de CO_2, dont le sous-sol allemand contient la plus grande réserve exploitable au monde.

Jusqu'à l'adoption du protocole de Kyoto (1997), la politique énergétique européenne a consisté à unifier et libéraliser les marchés électriques. Un pur projet technocratique ne pouvant susciter le moindre élan civique. Le climat a fondamentalement changé la donne. Dans les COP climat, c'est l'Union européenne qui prend les engagements, au nom de ses vingt-sept États membres. Cela a conduit à une prise en charge de la question climatique par les instances européennes, qui fixent également le cap en matière d'énergies renouvelables et d'efficacité énergétique. Les impacts énergétiques de la guerre en Ukraine n'ont pas modifié ces orientations. Ils pourraient même accélérer la transition bas carbone du fait des contraintes supplémentaires sur l'énergie fossile.

L'Union européenne a une consommation d'énergie par

habitant (2,8 TEP) et des émissions de carbone fossile (6,3 tonnes par habitant) inférieures de près de 60 % à celles des États-Unis. Elle a passé le pic des émissions de CO_2 d'origine fossile en 1979, en freinant les consommations d'énergie à la suite des chocs pétroliers des années 1970. Les émissions de CO_2 se sont maintenues sur un plateau jusqu'en 2005. De 2005 à 2021, elles ont baissé de 26 % (28 % depuis 1990).

Contrairement à une opinion assez répandue en France, ce recul ne doit pas grand-chose aux délocalisations industrielles. Il est attribuable aux trois quarts à la substitution des sources renouvelables au charbon et au fioul dans la production d'électricité et de chaleur. L'Europe n'importe ni ses électrons ni sa chaleur de Chine ou d'ailleurs (sauf pour des quantités marginales avec des pays frontaliers connectés au réseau électrique européen). Le solde résulte des gains d'efficacité énergétique. L'empreinte de consommation de l'Union européenne dépasse certes d'environ 15 % ses émissions territoriales du fait des importations de biens manufacturés. Mais, depuis 2005, le recul de l'empreinte de consommation s'effectue au même rythme que celui des émissions territoriales.

La poursuite de cette tendance conduirait en 2030 à une réduction de l'ordre de 40 % des émissions de gaz à effet de serre relativement à 1990, correspondant aux engagements internationaux de l'Europe. Cette réduction n'étant pas suffisante pour viser le net-zéro, le Conseil des chefs d'État européens a décidé en décembre 2020 de porter l'engagement de réduction à 55 %. L'objectif a été déposé aux Nations unies au titre de la contribution européenne à l'accord de Paris puis inscrit en 2021 dans le Pacte vert, l'homologue européen de l'IRA aux États-Unis. Ce nouvel objectif concerne l'ensemble des gaz à effet de serre. Il impose néanmoins d'accélérer la transition énergétique. À l'instar de l'IRA, le Pacte vert comporte en premier lieu un imposant programme d'investissement pour produire, distribuer et consommer les énergies renouvelables.

Comme l'Union européenne est grosse importatrice d'énergie fossile, l'investissement dans des sources renouvelables apporte un double bénéfice : il réduit les émissions chaque fois que ces sources remplacent un fossile ; il relocalise la production d'énergie primaire sur le sol européen. Du fait de la modularité des énergies renouvelables, leur déploiement est multiforme. D'un côté, se constituent des unités de très grandes capacités unitaires destinées à fournir en masse de l'électricité et de l'hydrogène vert à bas prix. Elles sont localisées en mer du Nord pour l'éolien et dans le pourtour méditerranéen pour le solaire. De l'autre, la multiplication de sources de plus petite taille va mailler les territoires suivant leurs caractéristiques propres. Les réseaux énergétiques hérités du passé ne sont pas adaptés à ces caractéristiques nouvelles. Il faut donc y investir massivement.

Le Pacte vert ne repose pas uniquement sur des incitations à l'investissement bas carbone. Il vise également à renchérir l'usage des énergies fossiles grâce au système d'échange des quotas de CO_2, plus couramment dénommé marché carbone. Depuis 2005, ce dispositif plafonne les rejets de carbone fossile des installations énergétiques et industrielles les plus émettrices de CO_2. Durant ses quinze premières années de fonctionnement, son efficacité a été amoindrie par la distribution trop généreuse de quotas. Le passage à l'objectif de 55 % a totalement modifié les perspectives. La baisse programmée des plafonds d'émissions a provoqué une remontée des prix, qui évoluent désormais dans une fourchette de 80 à 100 euros la tonne de CO_2, contre moins de 10 euros en moyenne durant la décennie 2010. De tels niveaux de prix ne peuvent qu'accélérer le désinvestissement des énergies fossiles. Deux réformes vont de surcroît renforcer leur impact.

Jusqu'à présent, les industriels ont reçu gratuitement la majorité de leurs quotas. Il est prévu de les faire basculer aux allocations payantes. Pour les protéger de la concurrence internationale, un prélèvement à la frontière, improprement dénommé « taxe carbone à la frontière », est en cours d'installation. Un peu technique dans les détails, la logique de la réforme est simple : les importateurs de tôles d'acier ou de ciment régleront le prix du CO_2 incorporé dans leurs produits comme les industriels les produisant sur le sol européen. Avec un CO_2 à 100 euros la tonne (98 euros au moment où j'écris ces lignes), la tôle d'acier est renchérie de 30 %. Il devient alors rentable d'investir dans des procédés de production décarbonés, utilisant l'hydrogène comme agent réducteur à la place du charbon utilisé dans les hauts-fourneaux. La Suède teste un pilote industriel dénommé Hybrit. L'étape suivante sera de changer d'échelle sur les hauts-fourneaux, comme cela est prévu en France à Dunkerque et à Fos-sur-Mer.

Le Pacte vert projette également d'agir sur la demande d'énergie, en favorisant l'électrification du transport, l'efficacité énergétique des bâtiments et en favorisant l'évolution des modes de consommation vers la sobriété. Ici encore, le système d'échange de quotas est mis à contribution. Son extension au transport maritime va permettre d'intégrer dans la valeur des marchandises importées le coût des émissions de CO_2 des navires qui les acheminent. Une disposition de nature à favoriser la consommation des produits de proximité. Un dispositif complémentaire de quotas cessibles va plafonner les émissions de carbone fossile résultant des actes de la vie quotidienne : se transporter, se loger, se chauffer… L'objectif est d'inciter à se reporter sur les moyens décarbonés en renchérissant ceux qui sont émetteurs. Pour amortir le choc sur les ménages, il est prévu de leur redistribuer une part importante des recettes via un futur fonds social. Chacun garde en tête l'épisode des « gilets jaunes » en France, où l'absence de redistribution et de pédagogie sur la taxe carbone a contraint les pouvoirs publics à bloquer sa montée en régime.

Les impacts de la transition énergétique sur l'activité et la croissance sont incertains. L'économie européenne a peu d'actifs de production d'énergie fossile à déclasser et va profiter de la relocalisation de ses sources primaires d'énergie. *A contrario*, elle a beaucoup d'actifs liés à l'usage des énergies fossiles à retirer de l'appareil productif ou à reconvertir. Elle devra faire preuve de beaucoup de proactivité face aux États-Unis et à la Chine, avec lesquels elle est en compétition pour l'investissement bas carbone, et d'une grande agilité pour assurer la reconversion des actifs gris qui doivent être retirés de la capacité de production.

ZOOM SUR L'HEXAGONE

« *Éoliennes. Pourquoi tant de haine ?* » titre Cédric Philibert, un expert mondialement reconnu sur le sujet, lorsqu'il se penche sur le cas français[13]. La crispation du débat sur les éoliennes reflète une inquiétante polarisation de la question climatique au sein de la société française. Le temps semble loin où les grands débats du « Grenelle de l'environnement » débouchaient sur l'adoption d'une loi, dite Grenelle 1, par une majorité de 536 députés sur 551 présents (3 votes contre). C'était le 21 octobre 2008. Que s'est-il passé depuis ?

D'abord, la société s'est mise en mouvement. Dans nos territoires comme partout dans le monde. On vient d'en faire le tour. En 2008, il n'y avait pas de haine contre les éoliennes parce que peu de gens avaient approché ces gigantesques engins de la transition énergétique. Aujourd'hui, personne ne peut échapper à leur vue car la transition est en route. Elle dérange, parfois déstabilise ou angoisse. C'est le bon côté des choses, car la transition heureuse, sans heurts ni perdants, est une image d'Épinal qui n'aide pas à régler les contradictions pour avancer.

Le pays n'a été avare ni de débats, ni de structures *ad hoc* pour les susciter ou les accompagner. Durant le quinquennat de François Hollande s'est tenu le « grand débat sur la transition énergétique ». On y a discuté de beaucoup de choses, notamment de la nécessité d'agir sur la demande d'énergie. Un pas en avant important. Mais on a laissé de côté la question qui fâche : le nucléaire et sa place dans notre système énergétique de demain. Sous le premier quinquennat d'Emmanuel Macron, la Convention citoyenne sur le climat a été mise en place au lendemain de la crise des « gilets jaunes ». Conformément à son mandat, la Convention a parlé de beaucoup de sujets sauf de celui qui avait initialement motivé sa création : le rôle de la fiscalité et du prix de l'énergie fossile dans la transition. Une fois encore, on évacuait la question qui dérange. Constitué à peu près au même moment, le Haut Conseil pour le climat (HCC) n'a pas manqué de produire du rapport, beaucoup de rapports, en éludant parfois les questions essentielles. Le gouvernement français a par exemple attendu mai 2023 pour annoncer qu'il allait modifier sa feuille de route climatique pour tenir compte de la réévaluation de l'objectif européen à – 55 % pour 2030 décidée en décembre 2020. Il a donc pris un retard de deux ans et demi, sur lequel le HCC n'a jamais envoyé la moindre alerte.

Enfin, l'information sur le climat est devenue omniprésente dans les médias et les réseaux sociaux. C'est un progrès. Pour autant, nombre d'opinions continuent de se fonder sur des représentations erronées qui faussent les jugements et cristallisent les oppositions. Juste un exemple : lors de mes interventions, j'utilise souvent un quiz demandant si les émissions européennes ou françaises de gaz à effet de serre sont stagnantes, croissantes ou en baisse. Très peu de personnes répondent correctement à la question, restant convaincues d'une inexorable hausse des émissions, ce qui ne peut que contribuer à « l'éco-anxiété », nouveau fléau qui paralyse l'action.

Le contre-feu consiste à confronter nos propres représentations aux données en étant attentifs aux échelles temporelles. C'est la démarche à laquelle nous convie Pierre Veltz dans son essai *Bifurcations*. Il nous rappelle en particulier l'importance de prendre correctement en compte l'échelle temporelle de l'action climatique en complétant l'approche traditionnelle « coût-efficacité » par l'approche « temps-efficacité[14] ». En matière énergétique, certaines actions, comme la réduction de la demande d'énergie fossile, ont des impacts immédiats sur les émissions. D'autres, comme l'investissement dans des capacités renouvelables ou la rénovation thermique des bâtiments, n'agissent qu'après certains délais. Il faut en permanence trouver le bon équilibre entre les unes et les autres, en informant et en débattant de la répartition des coûts de la transition, comme le rappellent Pisani-Ferry et Mahfouz dans l'une des premières analyses macroéconomiques montrant les impacts contrastés de la transition[15].

Il y a trois domaines où l'approche de Veltz devrait être utilisée pour dépasser les querelles stériles : le nucléaire, les inégalités territoriales, la sobriété.

À l'origine de plus de 70 % de la production d'électricité, le nucléaire occupe une place dans notre mix énergétique unique au monde. Cela pose deux questions, spécifiques à l'Hexagone : pendant combien de temps doit-on exploiter le parc existant, aujourd'hui de loin la première source d'électricité décarbonée ? Par quelles installations faudra-t-il remplacer les centrales existantes lorsqu'elles arriveront en fin d'exploitation ? La révolution énergétique en cours se base sur le passage d'un système reposant sur les énergies de stock à un autre basé sur la récupération des flux naturels d'énergie. Or, le nucléaire est une énergie de stock. Ses coûts ne baissent pas comme ceux des énergies de flux. Dans le monde, le nucléaire ne peut fournir qu'un appoint à la transition bas carbone. Et en France ? Lorsqu'on étudie les scénarios prospectifs[16] de RTE, le transporteur d'électricité, il ne fait guère de doute que nous aurons besoin des capacités nucléaires pour respecter nos engagements climatiques d'ici à 2040. Accroître l'investissement dans le parc existant pour allonger sa durée d'utilisation au-delà de quarante ans et continuer à produire sans risque de l'électricité décarbonée fait sens. C'est même incontournable si l'on veut avoir la moindre chance d'atteindre le – 55 % en 2030. D'après EDF, cela devrait coûter plus de 50 milliards d'euros. Une bagatelle ! Faut-il simultanément engager un nouveau programme de réacteurs de type EPR pour remplacer ceux qui arriveront en fin d'exploitation après 2040 ? Cela mérite au moins un débat dans lequel sont exposés et écoutés les différents points de vue. Une chose est certaine : les milliards qu'on investit dans le nucléaire n'iront pas dans le renouvelable, le nerf de la transition, dans lequel notre pays est le seul de toute l'Union européenne à ne pas avoir atteint ses objectifs en 2020[17].

La révolte des « gilets jaunes » a été celle des ronds-points, ces espaces qui se sont multipliés à la périphérie des villes que nous sommes nombreux à franchir quotidiennement sans jamais nous y arrêter. Elle révèle l'ampleur des inégalités spatiales. Nombre de mesures, comme une taxe carbone non redistribuée ou l'introduction de zones à faibles émissions (ZFE) dans des centres-villes non raccordés à des réseaux de transports collectifs, ne peuvent que les aggraver. La modularité des énergies renouvelables permet pourtant de distribuer bien plus largement les nouvelles sources énergétiques sur les territoires, en particulier les territoires ruraux, et d'y drainer de nouveaux flux économiques. Elles devraient être accueillies avec ardeur par les habitants des territoires situés à l'extérieur des métropoles urbaines et par leurs représentants dans les deux chambres du Parlement. C'est souvent l'inverse qui est observé. Remonter la pente est l'un des premiers défis de la planification écologique, dont la dimension spatiale est essentielle. Son premier objectif devrait être de mettre en synergie les multiples innovations des acteurs engagés dans la transition sur le terrain, en assurant de réels retours économiques aux territoires.

La sobriété énergétique est un paramètre majeur de la transition, surtout dans notre pays qui a dépassé le pic des émissions de carbone fossile (en 1973) et déjà décarboné l'essentiel de sa production électrique. Elle est trop souvent pensée comme une somme d'actes individuels qui permettent de réduire vite, mais de façon temporaire, la demande d'énergie. Par exemple pour passer l'hiver quand une pénurie d'électricité ou de gaz menace. Pourtant, la sobriété passe souvent par des usages collectifs de l'énergie (covoiturage, transports en commun, réseaux de chaleur…), qui peuvent au passage générer de l'entraide et de la solidarité. Inscrire la sobriété dans la durée va devenir l'une des clefs des prochaines étapes de la transition. Elle pose en premier lieu une question d'équité : appliquée de façon indifférenciée, la sobriété imposée aggraverait les inégalités énergétiques. Il faut donc accompagner la promotion de la sobriété d'actions redistributives. Ce n'est pas la seule difficulté. L'organisation spatiale des villes et de leurs banlieues est une variable clef pour réduire les émissions des transports et de l'habitat. Elle ne peut jouer qu'à très long terme car on ne va pas reconstruire les villes et toutes leurs infrastructures en une ou deux décennies. Autre dimension : les modèles économiques de la sobriété sont à construire. Ils concernent les entreprises, grandes ou petites, citoyennes ou marchandes, qui ont un rôle clef à jouer. Seuls les modèles rentables et abordables pour le plus grand nombre pourront se diffuser à l'échelle requise.

Pour les ménages, la sobriété implique d'agir sur des leviers impactant fortement les modes de vie : la vitesse de nos déplacements, un indicateur clef pour baisser leur empreinte carbone à court terme et si l'on veut réduire, à moyen terme, le nombre des kilomètres parcourus ; la température moyenne de nos logements, mais aussi leur superficie intérieure et l'espace extérieur qu'ils accaparent ; l'usage du numérique, dont la croissance exponentielle dope les émissions ; le contenu de nos assiettes et en particulier la quantité de produits animaux qui y transitent, surtout ceux issus des élevages de ruminants.

Au terme de ce tour du monde de la transition énergétique, une conclusion s'impose : le débat croissance-décroissance n'a guère de sens sitôt qu'on examine les situations concrètes. Le double mouvement d'investissement et de désinvestissement accélère le potentiel de croissance des uns et réduit celui des autres. Il porte une promesse de redistribution de la croissance dans le monde, au bénéfice de ceux qui en ont été exclus par le capitalisme thermo-industriel basé sur l'extraction de l'énergie fossile.

Imaginons que nous soyons venus à bout des rejets de carbone fossile dans l'atmosphère en 2050. Nous serions en situation de neutralité au sens de l'AIE. Supposons que les émissions de gaz fluorés aient également été supprimées. Serions-nous automatiquement en situation de neutralité climat ? Tout dépend du quart des émissions concernant l'agriculture, la forêt, l'océan. Ce que nous avons appelé le carbone vivant, qui est au cœur de la reproduction des espèces et de leur plus ou moins grande abondance. Si nous abattions tous les rejets de carbone fossile en accélérant le déclin de la biodiversité, nous nous exposerions à des dangers encore plus grands. C'est tout l'enjeu de la transition agroclimatique.

5

TRANSITION AGROCLIMATIQUE

La transition énergétique ouvre la voie de la neutralité pour le carbone fossile à l'horizon 2050. Elle ne garantit pas l'accession à la neutralité climat au sens de l'article 4 de l'accord de Paris, qui concerne l'ensemble des gaz à effet de serre et doit tenir compte de la capacité de stockage du CO_2 par le milieu naturel. Pour atteindre cette neutralité climat, il faut satisfaire deux conditions supplémentaires qui constituent la feuille de route de la « transition agroclimatique ».

Primo, les émissions nettes de l'agriculture qui ne résultent pas de la combustion d'énergie fossile doivent tomber à zéro. C'est l'objet de ce chapitre. Secundo, l'activité humaine doit cesser d'altérer la capacité du milieu terrestre à stocker le CO_2 via la déforestation tropicale et les autres atteintes aux puits de carbone naturels. C'est l'objet du chapitre suivant.

La transition agroclimatique est bien plus complexe à conduire que la transition énergétique. Elle concerne notre rapport au vivant. Au premier chef, elle impacte la façon dont nous utilisons ce vivant pour nous alimenter : il n'y a pas de neutralité climat possible à l'horizon 2050 sans une profonde mutation des régimes alimentaires. Du côté de l'offre, la transition agroclimatique implique aussi une large réorganisation des systèmes de production agricole touchant une multitude de producteurs.

Dans leur *Histoire des agricultures du monde*, Marcel Mazoyer et Laurence Roudart analysent les ressorts de ce qu'ils appellent les deux révolutions agricoles du monde moderne[1]. La première a été la résorption des jachères en Europe à partir du XVIIe siècle. Elle permit une hausse du surplus agricole et un transfert massif de main-d'œuvre vers les manufactures et les villes.

La seconde révolution agricole prend racine en Amérique du Nord au début du XXe siècle. À partir de 1950, ses méthodes se diffusent avec plus ou moins de réussite au reste du monde. Sur le plan technique, elle repose sur le triptyque sélection génétique, chimisation, mécanisation. Elle applique à l'agriculture des méthodes de spécialisation et de division du travail inspirées de l'industrie.

La troisième révolution agricole est devant nous. Elle s'inscrit dans le cadre de la transition agroclimatique à laquelle nous contraint le réchauffement global. Pour le système agricole, elle va consister à produire de façon résiliente et non émettrice de gaz à effet de serre en s'appuyant sur la biodiversité au lieu de s'acharner à la combattre. C'est une transformation aussi radicale que la transition énergétique, dont on ne voit aujourd'hui que les prémices. Pour reprendre les termes de Bertrand Valiorgue, la transition agroclimatique n'est pas de l'ordre de la « durabilité faible » obtenue par simple aménagement des systèmes d'agriculture conventionnelle, mais de la « durabilité forte » qui exige des changements plus systémiques[2].

LES MÉTAMORPHOSES DU SYSTÈME AGRICOLE

En 1960, la planète compte 3 milliards d'habitants et approche de son taux de croissance démographique maximal atteint à la fin de la décennie. La FAO estime que deux actifs sur trois sont employés dans l'agriculture. Dans les pays en voie de développement, ils sont trois sur quatre, et encore un sur quatre en Europe de l'Ouest. Seuls les États-Unis, premier exportateur mondial de grains, ont ramené leurs actifs agricoles en dessous de la barre de 10 %.

La question alimentaire est alors directement rattachée à celle de la disponibilité de la ressource que sera capable de fournir l'agriculture. Elle concerne en premier lieu les pays du Sud, où la disponibilité totale en calories est inférieure aux normes jugées souhaitables par la FAO (autour de 2 500 kcal par habitant et par jour, variant suivant la composition par âge et par genre de la population). Les plus gros déficits apparaissent alors en Inde et en Chine, où la disponibilité ne dépasse pas 2 000 kcal par jour. L'Afrique subsaharienne et le continent sud-américain sont également en déficit, mais moins marqué. En Europe de l'Ouest, la décennie 1950 a permis de quitter l'économie de pénurie prévalant après le conflit mondial grâce à des importations massives de produits agricoles de base. L'objectif de réduction de cette dépendance alimentaire sera à l'origine du lancement de la politique agricole commune (PAC) en 1962.

Dans ce contexte, le mot d'ordre des années 1960 est d'accroître la production le plus rapidement possible pour éviter les famines. Celle liée à la stratégie maoïste dite du « grand bond en avant » a probablement décimé plus de 20 millions d'habitants au début de la décennie. Celle de 1966 en Inde, plus de 100 000 habitants. Les modèles de type productiviste deviennent la cible des politiques agricoles dans les pays riches. La « révolution verte » tente de les diffuser dans les pays du Sud.

La mécanisation en constitue le volet le plus visible. Elle se généralise rapidement dans les pays du Nord. Elle est bien plus limitée dans la majorité des pays du Sud du fait de la pléthore de main-d'œuvre et de la rareté du capital. Cela crée un écart de productivité majeur au détriment des systèmes agricoles traditionnels : « Le rapport de productivité entre l'agriculture la plus productive et la moins productive, qui était de 1 pour 10 au début du XXe siècle, est aujourd'hui de 1 contre 500[3] », estiment Mazoyer et Roudart. Une multiplication par 50 au XXe siècle.

La chimisation pour fertiliser le sol et assurer la protection des cultures est le second pilier du système productiviste. Très tôt, ses impacts sur le milieu naturel sont dénoncés par les ONG environnementales. La publication de *Silent Spring* par la biologiste Rachel Carson en 1962 va fédérer le mouvement écologiste aux États-Unis. Sa dénonciation de l'usage inconsidéré du DDT comme pesticide agricole conduira à son interdiction par l'agence environnementale américaine en 1972. Une longue série de produits de protection des cultures seront ensuite mis sur le marché avant d'être limités ou interdits en raison de leurs risques pour la santé des hommes et des écosystèmes.

Paramètre peut-être le moins visible de la seconde révolution agricole, la sélection génétique du matériel vivant a été au cœur des modèles productivistes. La sélection de variétés à hauts rendements a permis de tripler les rendements à l'hectare de blé et de maïs entre 1961 et 2021 et de multiplier par 2,5 ceux de riz et de soja. Le nombre d'espèces cultivées a fortement régressé et plus encore leur diversité génétique. Les productions animales ne sont pas en reste. L'envolée des productions avicoles et porcines repose sur une sélection de races à haut potentiel de croissance. Comme une partie majoritaire de ces animaux est élevée hors sol, cela permet une augmentation stupéfiante de leur nombre : 4 milliards de têtes de volaille en 1961 et 26 milliards en 2021 ! Les bovins, qui se reproduisent moins vite et sont plus difficiles à nourrir, n'ont pas augmenté aussi rapidement. Mais leur cheptel a pris beaucoup d'ampleur et fournit bien plus de viande et de lait par animal.

La transformation productiviste de l'agriculture s'est accompagnée d'une industrialisation des chaînes alimentaires, séparant les producteurs agricoles des consommateurs. Cette industrialisation contraint les agriculteurs des pays développés à se spécialiser dans des productions homogènes, standardisées, fournies en lots suffisamment importants pour répondre aux normes industrielles. Plus le marketing déploie une débauche d'inventivité pour multiplier la diversité des produits pour le consommateur final, plus le producteur agricole est soumis à l'amont à des cahiers des charges qui le contraignent à standardiser sa production et à la livrer dans des quantités suffisantes. Toutes les structures agricoles, loin de là, ne peuvent répondre à ces conditions, en particulier dans les pays en développement. Les industries de transformation ont alors tendance à s'installer à proximité des ports d'importation pour approvisionner les centres urbains, ce qui déstabilise les marchés locaux et déstructure les systèmes vivriers.

Les métamorphoses de l'offre agricole et alimentaire pourraient donner l'impression d'une sorte de contrôle sur le milieu naturel, assurant une sécurité d'approvisionnement.

C'est une illusion. L'alerte de Rachel Carson sur la menace que représentait l'usage du DDT sur les populations d'oiseaux était prémonitoire. L'impact du productivisme agricole sur l'abondance du vivant s'est depuis amplifié. Le premier rapport d'évaluation de la Plateforme intergouvernementale IPBES, l'équivalent du GIEC pour la biodiversité et les services écosystémiques, est publié en 2019. Il documente ces atteintes[4]. Il révèle que les changements d'usage des terres liés à l'agriculture figurent parmi les premiers facteurs d'érosion de la biodiversité terrestre. Avant les pollutions ou l'impact des espèces invasives. Pour la biodiversité marine, le premier facteur est la surpêche. S'il faut moins manger de viande pour freiner le réchauffement global, il ne faut donc pas trop compter sur sa substitution par des produits de la pêche.

Le rapport de l'IPBES souligne également l'effet de retour de cette érosion sur les conditions de l'activité agricole, de plus en plus fragilisée par la perte d'abondance du vivant. Le réchauffement climatique amplifie ce durcissement des conditions de production agricole. Au Sud, l'effet de retour se traduit en particulier par l'extension des zones arides où les sols, privés de leur couvert végétal et appauvris en matière organique, s'épuisent. Les impacts du réchauffement aggravent cette dynamique qui menace les conditions d'existence d'environ deux milliards de Terriens. Au Nord, l'effet de retour apparaît dans l'appauvrissement des sols, la variabilité croissante des rendements des grandes cultures et, en Europe de l'Ouest, dans la stagnation des rendements céréaliers depuis bientôt deux décennies. Les problèmes croissants et les risques soulevés par la protection sanitaire des élevages d'animaux de type industriel sont de la même veine.

ABONDANCE AGRICOLE, MALNUTRITION ET INSÉCURITÉ ALIMENTAIRE

En quelques décennies, le système agricole mondial s'est métamorphosé. En 2021, la planète compte 7,9 milliards d'habitants. Le rythme d'accroissement de sa population a été divisé de moitié depuis les années 1960. On ne compte plus qu'un actif sur quatre dans l'agriculture et bien moins dans les pays développés. D'après l'indice synthétique de la FAO, la production agricole mondiale a été multipliée par 3,7 depuis 1960, soit un gain de l'ordre de 45 % par habitant. Cela permet de fournir une ration moyenne de 3 000 kcal par habitant, nettement au-dessus du seuil de 2 500 kcal.

Ces kilocalories se distribuent de façon bien moins inégalitaire entre pays que la consommation d'énergie : 3 800 kcal par habitant en Amérique du Nord, là où la ration alimentaire est la plus élevée, et 2 400 kcal dans le groupe des pays moins avancés, là où elle est la plus faible. En Asie, où la situation était la plus préoccupante dans les années 1960, on est en moyenne au-dessus de 2 900 kcal, l'Inde et le Pakistan étant au seuil de 2 500, mais la Chine bien au-dessus (plus de 3 300, soit le niveau européen). Cette distribution ne permet pas de juger des inégalités entre pays car elle ne tient pas compte de la composition des rations alimentaires. Elle reflète pourtant la double face de l'insécurité alimentaire dans le monde contemporain, le « double fardeau de la malnutrition[5] » suivant l'expression de l'OMS : la sous-nutrition et la faim d'un côté, la surnutrition et l'obésité de l'autre.

En 1970, on comptait environ 950 millions de personnes souffrant de la faim, au sens de la FAO. Ce chiffre est tombé à 800 millions en 2005 et à 570 millions au milieu des années 2010. L'essentiel du gain a été obtenu en Asie. Durant la décennie 2010, le cours des denrées de base s'est établi à un niveau bien supérieur à celui des décennies antérieures. Les progrès de la lutte contre la faim se sont interrompus. Entre 2019 et 2021, avant l'invasion de l'Ukraine par la Russie, les effets conjugués de l'épidémie de Covid et des chocs climatiques ont fait remonter de 150 millions de personnes le nombre des victimes de sous-nutrition[6].

L'impact de la guerre en Ukraine et le blocage des expéditions de grains depuis les ports de la mer Noire ont fait l'objet d'une grande médiatisation. Le Programme alimentaire mondial (PAM) des Nations unies a estimé en avril 2022 que près de 50 millions de personnes supplémentaires risquaient de manquer de nourriture en cas de prolongation du conflit[7]. Les milieux agricoles ont obtenu un assouplissement temporaire des contraintes environnementales de la PAC[8]. Ce n'est pourtant pas un risque d'insuffisance de l'offre agricole que la guerre a révélé, mais une totale absence de gestion concertée des stocks de céréales entre les pays exportateurs, le principal acheteur sur le marché mondial (Chine) et les multinationales du négoce qui agissent en fonction de l'évolution des cours sur les marchés à terme. En l'absence de gestion concertée des stocks, la hausse des prix a fragilisé les pays importateurs et créé un obstacle supplémentaire à l'accès à la ressource pour les populations les plus vulnérables.

Explicitons le cas de l'Afrique subsaharienne et des pays moins avancés. Environ 70 % des apports en calories sont fournis par des céréales – riz, blé, maïs, sorgho – ou des racines et tubercules : manioc, patate douce, igname. Les ménages y consacrent en moyenne plus de 40 % de leur budget familial. La « révolution verte » a facilité dans certains cas le déploiement de cultures de rente tournées sur le marché international. Elle n'a guère renforcé les systèmes agricoles traditionnels. La concurrence des denrées de base issues du marché mondial a en revanche gravement déstructuré les agricultures vivrières. Entre 1960 et 2010, la faim a reculé dans ces pays mais leur autonomie alimentaire encore plus car ils sont devenus de plus en plus importateurs de denrées agricoles de base. C'est pourquoi ils ont pris de plein fouet les effets du renchérissement des produits agricoles provoqué par la guerre en Ukraine. Du fait de la place prise par l'économie marchande, le prix constitue une barrière cruciale pour accéder à la ressource alimentaire pour tous les ménages à faible revenu. C'est loin d'être la seule barrière. Il faut y ajouter la faiblesse des infrastructures de stockage, les conflits locaux, le terrorisme et, de plus en plus, les impacts du réchauffement climatique.

La seconde face de l'insécurité alimentaire est la suralimentation. Conjuguée à l'évolution des modes de vie, la suralimentation est le principal facteur d'obésité. L'OMS estime à un peu plus de 1 milliard le nombre de personnes obèses en 2022, dont 340 millions d'adolescents et 34 millions d'enfants[9]. Elle est devenue l'un des grands facteurs de mortalité précoce. La courbe de l'obésité dans le monde a dépassé celle de la sous-nutrition à la fin des années 2000, et l'écart continue de se creuser. Initialement considérée comme une maladie de riches, l'obésité progresse très rapidement dans la majorité des pays en développement, où elle coexiste souvent avec la sous-nutrition. Généralement analysée sous l'angle sanitaire et des modes de vie, la lutte contre l'obésité a pourtant des implications majeures sur les approvisionnements alimentaires.

Pour limiter les coûts économiques et humains de l'obésité, il convient en premier lieu de consommer moins de calories alimentaires, et donc d'en produire moins. Sous l'angle nutritionnel, le plafond de ce qui est souhaitable a été dépassé dans la majorité des pays. Si l'on était capable de redistribuer ces calories alimentaires en excès, on disposerait de bien plus de ressources qu'il n'en faut pour éradiquer la faim. On pourrait dès lors réduire à la fois la faim et l'excès de consommation alimentaire sans augmenter, et même en baissant la production agricole totale. Mais toutes les calories ne sont pas équivalentes.

Les produits transformés industriellement ont chassé les produits frais de nos assiettes. D'après les experts de l'Institut international de recherche sur les politiques alimentaires (Ifpri), la consommation des produits ayant subi une transformation industrielle dépasse 100 kg par habitant et par an en Europe de l'Ouest et 130 kg en Amérique du Nord[10]. Elle continue d'y croître modérément. En Asie de l'Est, au Proche-Orient, à un moindre degré en Amérique latine, elle progresse très rapidement et atteint des niveaux compris entre 30 et 40 kg. Ces produits sont une source majeure de sucres et de graisses indésirables. Il convient donc d'y substituer des produits frais, comme le recommandent toutes les autorités sanitaires.

Autre mutation majeure des régimes alimentaires : les produits animaux ont chassé les produits végétaux des rations alimentaires. Aux États-Unis et en Europe de l'Ouest, on consomme en moyenne respectivement 120 et 80 kg de viande par habitant et par an. C'est beaucoup plus qu'en 1960, même si le mouvement de hausse s'est interrompu sur la période récente, en raison de la baisse de la consommation de viandes rouges en Europe. Dans l'Asie émergente, des modèles initialement très sobres en produits animaux s'enrichissent rapidement. En Chine, on consommait par exemple

3 kg de viande par habitant en 1961, mais pratiquement 65 en 2021. Le pays est resté proche de l'autosuffisance en riz, mais est devenu, de loin, le premier importateur mondial de grains et de tourteaux pour nourrir son cheptel. En Inde, la consommation de viande a très peu progressé, mais celle de lait et de produits laitiers a explosé. Dans les pays émergents d'Amérique latine et ceux du Proche-Orient riches en hydrocarbures, la consommation de viande s'approche des niveaux atteints en Amérique du Nord.

Ici encore, les recommandations des nutritionnistes sont de réduire la part de ces produits dans la ration alimentaire, en particulier celle des viandes rouges issues des ruminants, trop riches en matières grasses saturées. Cette réduction doit s'opérer sans altérer les apports protéiques. L'une des voies intéressantes pour y parvenir est de substituer des légumineuses (lentilles, haricots, soja...) riches en protéines aux produits animaux retirés de l'assiette. Pour ceux qui souhaitent l'élimination totale des produits animaux de la ration, il est nécessaire d'apporter un complément en vitamine B12.

La double face de l'insécurité alimentaire est un paramètre important à prendre en considération dans la transition agroclimatique. La lutte contre la sous-alimentation pose la question de la résilience des systèmes agricoles face aux impacts du réchauffement climatique et celle du coût des produits agricoles, qui peut barrer l'accès à la ressource alimentaire. La lutte contre la suralimentation renvoie à la trop grande abondance des biens produits et à leur composition. La bonne nouvelle est que les préconisations des nutritionnistes pour enrayer la malnutrition se recoupent avec les leviers de réduction des émissions spécifiques de l'agriculture analysées dans le 6e rapport du GIEC.

L'EMPREINTE CLIMAT DU SYSTÈME ALIMENTAIRE

Quelle empreinte laisse notre alimentation sur le climat ? Le 6e rapport du GIEC[11] donne une estimation dont les ordres de grandeur convergent avec celle de la FAO[12]. Notre alimentation est à l'origine du tiers des émissions mondiales de gaz à effet de serre. En moyenne, un Terrien émet environ 2,2 tonnes d'équivalent CO_2 pour son alimentation et 4,8 tonnes pour tous ses autres besoins.

Cette empreinte a trois composantes distinctes : les rejets de carbone fossile résultant de l'utilisation d'énergie (de l'ordre de 5,5 Gt de CO_2 en 2021) ; ceux de méthane et de protoxyde d'azote provoqués par les techniques de production agricole et la gestion de leurs déchets en fin de cycle (de l'ordre de 6,5 Gt d'équivalent CO_2) ; ceux générés par la déforestation et les changements d'usage des terres (dans une fourchette de l'ordre de 4 à 6 Gt de CO_2 suivant les années).

Les émissions liées à l'énergie ne posent pas de problèmes spécifiques d'évaluation. Celles de méthane et de protoxyde d'azote provenant des pratiques agricoles sont bien plus difficiles à calculer car on a affaire au vivant. La quantité de protoxyde d'azote rejetée dans l'atmosphère par l'utilisation d'un engrais azoté dépend par exemple du temps qu'il fera dans les semaines suivant la date d'épandage. La mesure des rejets nets de CO_2 liés aux changements d'usage des terres soulève des questions assez inextricables examinées plus en détail dans l'annexe de l'ouvrage sur les sources statistiques.

La réduction des émissions de carbone fossile du système alimentaire est l'un des volets de la transition énergétique dans les pays industrialisés et émergents. Elle concerne un grand nombre d'acteurs : avant d'arriver dans notre assiette, nos aliments ont transité le long de chaînes d'approvisionnement. Les agriculteurs ont utilisé des carburants pour faire travailler leurs engins et de l'énergie pour chauffer ou climatiser leurs bâtiments. Il a fallu transporter ces aliments depuis les fermes vers les marchés ou des usines de transformation elles-mêmes utilisatrices d'énergie. La distribution et le stockage des produits sont également énergivores et rejettent des gaz fluorés. Sans oublier, tout à l'amont, l'énergie utilisée pour la fabrication des engrais de synthèse et, juste avant d'arriver sur la table familiale, celle dépensée à domicile pour le stockage et la cuisson de nos aliments.

Cette empreinte résultant de l'usage d'énergie fossile, à laquelle il convient d'ajouter celle des gaz fluorés rejetés tout au long des chaînes du froid, est très inégalement répartie entre pays. Elle est particulièrement élevée aux États-Unis du fait de la taille du complexe agro-industriel et du bas prix de l'énergie. En Europe, elle est deux fois moindre ramenée par habitant. Elle augmente rapidement dans les pays émergents. Dans les pays moins avancés, le système alimentaire utilise très peu d'énergie fossile, tant pour la production que pour la consommation.

Le transport compte pour une part modeste de l'empreinte climatique des systèmes alimentaires : globalement, moins de 5 % pour le système alimentaire mondial en 2020. Les chercheurs de la chaire d'alimentation de l'Unesco notent de plus que le transport au long cours de matières agricoles par mer est bien moins émetteur que celui de produits locaux s'effectuant en petits lots par voie terrestre[13]. Contrairement à une perception largement répandue, la relocalisation des productions alimentaires, par ailleurs souvent souhaitable, apporte des bénéfices climatiques limités via la réduction des émissions liées au transport.

Dans l'empreinte énergétique du système alimentaire, les rejets effectués au domicile des ménages pour le stockage et la cuisson des aliments comptent plus que ceux résultant du travail des agriculteurs sur leurs fermes (mécanisation et chauffage des bâtiments). Les émissions de carbone fossile représentent en effet une fraction minoritaire des rejets de l'agriculture : de l'ordre de 10 % sur le plan global. La spécificité de l'agriculture réside dans le poids prépondérant de ses émissions non liées à la combustion d'énergie fossile, principalement sous forme de méthane et de protoxyde d'azote. Lorsqu'on calcule l'empreinte climat des différents aliments, ce sont ces émissions qui font la différence.

LES ÉMISSIONS SPÉCIFIQUES DE L'AGRICULTURE

Les émissions spécifiques de l'agriculture ne résultent pas de leur consommation d'énergie fossile, mais de l'impact des techniques utilisées par les agriculteurs sur le milieu vivant. Elles sont de l'ordre de 6,5 Gt d'équivalent CO_2 en 2020. Depuis 1990, elles ont progressé d'un peu moins de 20 % dans le monde, sans montrer de signes de ralentissement ou d'accélération d'une décennie à l'autre. Elles sont composées aux deux tiers de méthane, pour un quart de protoxyde d'azote, le reste étant du CO_2. Elles renvoient à trois types de pratique agricole : l'élevage des animaux, la fertilisation des sols, l'utilisation de l'eau pour la riziculture et le drainage des sols en milieu humide (voir tableau en annexe 2, p. 260).

La moitié des émissions agricoles (3,25 Gt d'équivalent

CO_2) proviennent des animaux d'élevage. La fermentation entérique des ruminants en compose plus de 85 %. Le reste provient de la gestion des déjections des animaux sur les exploitations, ce qui inclut les exploitations porcines et avicoles intensives. Ces émissions sont liées au nombre des animaux et au mode de conduite des élevages. Les ruminants (bovins, ovins, caprins) sont des usines à méthane de par la morphologie de leur système gastrique, mais ils sont les seuls à pouvoir valoriser des espaces herbagers qui stockent du CO_2 dans le sol. Les élevages porcins et avicoles hors sol ont des émissions directes beaucoup plus faibles que ceux des ruminants, mais il convient d'y ajouter celles induites par les surfaces cultivées dédiées à leur alimentation et les émissions qui résulteront de l'épandage des lisiers et fientes.

Un peu plus d'un quart des rejets atmosphériques de l'agriculture (1,5 Gt d'équivalent CO_2) résultent de la fertilisation azotée des sols. Depuis 1990, c'est la catégorie d'émissions qui a le plus augmenté. Cette fertilisation résulte pour un peu plus de moitié de l'utilisation des déjections du cheptel, qui peuvent être soit épandues par l'agriculteur soit directement envoyées au sol par les animaux au pâturage. Les engrais chimiques comptent pour le reste. Ces émissions apparaissent quand la dose de fertilisants apportée excède le besoin en azote de la plante pour sa croissance. Une partie de l'excédent repart alors dans l'atmosphère sous forme de protoxyde d'azote et l'autre va polluer les eaux douces. C'est en réalité tout le cycle de l'azote qui est perturbé. Il y a donc des cobénéfices élevés à réduire ces rejets.

Le dernier quart des émissions agricoles provient de deux modes de gestion d'un facteur de production dont l'agriculture est, de loin, le premier utilisateur dans le monde : l'eau. La pratique de l'inondation des rizières, qui permet d'obtenir plusieurs récoltes par an et des rendements élevés, émet du méthane (0,7 Gt d'équivalent CO_2). Le drainage des sols en milieu humide rejette dans l'atmosphère du CO_2 et du protoxyde d'azote (0,9 Gt d'équivalent CO_2) pour des gains agricoles très faibles. *A contrario*, il existe de multiples façons de gérer l'eau dans des systèmes agricoles qui favorisent le stockage du carbone dans les sols. Une illustration remarquable en est l'agriculture oasienne, dont la richesse des sols contraste avec l'immensité des déserts minéraux qui les entourent.

La revue des émissions spécifiques de l'agriculture révèle des gisements multiformes de réduction d'émissions. Le 6e rapport du GIEC estime à 6 Gt d'équivalent CO_2 le potentiel de réduction des émissions agricoles pouvant être atteint en 2050 à des coûts économiques inférieurs à 100 dollars par tonne économisée. Ces réductions sont atteintes aux deux tiers (4 Gt) par des changements de pratiques au sein des exploitations agricoles et pour un tiers (2 Gt) par des changements induits par la demande alimentaire qui s'oriente vers plus de sobriété, en particulier en matière de consommation de produits animaux.

Ces gisements sont présentés par action type, avec des coûts associés exprimés en euros par tonne de CO_2 évitée. Ces coûts peuvent prendre la forme d'un investissement pour conduire des changements de pratiques sur les exploitations ou d'une perte de production induite par ce changement. Ces deux types de coûts n'ont évidemment pas les mêmes implications pour les agriculteurs et les approvisionnements alimentaires. La limite de la méthode par action type est que toutes les actions ne sont pas compatibles les unes avec les autres. Par exemple, on ne peut pas à la fois étendre les prairies permanentes pour stocker du CO_2 dans le sol et supprimer le cheptel bovin. Les stratégies de réduction d'émissions agricoles doivent plutôt être pensées en termes de systèmes de production dans lesquels les interactions sont multiples, notamment entre les productions végétales et animales.

LA PLACE DE L'ANIMAL DANS LES SYSTÈMES DE PRODUCTION

L'élevage comptant pour plus de la moitié des émissions spécifiques de l'agriculture, la réduction de ses rejets de gaz à effet de serre est cruciale. Deux leviers peuvent être actionnés : la réduction des cheptels, les changements dans la conduite des élevages permettant de réduire les émissions par tête ou de contribuer au stockage de CO_2 dans le sol. Ils s'inscrivent dans une multitude de contextes différents dont témoigne la carte des émissions mondiales, bien différente de celle à laquelle nous ont habitués les rejets de carbone fossile.

Concernant la fermentation entérique, les deux premiers émetteurs ne sont ni la Chine ni les États-Unis, comme dans le cas du carbone fossile, mais le Brésil et l'Inde. Dans les deux cas, le nombre des animaux élevés de façon extensive en est à l'origine. Au Brésil, c'est le principal facteur de déforestation, comme on l'analysera plus en détail au chapitre 6. En Inde, cela résulte de pratiques d'élevage consistant à garder très longtemps des animaux, même improductifs, essentiellement pour des raisons culturelles. Le cheptel africain de ruminants émet deux fois plus de méthane que celui d'Amérique du Nord, pour des productions de lait et de viande bien inférieures. Les modèles économiques ne sont pas comparables. En Afrique, l'animal joue en plus de ses fonctions productives (y compris traction animale) un rôle primordial de sécurité patrimoniale. Il est conservé comme une sorte d'épargne de précaution permettant de faire face en cas de difficulté. Il y a donc beaucoup d'animaux, souvent sur des parcours surexploités, pour des productions assez faibles et une haute intensité en méthane de la viande et du lait produits.

L'accroissement de la productivité des élevages extensifs permet de réduire la quantité de méthane rejeté par unité produite. Elle figure en bonne place parmi les options de réduction à bas coût listées dans le 6e rapport du GIEC, qui reprend les préconisations de la FAO. D'après cette dernière, les gains de productivité dans les élevages ont permis de diminuer de plus d'un tiers le méthane rejeté par kilogramme de viande bovine sur les deux dernières décennies en Asie et en Amérique du Sud. Les gains sont à peu près du même ordre pour le lait[14]. Dans les deux cas, ces gains relatifs ont été plus que compensés par l'augmentation des volumes consommés. Le gain net pour le climat est donc nul, voire négatif. On retrouve le jeu pernicieux de l'effet rebond, comme pour les gains d'efficacité en matière énergétique lorsqu'ils sont conduits sans la maîtrise de la demande finale.

L'autre variable à prendre en compte dans le cas des ruminants est l'impact des conditions d'élevage sur la capacité de stockage-déstockage du CO_2 par le milieu naturel. Quand le nombre des animaux est trop grand sur les parcours, les sols se dégradent sous l'effet du surpâturage et perdent leur matière organique. À l'inverse, un cheptel bovin ou ovin conduit en système herbager peut faciliter le stockage du CO_2 dans les sols. Les stratégies de réduction d'émissions de méthane par les ruminants doivent tenir compte de ce paramètre. Notamment au sein de l'Union européenne, où les émissions de méthane du cheptel ruminant comptent pour

6,5 % du total mondial, un niveau comparable à celui de la Chine ou des États-Unis.

Le cheptel bovin et ovin français est le premier émetteur de méthane dans l'Union européenne. Les pouvoirs publics français conduisent une politique de labellisation des bonnes pratiques dans le cadre du « Label bas-carbone ». L'outil développé en partenariat avec la profession agricole a le grand intérêt d'inciter les éleveurs à calculer l'empreinte carbone de leur élevage en tenant compte à la fois de son mode d'alimentation et des impacts sur le milieu naturel en matière de stockage de CO_2 grâce aux herbages. Il montre qu'une action sur les rations alimentaires permet d'économiser jusqu'à 20 % des émissions de l'animal lors de sa digestion. C'est un outil d'optimisation des systèmes existants qui ne peut avoir qu'un effet limité sur le volume global des émissions en absence de mesures plus ambitieuses.

Pour aller plus loin que ces progrès incrémentaux, il convient de s'interroger sur la place des animaux dans le système agricole global. L'action la plus déterminante pour faire reculer les émissions de méthane est en effet la réduction de la taille des cheptels de ruminants. Pour les éleveurs, c'est une forme de décapitalisation qui n'a aucune chance d'être acceptée si elle ne s'intègre pas dans des schémas de reconversion coconstruits avec eux et soutenus par la puissance publique. Les déboires du « plan azote » aux Pays-Bas, consistant à imposer une telle réduction aux éleveurs, en fournissent une magistrale illustration[15]. Sous l'angle économique, c'est un désinvestissement, imposé par les enjeux climatiques, en tout point comparable à celui qu'il nous faut réaliser en nous séparant des actifs liés à l'énergie fossile.

En Europe, une telle décapitalisation a un précédent : l'instauration des quotas laitiers dans les années 1980 pour faire face à la surproduction laitière. Elle a été acceptée par les éleveurs car la contrepartie était une remontée du prix du lait bénéfique pour leur revenu. Dans le cadre de la reconversion agroclimatique, il conviendrait d'engager une politique de réduction du cheptel redistribuant les animaux en fonction de leurs empreintes climatiques. Cela conduirait à réduire le nombre d'animaux là où les chargements à l'hectare sont excessifs et à les maintenir, voire à augmenter leur nombre, quand la présence de l'animal permet au système de production de stocker du CO_2 et, plus généralement, d'accroître la biodiversité du milieu. Les coûts d'une telle transition devraient évidemment être assurés par la collectivité sous forme de paiements pour services écosystémiques bien supérieurs à ceux déjà existants dans le cadre de la PAC.

La réduction des cheptels avicoles et porcins n'apporterait pas de bénéfice climatique comparable à celui résultant de la réduction du nombre de ruminants. Dans les élevages intensifs bien conduits, on peut réduire très fortement les émissions des gaz à effet de serre par une gestion efficace des effluents d'élevage, et les animaux ne rejettent pratiquement pas de méthane lors de leur digestion. L'essentiel de l'empreinte climat apparaît en dehors de l'atelier d'élevage, dans les émissions induites pour fertiliser les terres cultivées pour leur alimentation et à l'aval lors de l'épandage des produits issus des effluents d'élevage. La variable climat n'est que l'un des paramètres à prendre en compte pour reconsidérer la place que devront prendre demain les cheptels avicoles et porcins dans les systèmes de production. Il ne fait guère de doute qu'elle impliquera également une redistribution des élevages en s'écartant des modèles actuels, où certains espaces se vident de tout animal quand d'autres subissent les méfaits de leur concentration excessive.

La transformation des modèles d'élevage, au cœur de la prochaine révolution agricole, peut-elle conduire à un désarmement européen en matière de souveraineté alimentaire ? C'est un risque régulièrement mis en avant par la profession agricole. Les travaux des chercheurs de l'Institut national de recherche pour l'agriculture, l'alimentation et l'environnement (Inrae) montrent que si la réforme de la PAC fait baisser l'offre agricole à consommation inchangée, la place sera vite occupée par des produits importés susceptibles de faire augmenter l'empreinte climat totale[16]. Pour échapper à ce risque, la première condition est de réduire simultanément la place de ces produits dans la demande alimentaire. La seconde est d'investir dans les méthodes agroécologiques pour renforcer l'offre agricole en anticipant les impacts du réchauffement climatique.

ET SI ON MANGEAIT DU LOUP ?

Si les écarts de consommation de calories alimentaires finales entre pays sont relativement modestes, le paysage change du tout au tout lorsqu'on exprime les rations alimentaires en ressources primaires qui doivent être mobilisées. Les animaux sont en effet de piètres transformateurs énergétiques. Les régimes alimentaires végétalisés sont bien plus économes en ressources que ceux faisant une large place aux viandes et, dans une moindre mesure, aux produits laitiers.

En ordre de grandeur, pour obtenir une calorie finale, il faut utiliser environ 2 à 4 kcal primaires avec de la volaille ou des porcs et de 10 à 18 kcal primaires avec des ruminants comme les ovins ou les bovins. Les animaux sont de meilleurs transformateurs protéiques que caloriques et ils ingèrent des sous-produits comme le foin ou les tourteaux d'oléagineux, qui n'entrent pas dans nos propres menus. En tenant compte de ces paramètres, les chercheurs de l'Inrae ont calculé des indices corrigés de transformation. Cela réduit quelque peu l'écart entre la quantité de ressources alimentaires primaires à utiliser et le produit animal final dans notre assiette, mais ne change pas fondamentalement la donne[17].

Dans son essai sur la biodiversité, Bruno David, président du Muséum d'histoire naturelle, nous explique de façon imagée les raisons de cet écart : « Schématiquement, pour maintenir un mouton en vie, il lui faut en gros 10 fois l'énergie qui a été nécessaire pour produire son poids en herbe ; pour maintenir un loup il lui faut l'équivalent de 10 fois son poids en mouton, soit 100 fois le poids de l'herbe, et si je mange le loup j'en arrive à 1 000 fois mon poids en herbe. Chaque niveau trophique franchi se traduit par une baisse de rendement d'un facteur 10[18]. »

Nous ne mangeons pas de loup et aucune prospective ne prévoit que nous franchissions un niveau trophique supplémentaire. C'est heureux. En revanche, notre régime alimentaire n'est pas sans similitudes avec celui du loup qui dévore les brebis. De par la quantité croissante de produits animaux qu'il inclut, ce régime est extraordinairement dévoreur de ressources primaires. Toutes les prospectives montrent que la pression exercée par l'agriculture sur le milieu naturel dépend au premier chef de la place des animaux dans les systèmes de production. Pour le climat, l'empreinte s'alourdit lorsque ces animaux sont des ruminants, les moins bons transformateurs de calories primaires en calories finales et les seuls à réaliser cette transformation en rejetant massivement du méthane lors de leur digestion.

En moyenne, pour produire 1 kg de poulet ou de porc on

émet dans le monde environ 3 à 6 kg d'équivalent CO_2 pour nourrir les animaux et traiter les effluents d'élevage[19]. Pour le mouton ou le bœuf, on atteint entre 30 et 50 kg d'équivalent CO_2. À titre de comparaison, l'empreinte de 1 kg de lentilles, un fournisseur alternatif de protéines, est un peu inférieure à 1 kg d'équivalent CO_2. Cela illustre l'ampleur du gain climatique apporté par la végétalisation des régimes alimentaires.

Le lien entre augmentation des produits animaux dans l'alimentation et croissance de la richesse par habitant a longtemps été considéré par la FAO comme une sorte de loi d'airain d'application universelle. Une telle vision conduisait à faire converger dans les prospectives du système alimentaire les rations des pays en développement vers celles des pays riches et à recommander d'amplifier les recettes du productivisme agricole pour y parvenir. La méthode a été abandonnée en 2018, avec la publication de scénarios agricoles à l'horizon 2050 prenant en compte les contraintes climatiques et les objectifs de sécurité alimentaire. Le scénario le plus acceptable à l'horizon 2050 n'est alors plus celui qui accroît au maximum l'offre agricole, mais celui qui permet une moindre augmentation des cheptels et un meilleur accès aux ressources alimentaires grâce à des régimes alimentaires moins dispendieux[20].

C'est une première inflexion, importante, mais insuffisante pour s'inscrire dans une perspective de neutralité climat en 2050. Le scénario de 2018 de la FAO « limite les dégâts » relativement à la poursuite de l'aventure productiviste, mais reste éloigné de la neutralité climat. Pour viser une telle neutralité, il convient d'aller plus loin, comme dans les scénarios construits par l'ONG Solagro pour la France, où une telle neutralité est obtenue grâce à une modification bien plus substantielle du régime alimentaire : l'apport en protéines animales passe de deux tiers à un tiers de l'apport total, lui-même réduit pour lutter contre la suralimentation[21].

Une chose est de construire des scénarios. Une autre est de faire jouer ce « pouvoir de l'assiette[22] » pour modifier quotidiennement la composition de notre alimentation. En Europe, l'inflexion a déjà commencé. Elle n'a pas été déclenchée par les contraintes climatiques, mais par des considérations sanitaires. La crise de la vache folle apparue au Royaume-Uni dans les années 1990 a donné un coup d'arrêt à la croissance de la consommation de viandes rouges, qui régresse depuis le début des années 2000 dans la majorité des pays (d'environ 20 % en France). L'enjeu pour le climat est d'accélérer ce mouvement et surtout de le diffuser dans les pays émergents, où la déformation des régimes vers une plus grande consommation de produits animaux est très rapide et souvent associée au symbole de la réussite sociale.

On peut changer de régime alimentaire par militantisme. Sa forme ultime est le véganisme, consistant à basculer de la ration alimentaire du loup à celle de la brebis. Au nom de ce militantisme, des actions contre-productives, comme l'aspersion de la vitrine des boucheries de quartier avec du faux sang, sont parfois menées. C'est regrettable car cela empêche le reste de la société d'entendre le message important des végans : celui du respect du bien-être animal, plus généralement du droit des animaux à mener une vie qui ne soit pas asservie aux besoins de l'espèce humaine. Retirer l'animal de nos assiettes, c'est une reconsidération de notre rapport au vivant et en réalité d'une grande partie de notre système de valeurs.

La sobriété alimentaire va mettre du temps à toucher le plus grand nombre et ne conduira qu'une minorité à pratiquer le véganisme, qui n'est ni nécessaire sous l'angle climatique, ni souhaitable sous l'angle nutritionnel ou agricole. Les politiques publiques ont un rôle majeur d'information à jouer. Le message est assez simple. Adopter une alimentation sobre pour agir face au réchauffement converge avec les objectifs d'une société en meilleure santé et capable de mieux assurer la sécurité alimentaire. Cela favorise par ailleurs le bien-être des animaux d'élevage. L'instrument informationnel est-il suffisant ?

Sur le plan économique, l'idée d'introduire une taxe sur les viandes calculée au prorata des dégâts sanitaires et climatiques a fait son chemin en Europe. Discutée plusieurs fois au Parlement européen, elle pourrait prendre deux formes. L'une serait d'avoir des taux différenciés de TVA, la hausse sur les produits carnés étant compensée par une baisse sur d'autres produits dont on souhaite favoriser la consommation. Une autre voie serait celle proposée par la coalition d'origine néerlandaise True Animal Protein Price Coalition qui promeut une taxation adossée à un fonds qui redistribuerait la moitié des recettes aux agriculteurs pour faciliter la reconversion des systèmes de production[23]. Dans le contexte des pays développés, une telle évolution fiscale ferait sens. Mais elle implique que l'agroécologie soit en mesure de fournir à des prix suffisamment bas de la protéine végétale en masse pour se substituer aux produits carnés. Sinon, d'autres solutions basées sur la technologie pourraient occuper ce marché au détriment des producteurs agricoles.

VIANDE CELLULAIRE ET INSECTES AU MENU !

Un « hold-up végan sur l'assiette ». C'est ainsi que Gilles Luneau sous-titre son ouvrage sur la viande cellulaire[24]. On peut aujourd'hui en consommer à Singapour. La ville-État a autorisé le 2 décembre 2020 quelques restaurants à servir des nuggets de faux poulet à base de viande cellulaire produite par la start-up californienne Eat Just. Le marché pourrait changer d'échelle si les demandes d'agrément auprès de l'autorité sanitaire américaine sont acceptées. Le marché de la viande, surtout aux États-Unis où l'on en consomme plus de 100 kg par an, est porteur. Il suscite des convoitises. Partis de Californie, les investissements dans la viande cellulaire dépassent aujourd'hui 1 milliard de dollars et concernent une trentaine d'entreprises. En Asie, ils sont soutenus par le fonds souverain de Singapour comme par le plan quinquennal chinois. De quoi s'agit-il ?

Il y a déjà un certain temps qu'on trouve sur le marché du « lait végétal », généralement fabriqué à partir de soja, ou d'autres substances végétales. La fabrication de viande cellulaire consiste à utiliser un bioréacteur pour multiplier des cellules musculaires : la « viande » qui sortira du bioréacteur. D'où viennent les cellules souches ? Soit elles ont été prélevées sur des animaux d'élevage ou des espèces sauvages, soit elles sont issues de lignées cellulaires génétiquement modifiées pour se multiplier à l'infini. Ajoutons que le processus de fabrication est coûteux en énergie et exige l'utilisation de substances facilitant la croissance des cellules dans le bioréacteur. En l'état actuel de la technique, le meilleur stimulant est le sérum de veau fœtal[25].

Le coût aujourd'hui très élevé de la production de viande cellulaire et les multiples réserves des autorités sanitaires sont des obstacles à la montée en régime de la production. Un autre sera demain la réticence des consommateurs face au « hold-up » dénoncé par Luneau. La traçabilité de ce type de produits réserve en effet quelques mauvaises surprises, en premier lieu pour les animaux sur qui sont prélevés les cellules ou le sérum de croissance. S'il est vraiment nécessaire de leurrer le consommateur final pour qu'il réduise sa consommation de viande, la voie la plus sûre et la plus intéressante sur le plan environnemental est probablement de fabriquer des nuggets à partir de matières végétales.

Autre secteur de la biotech en effervescence : l'utilisation des insectes pour fabriquer en masse des protéines. Les insectes sont déjà présents dans l'assiette de plus de 2 milliards de consommateurs, principalement en Asie, en Afrique et en Amérique du Sud. Ils s'intègrent dans des traditions culinaires anciennes – beignets aux grillons, nouilles aux sauterelles grillées, tacos de criquets – et permettent de diversifier les rations alimentaires sans en constituer la base[26]. Leur production s'effectue essentiellement par prélèvements directs dans la nature ou dans une multitude d'unités artisanales.

L'industrialisation de la production d'insectes est testée en Chine et dans les pays occidentaux. Elle repose sur les capacités hors normes de certaines souches à se reproduire rapidement et à fabriquer de la biomasse en quantité. Élevée dans des conditions optimales, une larve de « mouche soldat noire » est capable de multiplier son poids par plus de dix mille en deux semaines ! Quant au fameux « ver de farine », tous les meuniers connaissent depuis longtemps son immense capacité à grossir au détriment de la matière première dévorée en quelques jours.

Les premières étapes de l'industrialisation ont ciblé des débouchés comme l'aquaculture, les animaux de compagnie puis l'alimentation du bétail. Le marché de l'alimentation humaine reste confidentiel dans les pays occidentaux. Il suscite cependant des convoitises et attire un nombre croissant de capitaux. L'un des arguments favoris des start-up du secteur est qu'il faut soulager l'agriculture conventionnelle, qui ne parviendra pas à approvisionner une planète de 10 milliards d'habitants en 2050 en protéines animales.

À y regarder de plus près, l'argument est discutable. On peut voir dans la naissance de l'entomoculture industrielle une nouvelle forme d'élevage hors sol, assez similaire à celui des volailles pratiqué en agriculture conventionnelle. Le poussin d'un jour est remplacé par la larve d'insecte. Au stade final, un plat de grillons ou un burger à base de vers de farine (proposé en 2018 par Ikea dans ses restaurants) se substitue à la cuisse ou au nugget de poulet dans l'assiette. En termes de transformation énergétique, il faut à peu près la même quantité de matière végétale initiale (2 kg) pour produire 1 kg de produit final. Le bilan en gaz à effet de serre permettant de comparer les deux filières reste à établir de façon rigoureuse.

Cette nouvelle filière est plus un perfectionnement des méthodes d'élevage intensif utilisant une nouvelle souche d'animal que l'innovation de rupture permettant de bousculer le paysage alimentaire mondial décrite par ses promoteurs. Elle tourne le dos à la logique de l'agroécologie, qui cherche à préserver le capital de diversité des insectes pour utiliser leurs multiples fonctionnalités dans la production agricole : apiculture, pollinisation, enrichissement des sols, auxiliaires de culture…

LA RÉVOLUTION DE L'AGROÉCOLOGIE

En Chine, l'utilisation de la rizière comme garde-manger pour ses canards est une pratique ancestrale. Elle a été introduite au Japon dans les années 2000, plus récemment en

Camargue, pour lutter contre les adventices (le canard mange les mauvaises herbes et pas le riz) et fertiliser le sol. Dans le vignoble bordelais, des cochons nains ont commencé à faire le même travail, ce qui économise les produits traditionnellement utilisés par les viticulteurs pour protéger leur vigne. Moins visibles à l'œil nu, mais très efficaces : les relâchés de coccinelles pour faire face aux attaques de pucerons. Autant de pratiques dans lesquelles l'animal devient un auxiliaire qui aide l'agriculteur à protéger sa production contre les agressions extérieures et à fertiliser le sol (pour les canards et les cochons).

Des exemples anecdotiques pour amuser les enfants des écoles ou distraire les grands-mères pendant le « 20 heures » ? Dans ces exemples, l'animal est utilisé dans le système de production pour protéger la production sans affecter la biodiversité du milieu comme le ferait l'usage de produits de synthèse. C'est un changement à cent quatre-vingts degrés par rapport aux modèles productivistes. Dans les systèmes agricoles traditionnels, les animaux d'élevage exercent une triple fonction : auxiliaire des travaux grâce à la traction animale ; fertilisation des sols via les déjections ; productions de viande et, pour les ruminants, de lait. Les modèles productivistes ont éliminé la première fonction et réduit à la portion congrue la deuxième avec les engrais chimiques. Ils ont démesurément accru le nombre des animaux au détriment de la biodiversité en les transformant en machines à fabriquer de la viande ou du lait. La révolution de l'agroécologie consiste à les utiliser dans les systèmes de production en tenant compte de leurs interactions positives avec le milieu vivant et sous la contrainte d'une réduction des émissions agricoles de gaz à effet de serre.

Toutes les expériences d'agroécologie ont un point commun :

l'utilisation des interactions entre les êtres vivants, animaux ou végétaux, visibles ou invisibles (champignons, bactéries, micro-organismes en tout genre), pour optimiser le système productif et accroître sa résilience. Tournant le dos aux méthodes extractivistes développées dans le cadre de la seconde révolution agricole, elles se fondent sur l'abondance du vivant pour assurer les approvisionnements en biens agricoles. Pour le faire de façon pérenne, elles doivent également assurer la reproduction de ce capital de diversité biologique. Pour le dire dans le langage des économistes, la biodiversité était considérée comme une « externalité » dans les systèmes extractivistes ; avec l'agroécologie, elle devient un facteur de production permettant de produire de façon durable, et parfois de façon très intensive à l'hectare.

Dans la représentation commune, on associe généralement les dégâts environnementaux à l'agriculture intensive en parant de vertus écologiques les systèmes extensifs. Comme l'a montré Michel Griffon dans son ouvrage pionnier[27], ce n'est pas la bonne distinction. Les exemples abondent de systèmes extensifs détruisant le milieu naturel et ajoutant du gaz à effet de serre dans l'atmosphère, comme la céréaliculture et le surpâturage en zone aride. À l'opposé, la permaculture est l'un des systèmes de production les plus intensifs à l'hectare qu'on puisse atteindre. L'agroécologie ne consiste pas à produire moins à l'hectare, mais à produire différemment, parfois de façon plus intensive, parfois moins.

À la distinction intensif-extensif pour repérer ce qui coûte et ce qui profite à l'environnement et au climat, il convient de substituer la différenciation entre systèmes spécialisés et systèmes diversifiés. La seconde révolution agricole a poussé à une spécialisation extrême des systèmes de production, à l'instar de ce qui permet d'accroître la productivité dans l'industrie. Elle a vidé d'espaces entiers des animaux d'élevage en incitant à la monoculture et en concentrant le cheptel dans des zones dédiées. Par construction, l'agroécologie incite à diversifier les productions pour tirer parti de la diversité du vivant et des multiples symbioses entre ses éléments. Les exercices prospectifs conduits dans le cadre du programme *Ten Years for Agroecology* (Tyfa) conduisent ainsi à une redistribution spatiale des productions agricoles sur le territoire européen[28].

Par rapport au triptyque mécanisation, chimisation, sélection génétique caractérisant la seconde révolution agricole, l'agroécologie introduit des ruptures majeures qui commencent à être documentées par la recherche agronomique. L'investissement en R & D dans ce domaine reste cependant insuffisant et devra être accru pour faciliter la mutation des systèmes agricoles.

Le volet mécanisation est le moins affecté par la révolution de l'agroécologie. Là où la mécanisation est faite, on ne va pas massivement substituer de la force musculaire humaine ou animale aux machines. En revanche, la quantité et le type de moyens mécaniques à utiliser doivent être reconfigurés. Sans entrer dans les détails, chacun comprend qu'on n'a plus besoin de charrue quand on passe au non-labour, ni d'épandeur géant derrière le tracteur si l'on renonce aux traitements à répétition. D'une façon générale, l'agroécologie requiert moins de moyens mécaniques mais plus de travail que l'agriculture conventionnelle. C'est une contrainte dans les pays développés. Mais l'agroécologie semble plus attractive pour la main-d'œuvre jeune, de moins en moins attirée par les méthodes productivistes.

La chimisation est profondément remise en cause par la révolution agroécologique, qui repose sur les interactions entre différents éléments du capital vivant pour régénérer la fertilité des sols et protéger les cultures et les animaux d'élevage. L'agroécologie ne se réduit pas à l'agriculture biologique. Loin de là. Les pratiques d'agriculture régénératrice concernant le travail du sol, les rotations des cultures et le couvert végétal ne sont pas au cœur des cahiers des charges de l'agriculture bio. Elles constituent des composantes majeures de l'investissement dans les sols vivants, qui permet de stocker du CO_2 et de renforcer la résilience agricole face au réchauffement climatique.

Le mode de sélection du matériel vivant utilisé est sans doute la variable la plus déterminante pour la résilience à long terme des systèmes de production agricole. La seconde révolution agricole a infligé un immense choc à la diversité du vivant en diffusant partout un nombre restreint d'espèces et de variétés cultivées ou de races d'animaux élevées, sélectionnées en fonction de leurs rendements immédiats. La révolution agroécologique doit investir dans un matériel vivant toujours plus diversifié pour produire de façon intensive sur les surfaces affectées à la production agricole. Un paramètre crucial à prendre en compte dans le cadre de la sélection génétique est la résistance aux impacts futurs du réchauffement climatique.

FERTILISER OU RÉGÉNÉRER LA VIE DES SOLS ?

Voyons maintenant comment l'agroécologie permet de réduire les émissions liées à la fertilisation des sols.

La fertilisation azotée est à l'origine du quart des émissions spécifiques de l'agriculture. Les engrais chimiques composent 40 % de ces rejets par les exploitations agricoles. Les principaux émetteurs sont la Chine, l'Inde, les États-Unis et l'Union européenne. C'est le mode de fertilisation qui a le plus accru sa contribution aux émissions depuis 1990. La subvention du prix des engrais de synthèse est encore un mode de soutien agricole abondamment pratiqué. La fertilisation organique directement appliquée par les animaux à la pâture est la deuxième source d'émission. Les principaux émetteurs sont les pays d'élevage bovin extensifs avec à leur tête le Brésil et l'Inde. L'épandage des effluents d'élevage, principalement issus des élevages intensifs, est la troisième source d'émission. L'Union européenne et la Chine en sont les premiers émetteurs, loin devant les États-Unis.

Les leviers de réduction des émissions provenant de la fertilisation sont multiformes et très souvent tributaires des systèmes d'élevage. Ils peuvent résulter d'actions types appliquées aux systèmes de production existants ou s'intégrer dans le changement plus systémique de l'agroécologie. Prenons l'exemple des céréales qui occupent la plus grande partie des terres arables.

Dans les systèmes d'agriculture conventionnelle, on peut réduire les émissions de protoxyde d'azote en dosant au mieux les apports d'engrais en fonction des besoins des plantes, sans rien changer au système de culture. C'est une approche de type « agriculture de précision », qui recourt par exemple à l'imagerie satellite, permettant d'optimiser les apports en fonction de l'état des parcelles. Le gisement d'économies est consistant car les agriculteurs ont tendance à considérer l'engrais, surtout quand il n'est pas cher, comme une prime d'assurance contre les aléas climatiques. La démarche atteint cependant assez vite ses limites quand la réduction des apports d'engrais commence à affecter les rendements à l'hectare en l'absence d'autres modifications du système de production.

Pour aller plus loin dans la réduction des émissions, il convient d'apporter d'autres changements au système de culture. Le plus évident est d'enrichir les itinéraires culturaux en introduisant dans les rotations des plantes capables d'utiliser l'azote de l'atmosphère pour leur croissance : les légumineuses, que par ailleurs les nutritionnistes nous conseillent de mettre plus souvent dans l'assiette pour couvrir les rations protéiques. Ce travail sur la rotation permet de réduire ou d'éliminer les apports d'engrais azotés, mais il complexifie le système de culture et ne peut être mené à grande échelle que si la transition alimentaire s'effectue au même rythme pour que les nouvelles plantes cultivées trouvent leurs débouchés.

On franchit une nouvelle étape en intégrant le travail du sol dans la stratégie de réduction des émissions. En supprimant les labours et en maintenant au maximum un couvert végétal au sol, on adopte les pratiques dites d'agriculture de conservation. D'après Paul Luu[29], l'agriculture de conservation couvre environ 5 % de la surface agricole utile dans le monde. Le gain climatique est double : moins d'émissions de protoxyde d'azote et élimination des rejets de CO_2 dans l'atmosphère lors du labour.

En agriculture de conservation, la majorité des producteurs continuent d'utiliser des produits chimiques, notamment pour la protection des cultures. La suppression des labours rend en effet plus délicate la lutte contre les adventices. Quand il cultive du riz, l'agriculteur peut lâcher les canards dans la rizière, pas quand il produit du blé ou du maïs. Il lui faut trouver d'autres méthodes s'il veut lutter contre les mauvaises herbes sans recourir aux produits chimiques. Il passe alors à une agriculture régénératrice qui utilise uniquement les associations entre les végétaux et tous les êtres vivants présents dans les sols et le milieu local pour régénérer la fertilité des sols.

Passer à l'agriculture régénératrice est complexe en grande culture. Ce type de système est plus facile à atteindre en agroforesterie ou en maraîchage, sur des structures agricoles plus réduites et avec l'aide des arbres, qui absorbent bien plus de CO_2 atmosphérique que les plantes annuelles.

L'agriculture biologique est l'une des méthodes de l'agro-écologie. Elle se définit à partir de cahiers des charges dont le principe de base est l'interdiction des produits chimiques utilisés pour la fertilisation ou la protection des cultures. Les impacts du bio sur l'empreinte climat dépendent des caractéristiques des systèmes agricoles auxquels s'applique le cahier des charges. Dans la grande majorité des cas, cet impact est bénéfique car le bio favorise la biodiversité, ce qui facilite le stockage de CO_2 par les sols. Mais on peut rencontrer des exceptions. Par exemple, les chercheurs de l'Inrae ont testé un certain nombre de scénarios permettant d'éliminer la totalité des produits chimiques utilisés pour la protection des cultures dans l'Union européenne d'ici à 2050. S'ils réduisent significativement les émissions de gaz à effet de serre dans leur majorité, l'un d'eux, basé sur des solutions purement techniques, entraîne au contraire une (faible) augmentation de ces émissions[30].

Dans les pays développés, la conversion des systèmes productivistes à l'agroécologie se heurte à de nombreux obstacles, en particulier dans les grandes cultures. Dans les pays moins avancés, l'agroécologie est un puissant levier de développement agricole, souvent étroitement lié à la gestion de l'eau.

DRAINAGE, RIZICULTURE ET AUTRES ENJEUX LIÉS À LA GESTION DE L'EAU

Le drainage des sols humides et la riziculture émettent ensemble à peu près autant de gaz à effet de serre que la fertilisation azotée, mais ils renvoient à des problématiques bien différentes.

Le drainage est une technique d'évacuation de l'eau qui s'utilise dans des situations très variées. En milieu aride, il est le complément indispensable de l'irrigation pour lutter contre la salinisation des sols. Lorsqu'il est pratiqué dans des zones humides, le drainage relâche le carbone (et un peu de protoxyde d'azote) qui est présent dans le sol. Lorsque le sol est constitué de tourbières, ces émissions prennent des proportions gigantesques. Les tourbières sont des milieux humides très fragiles où la matière organique s'est accumulée dans le sol. On les trouve principalement en Asie tropicale (Indonésie et Malaisie) et dans la partie septentrionale des continents européen et américain. On estime que les tourbières contiennent l'équivalent de la moitié du stock total de CO_2 de l'atmosphère[31].

Le drainage des tourbières est la principale cause des 0,9 Gt d'équivalent CO_2 rejetées par le drainage des sols agricoles. Les émissions les plus importantes apparaissent dans les pays où la présence de ces milieux fragiles est importante : Indonésie loin devant, Russie, États-Unis, Biélorussie, Canada… Outre le stock de carbone qu'elles recèlent, les tourbières sont des réserves de biodiversité remarquables. À l'instar des forêts tropicales, elles font partie de ces puits de carbone qu'il faut impérativement protéger de l'expansion des terres agricoles. Ce sera l'objet du chapitre 6.

La problématique est tout autre pour les 0,7 Gt d'équivalent CO_2 rejetées par la riziculture sous forme de méthane. Présent dans l'assiette de 3,5 milliards de personnes et cultivé par 140 millions de petites exploitations, le riz est un pilier de la sécurité alimentaire mondiale. Son poids dans les régimes alimentaires diminue en Asie mais augmente en Afrique. Culture dépendante de l'eau, sa production est particulièrement vulnérable aux impacts du réchauffement climatique.

Sans surprise, la carte des gros émetteurs de méthane rizicole est asiatique : la Chine, l'Inde et l'Indonésie sont à l'origine de la moitié des émissions mondiales. Le premier pays non asiatique, le Nigeria, arrive en neuvième position. Les rejets de méthane sont provoqués par la technique ancestrale d'inondation des rizières, qui permet d'obtenir deux, parfois jusqu'à trois récoltes dans l'année avec des variétés à cycle court. La présence de l'eau provoque la fermentation anaérobique des plantes recouvertes, à l'origine des rejets de méthane.

Pour réduire ces émissions sans affecter les rendements, on doit fractionner les apports en limitant la présence de l'eau aux moments critiques de la croissance de la plante. Cela exige du capital pour aménager les rizières en conséquence et beaucoup de travail supplémentaire. C'est un double investissement, coûteux et complexe à réaliser. Dans certaines zones de riziculture intensive comme le delta du Mékong, les impacts multiformes du changement climatique (salinisation des sols due à la remontée du niveau de la mer, changements des débits du fleuve, irrégularité des précipitations) imposent des changements des systèmes de culture favorisant la réduction des rejets de méthane. Certaines formes d'adaptation conduisent à évoluer vers des systèmes mixtes d'aquaculture (avec parfois un peu d'aviculture : les canards) et de production de riz avec une seule récolte par an. Par ailleurs, les investissements hydrauliques rendus nécessaires pour protéger le bassin de production permettent d'introduire des pratiques de fractionnement des apports d'eau sur certaines parcelles[32].

Bien conduites, ces pratiques apportent de nombreux bénéfices secondaires. Sur les hauts plateaux malgaches, en association avec l'agroforesterie sur les bassins versants, elles contribuent à lutter contre l'érosion et l'irrégularité croissante des précipitations. En Guinée et au Sénégal, le développement du riz de mangrove permet d'accroître la production vivrière. Les palétuviers (les arbres constituant la mangrove) sont une défense efficace contre la remontée du niveau de la mer tout en accroissant les réserves halieutiques locales. Tous ces exemples ne sont que l'illustration d'une réalité bien plus large. Dans les pays moins avancés, les techniques agroécologiques sont un outil qui permet d'accroître les performances des systèmes vivriers locaux sans subir les méfaits des méthodes productivistes. Dans les zones arides, leur déploiement est une arme contre la désertification. C'est pourquoi l'agroécologie s'est substituée aux vieilles recettes de la révolution verte dans le monde des acteurs du développement.

Les liens entre l'eau, l'agroécologie et le climat ne se limitent pas au drainage des zones humides et à la riziculture. L'une des vertus majeures de l'agroécologie est de remettre du vivant dans les sols agricoles et du couvert végétal en surface. Cela permet de retirer du CO_2 de l'atmosphère (ou d'éviter d'en rejeter). C'est le bénéfice climatique. Il s'y ajoute un autre bénéfice environnemental. La capacité de stockage de l'eau dans le sol est démultipliée. Les premiers bénéficiaires en sont les producteurs agricoles eux-mêmes, qui peuvent réduire les coûts de l'irrigation. Le bénéfice va cependant bien au-delà des exploitations car la gestion de l'eau est grandement facilitée par les moindres prélèvements agricoles, le plus faible ruissellement et la meilleure qualité de l'eau. Des métropoles comme New York ou Munich l'ont expérimenté en faisant l'économie de stations d'épuration par la promotion de tels investissements agroforestiers à l'amont. À de plus petites échelles, les exemples abondent de fonds de vallée où l'accès à l'eau redevient possible sitôt que l'agroécologie déploie sur les bassins versants amont les investissements requis.

Avec l'irrégularité croissante du régime des précipitations résultant du changement climatique, les arbitrages à rendre sur la gestion de l'eau seront de plus en plus tendus. En France, les retenues collinaires comme le barrage de Sivens dans le Tarn, aujourd'hui abandonné, ou les « bassines » en plaine alimentées par le pompage hivernal font l'objet d'affrontements parfois violents. Pour éviter la multiplication des conflits liés à l'eau, la voie la plus sûre est d'accélérer le déploiement des méthodes agroécologiques qui protègent la ressource en eau par des moyens naturels. C'est une composante clef des stratégies d'adaptation au réchauffement climatique.

LE CATALYSEUR DES POLITIQUES D'ADAPTATION

Les expériences testant les voies de l'agroécologie se multiplient et sont multiformes. Certaines se développent à l'intérieur du monde agricole traditionnel. D'autres sont le fait de néoruraux qui s'opposent au système en se réfugiant à la campagne. Les deux contribuent au changement et aucune ne doit être ostracisée. Plus facile à pratiquer par les exclus de l'abondance que les systèmes productivistes, l'agroécologie est devenue une arme de combat des acteurs du développement dans la lutte contre la pauvreté rurale et la sous-nutrition. Ces acteurs ont publié un guide de référence sur l'évaluation de ces pratiques qui constitue une excellente initiation à l'agroécologie[33]. Ces expériences peuvent naître de luttes pour accéder à la terre ou la conserver face à l'agro-business ou à la pression des promoteurs urbains. En Amazonie, où les communautés amérindiennes défendent leurs droits ancestraux, ces combats peuvent prendre une tournure très violente. Autre lieu d'expérimentation : les nouvelles fermes urbaines, où des méthodes collectives de maraîchage bio utilisent les toits ou les microjardins en créant du lien social autour de circuits courts.

Il faut voir dans cette effervescence la multiplication de signaux faibles préfigurant les systèmes agricoles de demain. Comme pour l'énergie, l'urgence climatique pose la question de la vitesse à laquelle peut s'effectuer la transition agro-climatique. La transformation des systèmes agricoles et des régimes alimentaires ne peut s'effectuer du jour au lendemain. Sa vitesse doit tenir compte des rythmes biologiques et de la complexité des structures agricoles. C'est pourquoi il importe d'identifier les bons leviers d'accélération et de changement d'échelle des pratiques innovantes.

Les changements d'orientation de la politique agricole constituent une condition nécessaire. En Europe, la PAC est parvenue à éliminer à peu près toutes ses incitations de type productiviste en un peu plus de deux décennies. La FAO s'éloigne de sa vision traditionnelle et appuie explicitement l'agroécologie sans totalement renoncer au soutien des systèmes conventionnels. En Afrique occidentale, l'agroécologie s'introduit graduellement dans les priorités affichées des gouvernements, qui continuent cependant à subventionner les engrais de synthèse. Comme le plan quinquennal chinois, qui contient désormais des objectifs de réduction des émissions agricoles sans renoncer à casser les prix des engrais chimiques livrés aux agriculteurs.

Les incitations économiques à mettre en place pour accélérer le mouvement ne sont pas les mêmes que pour le carbone fossile. Dans le cas de l'énergie, le prix du CO_2 est un outil puissant car il renchérit les trois produits – charbon, pétrole, gaz – qu'il faut rationner. Dans le cas de la transition agroécologique, il ne s'agit pas de rationner mais d'investir dans l'abondance du vivant et de désinvestir des pratiques qui érodent la biodiversité. L'économiste sait comment taxer le CO_2 énergétique car il dispose d'un étalon simple pour établir l'assiette fiscale : la tonne d'équivalent CO_2. Il n'y a pas d'équivalent pour taxer la multitude des pratiques érodant la diversité du vivant.

Si l'on ne sait pas taxer, ne peut-on dès lors subventionner ? Manier la carotte plutôt que le bâton ? C'est l'idée des crédits carbone, qui permettent de rémunérer les réductions d'émissions. Leur usage est testé en France dans le cadre du « Label bas-carbone », qui est le principal outil utilisé par les pouvoirs publics pour inciter les agriculteurs à réduire leurs émissions. En dehors des systèmes agroforestiers, dans lesquels l'arbre pèse lourd en matière de stockage de CO_2, ces crédits ne sont pas à la hauteur des reconversions à entreprendre. Ils présentent parfois le défaut de pénaliser les agriculteurs pionniers qui sont privés de crédit car ils se sont engagés avant les autres dans la transition. Dans les pays moins avancés, ils peuvent constituer un réel stimulant dans les cas d'agroforesterie ou si le prix du crédit intègre d'autres bénéfices environnementaux ou sociaux que les seules réductions d'émissions. Mais dans ce dernier cas, il s'agit en réalité d'un paiement pour service environnemental déguisé.

L'accélérateur le plus puissant de la transition agroclimatique me semble résider dans les politiques d'adaptation aux changements climatiques, jusqu'à présent restées les parents pauvres de l'action climatique. Pour le carbone vivant, les méthodes agroécologiques de réduction des émissions sont aussi celles qui augmentent la résilience face aux impacts du réchauffement climatique. Les agriculteurs sont demandeurs de ces solutions car les systèmes conventionnels semblent vulnérables face aux chocs climatiques à répétition.

Juin 2021. L'Ouest canadien est plongé sous un dôme de chaleur. Le petit village de Lytton, situé dans les contreforts des Rocheuses, est dévasté par les flammes. À 49,6 °C, le thermomètre a pulvérisé les records de chaleur du pays. Les grains qui poussent dans la grande plaine canadienne n'ont pas supporté le choc de la canicule intervenant au terme d'un long épisode de sécheresse. La production de blé baisse de près de 40 %. Ce sont 13 Mt qui vont manquer sur le marché mondial. Presque un an d'exportations de l'Ukraine.

Les canicules ne sont pas les seuls événements climatiques perturbant l'activité agricole. À la suite des tempêtes et inondations de l'été 2022, la production de riz pakistanaise a reculé de 30 %. Le volume du 6e rapport du GIEC consacré aux impacts du réchauffement et aux politiques d'adaptation documente en détail ces impacts[34]. Il montre combien leur amplification est inexorable d'ici à 2050 et surtout comment ils se distribuent de façon inégalitaire dans le monde.

Le réchauffement provoque un déplacement général des êtres vivants depuis les tropiques vers les pôles. Ce déplacement affaiblit les écosystèmes terrestres et marins tropicaux, et peut, dans un premier temps, renforcer ceux situés aux plus hautes latitudes. Au-delà d'un certain réchauffement, la totalité des écosystèmes est fragilisée. Pour l'agriculture, cela signifie que les systèmes agricoles des zones tropicales et subtropicales sont les premiers affectés alors que certaines opportunités apparaissent dans les zones plus septentrionales tant que le réchauffement est faible, notamment en déplaçant des aires de production. Lorsqu'on fait la somme des dommages du réchauffement climatique, cette dissymétrie des impacts sur l'agriculture et la pêche est le premier facteur d'inégalité entre pays. Ceux du Sud paient le plus gros de la facture climatique car leurs systèmes agricoles, qui pèsent bien plus dans leur économie que dans celle du Nord, sont les premiers à être déstabilisés. Pour corriger cette inégalité, il convient de faire monter en régime les politiques d'adaptation au réchauffement en les ciblant sur l'agriculture et la pêche et en mobilisant des moyens financiers à une échelle tout à fait nouvelle.

Le rapport du GIEC recense également la littérature, encore naissante, faisant état des méthodes permettant d'accroître la résilience des systèmes agricoles face au réchauffement. Sans surprise, elles ressortissent à peu près toutes à l'agroécologie.

L'immense majorité des agriculteurs n'a pas lu, ni ne lira, les rapports du GIEC. À l'instar du reste de la population. Les producteurs agricoles subissent en revanche au quotidien les impacts croissants du réchauffement global recensés par les experts. C'est de leur expérience concrète qu'il faut partir, en étudiant avec eux comment les méthodes agroécologiques permettent d'accroître la résilience face au réchauffement. C'est en effet de leurs multiples réactions au durcissement des contraintes climatiques que dépendra la vitesse de la transition agroécologique.

6

ATTENTION : PUITS DE CARBONE !

Sur les mappemondes, le bleu clair figurant les océans est la couleur dominante. Les mers occupent 71 % de la surface du globe. Restent 29 % de terres émergées. Si l'on retire le continent antarctique et les zones inhospitalières de haute montagne ou de désert, on obtient la partie « habitable » de la planète : la biosphère qui occupe un cinquième de la surface du globe.

Les océans et la biosphère sont des réservoirs de carbone. Ils en contiennent bien plus que l'atmosphère : quarante-sept fois plus pour les océans et quatre fois pour la biosphère. Océans et biosphère agissent sur le cycle du carbone en absorbant ou rejetant du CO_2 dans l'atmosphère. Depuis le démarrage de l'ère industrielle, ils en ont absorbé plus qu'ils n'en ont rejeté. C'est pourquoi on les désigne sous l'appellation de puits de carbone.

Entre 1990 et 2021, les Terriens ont rejeté 1 110 Gt de CO_2. L'océan en a absorbé 26 % et la biosphère 30 %, le reste s'accumulant dans l'atmosphère. Sans l'action de ces puits, la croissance du stock de CO_2 atmosphérique aurait été bien plus rapide et la perspective de neutralité encore plus lointaine. Pour que les trajectoires de baisse des émissions conduisent à la neutralité, il est crucial que les puits de carbone continuent de retirer le CO_2 de l'atmosphère.

À plus long terme, l'évolution du climat sera tributaire du fonctionnement de ces puits de carbone. Le système énergétique aura basculé vers les énergies de flux, sans plus émettre de CO_2. Si les puits de carbone continuent d'absorber du CO_2 de l'atmosphère, on entrera dans un régime d'émissions nettes négatives. À l'inverse, si les puits sont devenus des émetteurs de CO_2, le stock dans l'atmosphère continuera d'augmenter et la planète de se réchauffer. Protéger les puits de carbone est donc un enjeu climatique primordial.

La capacité d'absorption des puits de carbone peut être affectée par les impacts du réchauffement climatique et les activités humaines. Sur terre, le principal puits de carbone est la forêt. Son fonctionnement peut être fragilisé par les épisodes de sécheresse ou la remontée de certains parasites vers les pôles qui freinent la croissance des arbres. C'est l'effet climat. L'impact anthropique le plus visible est la déforestation. Elle a beaucoup joué depuis un siècle et demi. Sur les mappemondes, le vert foncé figurant les forêts a reculé au profit des usages agricoles, d'abord dans les pays tempérés, puis dans les zones tropicales.

L'homme peut également altérer le fonctionnement du puits de carbone océanique quand il utilise sans limites l'océan comme garde-manger (surpêche) ou comme poubelle (pollutions marines). À la différence de la déforestation, ces impacts ne sont pas comptabilisés dans les inventaires d'émissions de gaz à effet de serre ni explicitement intégrés dans les scénarios conduisant à la neutralité carbone. La protection du puits de carbone océanique est pourtant un enjeu climatique aussi important que celle du puits de carbone terrestre.

NOTRE ALLIÉE LA LOUTRE DE MER

Présente le long des côtes du Pacifique Nord, la loutre de mer est le plus petit mammifère marin. Contrairement à ses congénères vivant dans les eaux froides, elle ne dispose pas d'une épaisse couche de graisse facilitant sa régulation thermique. Elle est protégée du froid par l'un des pelages les plus denses du règne animal. L'intérêt économique de sa fourrure a bien failli causer son extinction.

Les trappeurs commencèrent à exploiter commercialement le filon dès le début du XVIIIe siècle en traquant l'animal le long des côtes russes. Les fourrures étaient écoulées en Chine et en Europe. L'activité changea d'échelle après 1850, avec la cotation des fourrures sur le marché des matières premières de Londres, qui devint la plaque tournante du commerce international. L'offre peinant à suivre la demande, la hausse du prix des fourrures incita au déplacement des aires de capture vers l'est. Le détroit de Behring fut franchi. Les côtes de l'Alaska faisant à leur tour l'objet d'une surexploitation, les volumes s'effondrèrent. Une division par dix des volumes traités sur le marché de Londres entre 1885 et 1900. La pénurie d'offre attisant l'envolée des cours, les trappeurs commencèrent à s'attaquer à des stocks encore plus fragiles en descendant le long du Pacifique jusqu'en Californie.

En déplaçant les aires de capture à mesure de l'épuisement des stocks d'animaux, on se dirigeait vers une extinction totale de l'espèce. Pour éviter l'effondrement final, un traité international, le North Pacific Fur Seal Convention, fut signé en 1911 entre la Russie, les États-Unis, le Japon et le Royaume-Uni (pour le compte du Canada) prohibant la traque de l'animal. Ce fut l'un des premiers traités internationaux de protection de l'environnement qui sauva probablement l'espèce, alors ramenée à moins de deux mille survivants.

On estime aujourd'hui la population de loutres de mer entre cent mille et cent cinquante mille individus, soit les deux tiers de sa population d'avant la grande prédation. L'espèce est encore soumise à des prédations humaines (braconnage, prises accidentelles dans les filets de pêche, marées noires et pollutions côtières) et animales (en particulier les orques et les requins blancs). Certaines populations, notamment dans l'archipel aléoutien, au large de l'Alaska, subissent à nouveau un déclin.

Pour maintenir sa température corporelle à 35 °C dans des eaux froides, la loutre de mer ingurgite quotidiennement jusqu'au quart de son poids. Carnivore, elle se nourrit principalement de petits crustacés, d'étoiles de mer et surtout d'oursins. L'oursin est un gros mangeur d'algues. Sitôt que la loutre disparaît, il prolifère au détriment des ressources en algues. Par ses prédations, la loutre exerce un rôle régulateur sur la population d'oursins et protège les kelps, ces forêts de varech sous-marines dont est friand l'oursin. Or, ces forêts stockent de grandes quantités de CO_2. Les chercheurs de l'université de Californie ont estimé que la présence de la loutre accroît d'un facteur douze la capacité de stockage du CO_2 de ces écosystèmes marins[1]. La loutre de mer est donc un allié précieux pour protéger, voire renforcer, l'action du puits de carbone océanique.

La régulation de la population d'oursins par celle des loutres illustre un mécanisme que les chercheurs appellent les cascades trophiques. Le phénomène a été décrit dès 1949 par l'écologue américain Aldo Leopold, qui observa la prolifération de la population des cerfs, un autre herbivore, à la suite de l'élimination du loup, son prédateur naturel[2]. Dans le milieu naturel, la régulation d'une population résulte de multiples interactions, souvent liées aux ressources accessibles (nourriture, habitat…). Mais il faut compter avec ses prédateurs. Les cascades trophiques révèlent le rôle des carnivores à l'amont des chaînes alimentaires dans la régulation des populations d'herbivores vivant sur les continents, ou dans les océans à l'instar de l'oursin. Ce mécanisme peut avoir un impact sur la capacité de la nature à stocker le CO_2 de l'atmosphère, comme l'explique Oswald J. Schmitz dans son ouvrage *The New Ecology*[3].

La prolifération d'oursins consécutive au déclin de la loutre de mer altère localement le fonctionnement de la pompe à carbone océanique. Protéger la loutre est donc une action qui se justifie, au-delà de la valeur qu'on peut donner à telle ou telle espèce, par l'objectif climatique. Le long de la côte de Colombie-Britannique, dans l'Ouest canadien, la réimplantation de la loutre a été un succès. La restauration des kelps permet à l'écosystème côtier de stocker chaque année l'équivalent de 6 à 10 % des émissions de CO_2 de la province[4]. Mais ce bénéfice climatique n'apparaît nulle part dans l'inventaire des émissions de gaz à effet de serre que le Canada doit établir chaque année et soumettre aux Nations unies dans le cadre de l'accord de Paris.

CHERCHEZ LE RESPONSABLE !

La protection du puits de carbone océanique est l'un des angles morts de l'action en faveur du climat. Dans les COP climat, lorsque les pays rendent compte de leur contribution à l'accord de Paris, ils comptabilisent leurs émissions de carbone fossile et de carbone vivant provenant de l'agriculture et des changements d'usage des terres. Aucun n'est redevable de ce qui se passe sous la surface de l'océan, où est pourtant stocké le plus grand réservoir de carbone de la planète.

Comment justifier un tel trou dans la raquette ? Deux types d'arguments sont habituellement avancés : la complexité des mesures et le caractère extraterritorial de la plus grande partie des océans. Examinons-les.

Le fonctionnement du puits de carbone océanique est, de fait, particulièrement complexe. On peut le schématiser ainsi : le CO_2 est dilué en surface dans les eaux de l'océan. Seule une petite partie de ce carbone est transférée vers les fonds marins, où il sera stocké pour longtemps sous forme de sédiments. Le transfert de la surface vers le fond s'opère grâce à la biodiversité marine. Les phytoplanctons, des microalgues utilisant la photosynthèse dans la partie lumineuse de l'océan pour leur croissance, jouent un rôle prépondérant dans le fonctionnement de cette pompe à carbone biologique.

La capacité de stockage du CO_2 par l'océan est en premier lieu susceptible d'être altérée par l'impact du réchauffement climatique. En surface, le CO_2 est dissous par des mécanismes physiques tributaires de la température de l'eau. Les eaux froides absorbent le carbone atmosphérique que les eaux chaudes rejettent. Le réchauffement global risque de perturber ce mécanisme en même temps qu'il provoque l'acidification de l'eau. Le fonctionnement de la pompe biologique est également susceptible d'être altéré. Cet affaiblissement potentiel du puits de carbone est difficile à modéliser en raison de nombreuses incertitudes, « la plus importante étant la réponse du vivant au changement climatique[5] », suivant l'expression de Laurent Bopp, Chris Bowler et leurs coauteurs.

À l'impact du réchauffement sur le fonctionnement du puits

de carbone, s'ajoutent ceux résultant de l'activité humaine. La protection de la loutre marine illustre une pratique bénéfique en termes de stockage de carbone par l'océan, mais qui ne fait que corriger une prédation anthropique antérieure. D'autres pratiques humaines peuvent jouer positivement. La conchyliculture a par exemple un effet bénéfique car la coquille de l'huître ou de la moule piège du carbone. Cet effet disparaît si, en fin de cycle, ces coquilles sont incinérées par mégarde avec d'autres déchets.

Il n'y a évidemment pas que des impacts positifs. D'une façon générale, la surpêche est la première cause de dégradation de la biodiversité, d'après le rapport d'évaluation de l'IPBES. La surexploitation de la loutre marine en fut l'une des illustrations. Il reste beaucoup d'autres cas à documenter pour analyser les impacts de la surpêche sur la composition de cette biodiversité et diagnostiquer leurs incidences sur la capacité de séquestration du carbone par les océans.

L'un d'entre eux est désormais établi. Le chalutage des fonds marins provoque probablement un relâcher de CO_2 de l'ordre de 1,5 Gt de CO_2 par an[6]. Le raclage du sous-sol agit de façon similaire au labour en surface. Il libère une partie du carbone qui était séquestré dans le sol au fond de l'eau. Sous l'angle du cycle du carbone, la disparition d'une forêt d'algues sous-marines est l'équivalent de la déforestation sur terre et le chalutage des fonds, celui d'un labour profond. L'empreinte climat de la déforestation et des labours est répertoriée dans les inventaires nationaux de gaz à effet de serre. Pas celle des pratiques de pêche, plus généralement des pratiques anthropiques affectant le puits de carbone océanique.

On sait documenter une partie des impacts anthropiques sur le puits de carbone océanique. Vu le rôle crucial de ce puits de carbone pour les dynamiques futures du climat, il serait hautement souhaitable d'intégrer ces impacts dans les objectifs climatiques déposés auprès des Nations unies. La bonne façon de le faire est de contraindre chaque pays à rendre compte de ces impacts dans les inventaires nationaux de gaz à effet de serre qui servent de base à l'établissement et au suivi de ces objectifs. Cela impliquerait en particulier de rendre compte des émissions spécifiques résultant des pratiques de la pêche sur le milieu vivant, à l'instar de ce qui est fait pour l'agriculture.

Comme leur nom l'indique, ces inventaires sont calculés sur des bases territoriales. Or la plus grande partie de l'océan est précisément caractérisée par l'extraterritorialité. Quel sens y a-t-il à utiliser des inventaires territoriaux pour intégrer la protection du puits de carbone océanique dans les objectifs climatiques ?

Ici encore, l'argument est trompeur. En droit international, chaque pays est responsable, depuis la convention des Nations unies de Montego Bay (1982)[7], de la gestion de la pêche dans les « zones économiques exclusives » le long de ses côtes. Ces zones ne recouvrent que le tiers de la surface des océans, mais 90 % des ressources halieutiques et des activités de pêche. Les États sont donc redevables des atteintes que l'activité humaine est susceptible de porter sur cette partie du puits océanique. Pour la partie de haute mer, ce bien commun aujourd'hui si mal protégé, ce devrait être le rôle de l'Organisation maritime internationale, comme elle est déjà censée le faire pour les émissions de carbone fossile rejeté par les navires.

En 2023 et 2024, les gouvernements doivent réaliser le premier bilan global (« *Global Stocktake* ») que l'accord de Paris les contraint d'effectuer tous les cinq ans. C'est une très bonne occasion d'inclure la question du puits de carbone océanique dans l'action climatique internationale en ajoutant quelques lignes *ad hoc* dans les inventaires nationaux.

LE PUITS DE CARBONE TERRESTRE DANS LES POLITIQUES CLIMATIQUES

Les inventaires nationaux de gaz à effet de serre répertorient en revanche les impacts des activités humaines sur le puits de carbone terrestre. Ils les regroupent dans un ensemble dénommé en français « Utilisation des terres, changements d'affectation des terres et forêts » (UTCATF, ou LULUCF en anglais).

Lorsque le compte UTCATF est positif, l'utilisation des terres rejette du CO_2 dans l'atmosphère, ce qui amoindrit le fonctionnement du puits de carbone terrestre. C'est notamment le cas des pays qui déforestent, aujourd'hui pratiquement tous situés dans les zones tropicales ou subtropicales. Dans un pays qui affiche un solde négatif, autrement dit des émissions nettes négatives, l'usage des terres retire à l'inverse du CO_2 de l'atmosphère pour le stocker dans les plantes et le sol. C'est le cas de la France et de la majorité des pays développés où les superficies forestières s'élargissent.

Dans les pays industrialisés, les superficies agricoles reculent au profit des forêts. Le dernier inventaire forestier de la FAO indique un élargissement des forêts tempérées et boréales de l'ordre de 1 million de km^2 entre 1990 et 2020 (pratiquement deux fois la superficie de la France métropolitaine). Cet élargissement n'a pas pesé sur le niveau de l'offre agricole du fait des gains de rendement à l'hectare. La Chine et, à un moindre degré, l'Inde ont également reboisé sur la période. Cet élargissement des forêts renforce la capacité d'absorption du CO_2 des puits naturels.

Sur la même période, la FAO estime que les forêts tropicales ont perdu environ 2,8 millions de km^2. Les trois grands massifs – l'Amazonie, le Bassin du Congo et l'arc forestier Asie-Pacifique qui traverse l'Indonésie et la Malaisie – sont concernés. La déforestation est un processus complexe dans lequel interviennent de multiples paramètres. La variable agricole y joue un rôle déterminant. Une fois « libérées » de leurs arbres, lesdites terres se retrouvent affectées à la pâture des animaux, aux cultures du soja, du manioc ou d'autres plantes vivrières, à la production d'huile de palme ou d'autres cultures de rente.

L'évolution de la superficie des forêts n'est pas le seul paramètre qui influence le compte UTCATF. Il faut également tenir compte du mode de gestion des forêts, des changements d'usage des terres au sein de l'agriculture et des terres artificialisées pour l'urbanisation et les infrastructures économiques. Enfin, le chapitre 5 a montré que certaines pratiques agricoles peuvent stocker du carbone dans le sol et d'autres en rejeter. C'est le passage du calcul des surfaces à celui des tonnes de CO_2 retirées ou envoyées dans l'atmosphère qui est le plus difficile à réaliser lors de l'établissement des inventaires nationaux. L'un des chercheurs les plus pointus en la matière, Valentin Bellassen, estime par exemple avec ses co-auteurs que les inventaires nationaux européens seraient « aveugles » en cas de changements de pratiques agricoles permettant d'accroître le stockage de carbone dans les sols[8]. Les inventaires européens, soumis à un double reporting auprès de l'Union européenne et des Nations unies, sont pourtant réputés pour leur fiabilité.

Les règles utilisées pour confectionner les inventaires

sont harmonisées par le GIEC, qui édite des volumes méthodologiques détaillés et effectue un bilan à chaque rapport d'évaluation. La qualité et la fiabilité des données sont cependant très hétérogènes suivant les pays. Les modalités du suivi et de contrôle de ces inventaires par le secrétariat des Nations unies chargé de l'action climatique ne sont pas suffisamment contraignantes. Pour mieux intégrer les enjeux du puits de carbone terrestre dans l'action climatique, on n'échappera pas à un investissement pour améliorer la fiabilité des inventaires nationaux sur lesquels reposent les engagements des différents pays. C'est un enjeu important du premier bilan global de l'accord de Paris effectué en 2023 et 2024. Il comporte des volets techniques mais également une dimension politique. Certains pays s'opposent en effet à ce que les méthodes et les résultats de leurs inventaires soient contrôlés par les experts indépendants désignés par les Nations unies.

Il s'y ajoute un problème épineux de discordance de méthodes de calcul. Les règles utilisées pour la confection des inventaires nationaux concernant la partie UTCATF ne concordent pas avec la façon dont l'usage des terres est intégré dans les modélisations à la base des scénarios climatiques des rapports du GIEC. Ce sont ces scénarios qui permettent de calculer les budgets carbone associés aux objectifs de réchauffement. Ce point fait l'objet d'une simple note de bas de page dans la synthèse du 6ᵉ rapport du GIEC (« Résumé pour décideurs », note 40, p. 21). Il faudra pourtant bien mettre sur la table cette question pour clarifier les choses. Si l'on utilise les données d'inventaire sans précautions méthodologiques, on risque en effet de sous-estimer d'environ 20 % les réductions d'émissions requises pour atteindre les objectifs de limitation du réchauffement en dessous de 2 °C (voir l'annexe sur les données statistiques pour plus de détails, p. 257). C'est loin d'être anodin.

FORÊTS TROPICALES HUMIDES : UNE RÉSERVE DE BIODIVERSITÉ REMARQUABLE

Dans son ouvrage *La biodiversité, c'est maintenant*, Bernard Chevassus-au-Louis distingue la biodiversité ordinaire, celle de notre jardin qui s'évalue au nombre de plantes, d'insectes, de vers de terre et autres organismes y séjournant, de la biodiversité remarquable concernant les espèces emblématiques et les milieux très riches[9]. Les forêts tropicales humides sont les plus grands réservoirs au monde de biodiversité remarquable. La quantité de carbone qu'elles peuvent stocker ne représente qu'une partie des services écosystémiques qu'elles apportent à la collectivité.

La forme classique de protection de la biodiversité remarquable est de limiter ou d'interdire les accès à ces milieux, en créant des aires protégées ou réserves naturelles. Le premier exemple de création d'une telle aire protégée remonte au XIXe siècle, avec la création du parc national de Yellowstone aux États-Unis (1872).

Cette approche de type conservationniste a peu de chance d'enrayer les dynamiques de déforestation sur les trois grands massifs tropicaux de forêts humides. Ce n'est pas en recrutant des gardes forestiers qu'on va efficacement protéger les forêts humides sur les continents américain (Amazonie) ou africain (Bassin du Congo) et sur l'arc forestier Asie-Pacifique. Il faut agir sur les causes de la déforestation. Sur chacun de ces massifs, la déforestation répond à des mécanismes complexes, dans lesquels interviennent de multiples facteurs. Dans tous les cas, l'extension des terres consacrées à la culture et à l'élevage en est la cause principale. C'est donc en agissant sur les systèmes agricoles à l'origine de la déforestation qu'on peut réduire la déforestation tropicale et qu'on pourra, demain, l'interrompre. Les situations des trois bassins forestiers sont cependant bien différentes les unes des autres.

Le massif forestier du Congo couvre une partie importante de l'Afrique subsaharienne. Deux tiers de sa superficie sont situés en République démocratique du Congo (RDC), l'un des pays les plus pauvres de la planète. C'est le massif qui a le moins subi d'emprise humaine depuis 1990, mais également celui où l'on observe un accroissement du rythme de la déforestation durant les années 2010. Le facteur principal à l'origine de cet accroissement est l'extension de l'agriculture vivrière, pratiquée sur un grand nombre de microexploitations qui mordent sur la forêt. Il s'y ajoute le prélèvement de bois de chauffe, soit pour une utilisation directe au sein des familles pour la cuisson des aliments, soit transformé en charbon de bois. Le troisième facteur est la pratique de coupes rases pour la recherche de bois tropicaux, à laquelle s'ajoute le défrichage engendré par l'activité minière.

Malgré les intentions affichées, on ne discerne guère de signes de ralentissement de la déforestation sur la période récente en RDC et dans les autres pays de la zone (exception faite du Gabon). Les leviers d'action à mettre en œuvre pour lutter contre le phénomène sont pourtant clairement identifiés : développement local par intensification de systèmes agricoles grâce à l'agroécologie, accès à l'électricité et amélioration des systèmes de cuisson, mobilisation contre la pauvreté rurale, accès à l'éducation.

L'Indonésie est le principal pays de l'arc forestier Asie-Pacifique. Elle a connu une évolution symétrique de celle du

Bassin du Congo. Le rythme de la déforestation a été particulièrement élevé jusqu'au milieu des années 2010. Le pays a perdu environ le quart de son couvert forestier entre 1990 et 2020, avec un ralentissement spectaculaire sur la période récente. Le principal facteur de déforestation est la conversion de la forêt primaire en plantations majoritairement tournées vers la production d'huile de palme. L'utilisation du feu lors de la saison sèche pour le défrichage ou l'écobuage peut générer des incendies impossibles à éteindre quand les flammes se propagent aux tourbières présentes en masse sur l'archipel. Les industries du papier et du bois d'œuvre exporté en masse en Chine amplifient la pression agricole.

Depuis le milieu de la décennie 2010, le rythme de la déforestation indonésienne a été réduit des deux tiers[10]. La réorientation de la politique nationale, avec le moratoire national sur le défrichage et le drainage des tourbières de 2011, converti en interdiction pérenne en 2019 par le président Joko Widodo, a joué un rôle déterminant. Cette réorientation a également favorisé les démarches volontaires conduites par les industries de l'huile de palme et du papier en partenariat avec certaines ONG environnementales. Ce coup de frein indonésien met du temps à apparaître dans les données d'émissions du fait des rejets de CO_2 par les tourbières qui s'étalent sur plusieurs décennies après leur drainage. Il n'est pas sans rappeler celui réalisé par le Brésil lors de la première présidence de Lula (2003-2010).

LEÇONS DE L'EXPÉRIENCE BRÉSILIENNE

L'Amazonie est le massif tropical le plus étendu au monde et son premier réservoir de biodiversité remarquable. Les mécanismes multiformes de la déforestation ont été décrits dans l'ouvrage du géographe François-Michel Le Tourneau[11]. Dès la période coloniale, ils reposent sur la représentation erronée d'un massif qui serait vide de toute activité humaine, et d'une richesse biologique inaltérable. Cette représentation a été reprise par les gouvernements civils et militaires brésiliens jusqu'aux années 1990. En matière agricole, cela s'est traduit par des politiques d'aide à l'installation de petits agriculteurs, principalement originaires de la région pauvre du Nordeste, et d'ouverture de larges fronts de déforestation pour l'élevage bovin extensif et la culture mécanisée du soja. Ces politiques ont porté le rythme annuel de la déforestation au-dessus de 22 000 km^2 au début des années 2000.

Le changement de cap opéré durant les années 2000 a ramené le rythme annuel de la déforestation à 6 000 km^2 en une décennie. Une division par quatre. En premier lieu, les dispositions générales du code forestier et les règles existantes concernant les zones protégées, notamment les réserves gérées par les peuples amérindiens, ont été mises en application. La peur de la police forestière habilitée à confisquer et détruire les tronçonneuses et autres équipements utilisés illégalement a joué son rôle. Cela a été rendu possible par l'efficacité du système d'observation satellite, géré par l'Institut de recherches spatiales (INPE), capable de détecter en temps quasi réel les nouveaux fronts de déforestation. Sans la mobilisation de tels moyens de détection et de surveillance, les grandes déclarations à répétition sur l'arrêt de la déforestation restent lettre morte. C'est la première leçon de l'expérience brésilienne.

La lutte contre la déforestation n'est cependant pas qu'affaire d'imagerie satellite, de police et de juges. La division par quatre du rythme de la déforestation a au premier chef reposé sur des changements de pratiques agricoles, deuxième enseignement brésilien.

Sous l'égide du gouvernement fédéral, des accords ont été passés entre l'agrobusiness et les ONG environnementales pour renoncer aux exportations de soja (moratoire de 2006) et de viande de bœuf (moratoire de 2009) s'effectuant à partir de parcelles gagnées sur la forêt primaire. L'industrie y a également été poussée par les exigences croissantes de traçabilité des acheteurs occidentaux conditionnant l'accès à leurs marchés. Le marché chinois, qui absorbe désormais la majorité des exportations brésiliennes de soja et de viande bovine, n'a pas les mêmes exigences. Le système le plus efficace pour stopper toute déforestation serait d'imposer une taxe dissuasive sur tout hectare nouvellement défriché. Les profits des producteurs de soja et des éleveurs de bovins se transformeraient en effet en pertes abyssales si l'on intégrait dans leurs comptes d'exploitation le coût climatique du CO_2 généré par leur activité, sans compter la valeur inestimable des atteintes à la biodiversité.

Simultanément, le gouvernement a lancé de vastes programmes de reconversions agricoles incitant les petits producteurs à intensifier leur production pour cesser de grignoter sur la forêt. Une partie des projets a été financée par le Fonds Amazonie, principalement abondé par la Norvège. Les montants engagés par ce fonds sont conditionnés à la réduction effective de la déforestation et calculés à partir d'un prix implicite du carbone. La plupart des projets facilitent les reconversions des petits producteurs, qui bénéficient alors d'une aide technique et de paiements pour services écosystémiques. Les évaluations conduites par Gabriela Simonet ont montré un réel impact de ces programmes[12]. Toutefois, les paiements pour service écosystémique étant limités dans le temps, une incertitude plane sur la pérennité des changements de pratiques car les modèles préservant le couvert forestier ne garantissent pas toujours des revenus suffisants aux familles.

Durant la décennie 2010, une partie des progrès obtenus en matière de déforestation a été perdue, d'abord assez lentement durant la période d'affaiblissement du gouvernement fédéral consécutive au départ de Lula, plus rapidement sous la présidence de Jair Bolsonaro, qui a tenté de revenir aux politiques antérieures favorables à la déforestation. Avec un succès relatif : sur les quatre années de son mandat, le rythme de la déforestation est remonté à un peu plus de 10 000 hectares par an, soit moins de la moitié du pic historique de déforestation. L'outil technique de surveillance, largement décrié par Bolsonaro, n'a pas été démantelé. Il est à la disposition de l'équipe présidentielle revenue au pouvoir en 2023, qui s'est empressée de réaffirmer l'engagement brésilien de parvenir à l'objectif « zéro déforestation » avant 2030. La troisième leçon brésilienne est donc que les progrès de la lutte contre la déforestation peuvent être réversibles. Au moins partiellement.

La lutte contre la déforestation a-t-elle eu des retombées sur la sécurité alimentaire ? Comme l'indique Le Tourneau, l'élevage bovin amazonien « repose sur un animal et un cheptel totalement exogènes au milieu. Quitte à produire des protéines, on aurait pu bâtir des systèmes sur l'élevage des lamantins, des tortues ou des *piracurus* qui produisent eux aussi viande, cuir et graisse et utilisent les potentialités de l'environnement plutôt que de le détruire[13] ». Exogène au milieu sous l'angle de l'offre, l'expansion de la production bovine l'est également restée sous l'angle de la demande, la viande exportée ne contribuant pas à assurer l'équilibre protéique des rations alimentaires locales. En revanche, les reconversions des petites structures agricoles ont reposé sur des techniques agroécologiques intensifiant et diversifiant les approvisionnements alimentaires.

Entre 2005 et 2015, période durant laquelle le rythme de la déforestation a chuté, la FAO estime que le nombre de Brésiliens souffrant de sous-nutrition a été divisé par plus de deux. Le recul de la faim s'est accéléré durant la période. L'unification des programmes de lutte contre la pauvreté dans le cadre de la *Bolsa familia* y a joué un rôle prépondérant. Les progrès de la lutte contre la déforestation qui ont freiné les conversions de la forêt en terres agricoles n'ont donc pas été réalisés au détriment de la sécurité alimentaire. C'est même l'inverse qui a été observé. Dernière leçon, et non des moindres, de l'expérience du Brésil.

DÉSERTIFICATION ET DÉGRADATION DES SOLS

Entre les zones de forêts humides et les zones tempérées, on rencontre d'immenses espaces soumis à des précipitations bien moins abondantes que sous les tropiques et de plus en plus irrégulières avec le réchauffement global : les zones arides et semi-arides. Ces zones couvrent environ 47 % des surfaces continentales et hébergent quelque 3 milliards d'habitants d'après le rapport spécial sur l'usage des terres publié en 2019 par le GIEC[14].

Les zones arides et semi-arides sont parmi les plus exposées au réchauffement du climat qui favorise l'extension des déserts. D'où la multiplication des programmes pour tenter de contrer les impacts du réchauffement et stopper la désertification. Les objectifs de ces programmes sont définis à partir des cibles de réduction de la pauvreté – elle est encore grande dans ces régions –, de lutte contre la désertification et, de plus en plus, d'adaptation face aux changements du climat. La réduction des émissions nettes de CO_2 n'est pas leur motif premier. Dans les projets où elle est mentionnée, elle apparaît comme un cobénéfice secondaire potentiel, pas comme un objectif prioritaire. À moyen et à long termes, la lutte contre la désertification et la dégradation des sols est pourtant susceptible d'avoir un impact majeur en matière de stockage net du CO_2. Le potentiel de gains est modeste par hectare. Mais il y a énormément d'hectares à restaurer.

D'une superficie de quinze fois la France métropolitaine, le Sahara est le plus grand désert du monde. Il y a un peu plus de six mille ans, la plus grande partie de sa surface actuelle était verte et habitée de nombreuses espèces vivantes qui ont aujourd'hui disparu. Les premières tentatives de contrer à grande échelle la progression de la désertification remontent aux années 1970. Le projet de Barrage vert, lancé par le président Boumediene au début de la décennie, vise à freiner la progression du désert au nord[15]. Depuis 2007, l'Union africaine a engagé, en concertation avec vingt pays du Sahel, les Nations unies et de nombreuses ONG, le programme de la Grande Muraille verte pour contrarier l'avancée du désert au sud.

Malgré les moyens engagés, le Sahara est loin d'être contenu par cette double ceinture verte. Dans les deux cas, le principal enseignement est le même. La plantation des arbres ne peut être que l'un des supports de l'action. L'efficacité de la lutte contre la désertification repose avant tout sur la transformation des pratiques agricoles, la participation des populations locales et une solide évaluation scientifique de l'ensemble des paramètres physiques et biologiques conditionnant l'évolution du milieu fragilisé par la rareté et l'irrégularité des ressources en eau.

Durant ses vingt premières années (1970 à 1990), le projet du Barrage vert algérien a consisté en un programme de plantations réalisées en grande partie par les conscrits de l'armée qui copilotait le projet. Le tout sur la base du volontarisme plus que d'études sérieuses sur le milieu. Les résultats furent bien en deçà des moyens conséquents mobilisés : taux d'échec élevés des plantations en monoculture de pins d'Alep, dégâts considérables provoqués par le pacage des troupeaux des pasteurs non intégrés dans la démarche, absence d'entretien et dégradation rapide des jeunes massifs.

Depuis 1990, le programme algérien du Barrage vert est piloté par des ministères techniques qui ont élargi le nombre d'espèces plantées et mieux intégré les contraintes hydriques. Les obstacles à la montée en régime du projet n'ont pas tous disparu, en particulier l'intégration des modèles agricoles et pastoraux. La céréaliculture, désormais hautement mécanisée et chimisée, continue d'être pratiquée sur une partie des hauts plateaux pour des rendements médiocres et des dégâts considérables sur les sols. Les pratiques pastorales itinérantes qui limitaient le surpâturage déclinent et le cheptel ovin augmente trop rapidement par rapport à la capacité de régénération du milieu. Les techniques ancestrales de l'agriculture oasienne qui permettaient de faire face à la rareté de l'eau ne sont pas mobilisées. Pire, elles subissent les conséquences de tentatives d'introduction de méthodes de type productiviste, par exemple pour élargir la production traditionnelle de dattes, qui exercent des prélèvements excessifs sur la ressource en eau[16].

Formellement adopté en 2007 par l'Union africaine, le projet de Grande Muraille verte a été lancé sous la forme d'une déclaration commune de chefs d'État, comme cela se pratique souvent dans le cadre des Nations unies, en faveur d'objectifs ambitieux mais peu engageants tant que n'en sont pas déclinées les implications concrètes. L'idée initiale était grandiose – planter 100 millions d'hectares et en restaurer 270 entre l'Atlantique et la mer Rouge (7 800 kilomètres) – mais déconnectée des réalités. Le bilan[17] réalisé en 2020 dans le cadre de la Convention des Nations unies de lutte contre la désertification a ramené à la réalité. Il a contribué à faire évoluer le projet vers une meilleure prise en compte de la complexité des mécanismes à l'origine de la désertification.

Comme l'indique la FAO, « la Grande Muraille verte ne doit pas être vue comme un mur d'arbres pour retenir le désert. Cette idée qui a initialement inspiré l'initiative a laissé place à une mosaïque de pratiques durables d'utilisation des terres[18] ». Dans cette mosaïque, la transformation des systèmes agricoles et pastoraux et la coconstruction avec les populations locales sont un facteur clef de réussite. Le Sénégal est l'un des pays de la zone qui semble avoir le mieux intégré ces deux dimensions. Dans la région du Ferlo, située dans le nord du pays, le réseau des jardins polyvalents villageois s'est substitué aux plantations pour lutter contre le désert. Il mise sur des techniques agroécologiques associant le maraîchage intensif et l'arboriculture éparse, qui apportent du couvert végétal permanent et des ressources aux villages. La place faite aux femmes dans ce programme soutenu par l'Agence sénégalaise de la Grande Muraille verte est également un facteur de lutte contre l'inégalité des genres. Une limite importante à l'efficacité du projet est qu'il n'intègre pas les pasteurs, tenus à l'écart, parfois à l'aide de clôtures, et dont les transhumances qui permettent d'alléger la pression sur les sols sont sur le déclin.

Les impacts sur la résilience au réchauffement climatique des projets du Barrage vert algérien et de la Grande Muraille verte sont insuffisamment documentés. Dans le cas du Sahel, l'une des difficultés est que la zone, comme toutes celles de mousson, connaît une très grande variabilité du régime de ses précipitations. La gravité des sécheresses à répétition des années 1970 et 1980 a laissé se construire une vision trompeuse d'une région qui subirait année après année un déficit croissant de précipitations à l'origine de la désertification. Les années 2000 et 2010 ont en effet connu le retour des pluies, mais avec une distribution affectée par des précipitations extrêmes à l'origine de nombreux impacts négatifs (glissements de terrain, inondations, pertes de cheptel…) auxquels il faut également s'adapter[19]. Ce retour des pluies n'a pas arrêté la progression du désert ni les multiples facteurs anthropiques qui y contribuent.

Quant aux impacts sur les émissions nettes de CO_2, ils ne sont tout simplement pas calculés dans la majorité des projets. Ils sont pourtant potentiellement très élevés, comme nous le rappelle l'initiative « 4 pour mille » lancée par la France à la COP climat de Paris en 2015.

L'INITIATIVE « 4 POUR MILLE » : DU BON USAGE DE LA RÈGLE DE TROIS

La COP climat de Paris n'a pas seulement été à l'origine de l'accord climatique devenu la référence internationale. Comme chaque COP, elle a été l'occasion de lancer des initiatives réunissant des coalitions d'acteurs autour d'objectifs climatiques. Le gouvernement français en a porté une concernant le captage du carbone dans les sols agricoles : l'initiative « 4 pour mille[20] ».

Le nom de l'initiative provient de la règle de trois sur laquelle elle est construite. Les émissions mondiales de carbone fossile étaient, au moment du lancement de l'initiative, de l'ordre de 33 Gt de CO_2 par an. Le stock de carbone organique dans les sols agricoles était estimé à environ 8 800 Gt d'équivalent CO_2, soit deux cent soixante-dix fois plus. De combien faudrait-il alors accroître ce stock pour compenser les émissions annuelles ? La réponse est connue si vous maîtrisez la règle de trois : il suffirait de l'augmenter de 0,04 % (33 divisé par 8 800), soit « 4 pour mille ». On aurait atteint la neutralité carbone par ce seul levier !

Une application absurde du calcul serait d'imaginer que chaque agriculteur du monde devrait tous les ans accroître de 4 ‰ la quantité de carbone présent dans son sol. L'initiative vise en premier lieu à sensibiliser et favoriser les échanges de bonnes pratiques entre les agriculteurs et leurs partenaires en matière de stockage de CO_2. Elle n'est pas une solution miracle d'application universelle. Elle a également contribué à mieux cerner, grâce à la recherche, le potentiel de ce qui pourrait effectivement être atteint à terme.

La première variable à prendre en considération est la quantité de carbone déjà présente dans les sols. Là où le carbone est déjà très abondant, la priorité n'est pas d'ajouter du carbone mais de protéger le stock déjà existant. C'est le cas des tourbières et des forêts boréales, qui ont la particularité de stocker nettement plus de carbone dans les sols que dans les arbres. C'est aussi celui du permafrost, le sol gelé en permanence qui piège les plus importantes quantités de carbone sur les continents, le plus souvent sous forme de méthane. Dans toutes ces situations, la seule priorité reste d'éviter que l'extension des systèmes d'agriculture et d'élevage, ou toute autre activité anthropique, ne vienne perturber le stockage naturel.

En dehors de ces zones, des travaux de recherche ont permis de quantifier le potentiel de stockage techniquement réalisable. L'une des études les plus complètes[21] a montré que, dans le meilleur des cas, on pouvait atteindre un stockage compensant environ 25 à 40 % des rejets de carbone fossile sur une période de vingt ans. Ce potentiel se situe majoritairement là où le sol est initialement pauvre en matière organique. Ces travaux de recherche ont été utilisés par la FAO pour établir une cartographie des potentiels de stockage de CO_2 par les sols agricoles. Sans surprise, les cartes révèlent deux bandes de fort potentiel de stockage au nord et au sud du Sahara. Celles où les agriculteurs et les éleveurs se trouvent confrontés sur des dizaines de millions d'hectares à la dégradation de leurs sols et à l'extension du désert.

Atteindre ces 25 à 40 % supposerait que tous les producteurs occupant les surfaces soient en mesure de changer leurs pratiques, sans qu'aucun revienne jamais en arrière. C'est encore totalement irréaliste. Nous avons analysé au chapitre 5 la dimension systémique des changements à opérer pour convertir les systèmes agricoles aux pratiques permettant de renforcer le puits de carbone terrestre. Changer les systèmes agricoles est une opération qui ne se décrète pas à partir d'une règle de trois calculée de façon globale. Il faut lever, les uns après les autres, les obstacles aux changements de système.

Parmi ces obstacles, les chercheurs de l'Inrae ont intégré la dimension économique dans une étude concernant la France[22]. Sa prise en compte est incontournable. Les producteurs ne vont pas s'engager dans des changements systémiques sur la base de promesses ou de risques de pertes de revenu. En passant du potentiel technique au potentiel économiquement réalisable, on réduit encore la perspective de ce qui peut être effectivement atteint.

Il faut donc se garder de considérer le « 4 pour mille » comme un catalogue de solutions existantes, une boîte à outils dans laquelle il suffirait de se servir. La beauté de la règle de trois qui est à son origine ne doit pas nous égarer en laissant penser que le renforcement du puits de carbone terrestre est un objectif facile à atteindre. On risque au contraire de le voir s'affaiblir si l'on ne s'adapte pas suffisamment rapidement aux impacts du réchauffement climatique. C'est ce que montre l'évolution récente du puits de carbone forestier en France.

ZOOM SUR LA STRATÉGIE FRANÇAISE

De par sa géographie, la France est un laboratoire de la transition agroclimatique sans équivalent dans l'Union européenne. C'est le pays le plus étendu. Il présente une diversité de climats, d'écosystèmes et de fronts maritimes sans pareille. Avec un tiers de ses forêts situées en Amazonie (Guyane), il gère le deuxième massif forestier, à peu près à égalité de surface avec celui de la Suède. Ses surfaces agricoles sont les premières d'Europe, comme les rejets de gaz à effet de serre de son agriculture.

Dans ce laboratoire, la transition agroclimatique cristallise autant, voire plus, de tensions que la transition énergétique. Au sein du monde agricole, les questions agroécologiques peuvent dégénérer en affrontements idéologiques assez stériles. La violence émaille les conflits pour le partage de l'eau, dont l'agriculture est de loin la première consommatrice.

Les zones à défendre (ZAD), une forme de contestation de projets d'aménagement au nom de la protection du milieu naturel, se multiplient. Sur les projets emblématiques de l'aéroport Notre-Dame-des-Landes ou du barrage de Sivens, elles ont atteint leur objectif. Dans le cas des conflits sur les bassines, l'affaire est loin d'être tranchée. Bloquer un projet est une chose, mais construire une alternative agroclimatique qui dynamise la société est le véritable enjeu de la transition.

Ce devrait être le rôle de la Stratégie nationale bas carbone (SNBC)[23], la feuille de route climatique de la France, déclinant les trajectoires d'émissions permettant d'atteindre l'objectif européen de neutralité en 2050 et sa cible intermédiaire de 2030, pour laquelle sont fixés des plafonds d'émissions dénommés « budgets carbone ». La cible intermédiaire a beaucoup retenu l'attention médiatique dans le cadre de « l'affaire du siècle » : à la suite du dépassement du premier budget carbone, le juge administratif a reconnu en octobre 2021 la responsabilité de l'État et a enjoint au gouvernement d'y remédier. Comme d'autres en Europe – Allemagne, Pays-Bas, Irlande –, l'État français a été condamné par sa propre justice pour insuffisance d'action climatique.

Examinons plus en détail comment la SNBC vise la neutralité en 2050. L'accélération de la transition énergétique fait baisser massivement les émissions brutes de carbone fossile d'ici à 2050. Les rejets de méthane et de protoxyde d'azote de l'agriculture diminuent nettement plus lentement. Cela laisse un reliquat d'émissions brutes de l'ordre de 80 Mt d'équivalent CO_2 en 2050. Les experts de la SNBC ont planché sur la façon de compenser ces 80 Mt pour atteindre la neutralité. Ils y sont parvenus en cumulant quatre séries d'actions. Le puits de carbone forestier permet de retirer 35 Mt de CO_2 de l'atmosphère. C'est le principal contributeur. Le deuxième contributeur (20 Mt) serait l'usage du bois comme matériau, par exemple les poutres utilisées dans le bâtiment, qui permettrait de prolonger le stockage du CO_2 après que le bois a été coupé et retiré de la forêt. Troisième levier : le stockage dans des réservoirs souterrains (15 Mt) du CO_2 qui a été retiré de l'atmosphère, principalement via la biomasse utilisée comme combustible dans des installations énergétiques équipées pour la capture. Dernier levier, le stockage du CO_2 par les terres agricoles (10 Mt), que les experts citent en faisant référence au « 4 pour mille », sans détailler les actions retenues, qui ne seraient que « partiellement quantifiées dans l'inventaire national actuel[24] ».

La méthode utilisée pour atteindre la neutralité ressemble plus à un exercice de « bouclage statistique » dont les administrations ont le secret qu'à une stratégie coconstruite avec les parties prenantes. Une fois les réductions d'émissions brutes mises bout à bout, il subsiste un solde. L'objectif étant d'aboutir à la neutralité, il faut trouver l'équivalent du solde en émissions négatives. Avec un peu d'entraînement, et une bonne maîtrise du tableur Excel, on finit par y arriver ! Ce faisant, on masque deux types de difficultés.

La première saute aux yeux. Les trois premiers leviers sont interdépendants. Les prélèvements sur la forêt pour utiliser le bois comme matériau de construction réduisent la capacité d'absorption du puits forestier. De combien ? Dans un premier temps, d'un montant supérieur à la totalité du CO_2 piégé dans le matériau, car il faut tenir compte de la décomposition des branches et des racines à la suite de la coupe. Cette décomposition rejette du CO_2 dans l'atmosphère. Le bilan est donc négatif au démarrage. À moyen terme, cela dépendra de deux paramètres : d'un côté le rythme du rétablissement de la capacité d'absorption de la forêt tributaire de la repousse des arbres après leur coupe ; de l'autre, la durée d'utilisation du matériau et son devenir en fin de vie. S'il est brûlé, le CO_2 retourne à l'atmosphère. Concernant le stockage géologique du carbone piégé à la sortie d'installations de combustion de biomasse, on est dans une situation comparable à court terme. À long terme, si le stockage est bien sécurisé et si les arbres sont replantés, l'opération devient bénéfique à mesure que la forêt retrouve sa capacité de stockage de carbone, mais cela exige plusieurs décennies.

La deuxième difficulté est la plus importante. Dans tous les cas, on fait l'hypothèse que le puits de carbone forestier conserve une capacité d'absorption du CO_2 atmosphérique pour à la fois stocker directement le carbone et le transférer à d'autres réservoirs (bois d'œuvre et sous-sol). Cela dépend de deux paramètres : la variation de sa superficie et la capacité d'absorption par unité de surface. Sous l'angle des superficies, la SNBC se contente de prolonger la tendance d'accroissement des superficies forestières. C'est une hypothèse acceptable. Celle concernant la capacité d'absorption par hectare permettant au puits de carbone forestier d'absorber environ 35 Mt de CO_2 en 2050 après les prélèvements supplémentaires pour le bois matériau et le bois énergie est hasardeuse.

Sur la période récente, malgré la poursuite de l'extension des superficies forestières, le stockage du CO_2 par la forêt décline en effet rapidement. Sur les trois dernières années connues (2019-2021), les forêts françaises ont stocké environ 30 Mt de CO_2 par an. Dix ans auparavant, elles en stockaient deux fois plus, et pratiquement 2,5 fois si on remonte à quinze ans. Dans son rapport de 2022, le Citepa analyse les causes de ce recul[25]. La raison déterminante est le réchauffement climatique. Les sécheresses à répétition freinent la croissance des arbres et accroissent leur mortalité. Le réchauffement favorise la diffusion de nouvelles maladies comme la chalarose du frêne ou les attaques de ravageurs comme les scolytes qui prolifèrent dans les massifs d'épicéas. Les retraits d'arbres sont aggravés par les multiples intempéries qu'amplifie le réchauffement du climat : incendies, tornades… Le massif forestier avait connu dans le passé des replis ponctuels de sa capacité de stockage, en particulier lors des tempêtes Lothar et Martin en décembre 1999. La récurrence des chocs climatiques rend de plus en plus problématique le maintien en l'état du puits de carbone forestier. On voit à nouveau combien adaptation et atténuation du changement climatique sont étroitement corrélées sitôt qu'il s'agit du carbone vivant.

L'ampleur de la baisse du stockage forestier, 30 Mt de CO_2 en dix ans, peut surprendre. Elle s'explique par le jeu des variations de stock, bien connu des économistes. Le flux annuel de CO_2 retiré de l'atmosphère ne représente que la variation du stock global de carbone piégé dans la forêt qui, lui, continue d'augmenter. C'est juste sa vitesse d'augmentation, sa dérivée, diraient les modélisateurs, qui diminue. Or, le stock est bien plus élevé que le flux. Il y a donc une grande sensibilité du flux à toute variation du stock. Exactement comme dans le cas de la règle de trois du « 4 pour mille », qui peut jouer à la hausse, effet recherché par l'initiative de la COP climat. Mais elle peut également jouer à la baisse si l'on n'est pas en mesure de protéger le puits de carbone. C'est très exactement ce qui s'est passé depuis quinze ans pour le puits de carbone forestier français.

L'enseignement principal de notre zoom hexagonal dépasse les limites de nos frontières : dans un climat qui change, la protection du puits de carbone forestier existant n'est pas qu'une affaire de forêts tropicales humides. Elle concerne également les forêts tempérées et, à une échelle bien plus grande, les forêts boréales dont les sous-sols recèlent bien plus de carbone.

COMPENSATION CARBONE : GARE AUX MIRAGES !

De la même façon que la SNBC doit trouver une façon de compenser les émissions brutes résiduelles, une entreprise, une collectivité ou un ménage peuvent viser la neutralité à leur propre échelle. Ils doivent alors compenser les émissions qu'ils ne peuvent ou ne veulent pas réduire. Cette compensation prend la forme d'achats de crédits carbone finançant des projets de réduction d'émissions ou d'absorption de carbone atmosphérique.

La plupart des compagnies aériennes offrent par exemple à leurs clients la possibilité de faire un voyage « neutre en carbone » en ajoutant au prix du billet un supplément permettant d'acheter des crédits carbone compensant les tonnes de CO_2 imputables au voyage. Compensé ou non, le voyage aura émis rigoureusement la même quantité de CO_2. La compensation permet seulement de trouver des sources de financement pour réduire ailleurs une même quantité de CO_2 grâce au crédit carbone. Si ces réductions sont effectives et additionnelles, elles équilibrent les rejets de CO_2 du voyage. La compensation n'est pas un outil de réduction des émissions. Si l'on veut effectivement participer à la réduction des rejets de CO_2 du transport aérien, il n'y a pas d'autres voies que de se reporter sur d'autres moyens de transport ou de renoncer à certains déplacements.

Le marché des crédits carbone a connu une forte dynamique avec l'application du protocole de Kyoto jusqu'en 2012, pour brutalement retomber ensuite. Il connaît un regain certain depuis 2020. Les marchés volontaires sont portés par le souci d'un nombre croissant d'entreprises d'afficher leurs propres progrès vers la neutralité carbone. Un second moteur est la réglementation de l'Organisation de l'aviation civile internationale qui va rendre obligatoire, à partir de 2027, la participation de la totalité des grandes compagnies aériennes à son programme de compensation des émissions résultant de la croissance du trafic aérien. Un troisième moteur est la mise en application des instruments de marché dans le cadre de l'article 6 de l'accord de Paris.

Le regain des marchés de compensation fait la part belle aux crédits forestiers, qui représentent plus de la moitié des projets recensés. On retrouve le mirage d'une mine facile à exploiter pour accroître le puits de carbone terrestre : planter des arbres. Beaucoup d'arbres ! Dans son édition de 2020, le forum de Davos, qui réunit les élites économiques de ce monde, n'a pas eu froid aux yeux en s'engageant sur la plantation de « mille milliards d'arbres ». Et pourquoi pas davantage ? Ce genre de promesse n'a évidemment aucun sens ni la moindre chance de se réaliser. D'après les calculs du cabinet spécialisé Trove, il faudrait 380 millions d'hectares pour réaliser l'ensemble des engagements de plantation affichés par les entreprises. C'est plus que la totalité des surfaces susceptibles d'être plantées dans le monde[26]. De même, les plus grands doutes entourent certains mégaprojets de protection de la forêt existante financés par des majors de l'industrie pétrogazière[27].

Fort heureusement, une part croissante des crédits carbone liés à l'activité forestière et aux changements d'usage des terres n'a plus rien à voir avec de simples projets d'afforestation visant à couvrir en masse des superficies en espèces à croissance rapide comme l'eucalyptus ou le pin d'Alep. Les crédits carbone servent de plus en plus à financer des projets visant à accroître de façon durable le puits de carbone terrestre en agissant sur le levier crucial : le lien entre l'arbre, l'eau et les pratiques agricoles.

En France, le fonds Livelihoods, créé en 2011 par Danone et la Caisse des dépôts, a constitué une solide courbe d'expérience en la matière. Son premier projet de restauration de mangrove en association avec l'ONG sénégalaise Oceanium a été partiellement financé par des crédits carbone au titre des 0,5 Mt de CO_2 stockés sur vingt ans par les 80 millions de palétuviers plantés. Le rôle de ces crédits a été d'amorcer le projet, qui s'autofinance à mesure que de nouvelles activités piscicoles et agricoles (riziculture) sont rendues possibles grâce à la restauration du milieu et à l'engagement des villages mobilisés. Investi dans des projets de restauration de bassins versants, d'agroforesterie et de filières d'approvisionnement transformatrices des pratiques agricoles (karité, vanille, noix de coco...), Livelihoods gère désormais trois fonds carbone. On ne trouve dans son portefeuille aucun projet purement forestier. Mais l'arbre apparaît dans à peu près tous les systèmes de production agricole dans lesquels investissent les fonds.

Les crédits carbone peuvent également être de bons leviers de politiques publiques. Nous avons rencontré au Brésil un mécanisme voisin, dans le cadre du Fonds Amazonie, doté d'un financement proportionné à la réduction de la déforestation avec un prix implicite du carbone. Un exemple plus récent est celui du Gabon, qui a reçu ses premiers crédits en 2021 au titre de ses actions visant à ne pas déforester. Ce pays dispose du plus haut revenu par habitant d'Afrique de l'Ouest grâce au pétrole. Il connaît la plus faible densité de population au kilomètre carré. Il est jusqu'à présent parvenu à défendre son massif forestier des empreintes anthropiques, notamment grâce à six zones de forêts protégées. Les crédits carbone seront dédiés au renforcement de ces protections grâce à la reconversion des pratiques agricoles. Ce type de schéma permettant de drainer des financements pour lutter contre la déforestation en zone humide devrait être favorisé par la mise en place de l'article 6 de l'accord de Paris.

Les crédits carbone sont d'une utilisation plus complexe pour la lutte contre la dégradation des sols en milieu aride. Pour une raison basique : les gains de carbone stocké par hectare sont toujours nettement plus faibles en zone sèche qu'en zone humide. Pour un prix donné du crédit carbone, l'effet de levier est moindre. Vu l'importance des enjeux du stockage de carbone dans ces espaces, il serait utile qu'une agence de développement engagée dans ce type de projet, à l'instar de l'AFD ou de la GIZ allemande, investisse dans l'outil du crédit carbone qui permettrait de multiplier les actions entreprises.

PUITS DE CARBONE NATURELS, PUITS DE CARBONE ARTIFICIELS

Si les puits de carbone naturels s'affaiblissent, voire s'effondrent, pouvons-nous compter sur la technologie en leur substituant des puits artificiels ? Après les mirages de la plantation d'arbres comme solution miracle, examinons ceux de la géo-ingénierie.

Le terme recouvre l'ensemble des « interventions délibérées à grande échelle dans le système climatique de la Terre, afin de modérer le réchauffement climatique[28]», d'après la définition de la Royal Society, l'équivalent de l'Académie des sciences au Royaume-Uni. Dans son rapport de référence, la société savante classe les techniques de géo-ingénierie en deux grandes familles : celles qui agissent sur le rayonnement solaire arrivant sur terre ; celles modifiant sa capacité de stockage du CO_2, qui nous intéressent ici.

Sur mer, la reconstitution de la biodiversité marine par réintroduction de la loutre marine ou arrêt des pratiques de pêche la détruisant sont des actions de protection du puits océanique. Certaines recherches portent sur la possibilité d'accélérer artificiellement la capacité de ce puits. Les plus avancées concernent la possibilité de fertiliser à grande échelle la surface des océans par l'épandage de fer pour accélérer la croissance des phytoplanctons. Cela fonctionne très bien en laboratoire. Passer à l'échelle de l'océan soulève en revanche de nombreuses questions. Les coûts de l'opération ne seraient pas très élevés et probablement pas un obstacle à l'utilisation à grande échelle de la technique. En revanche, les résultats sur le fonctionnement du puits de carbone sont plus qu'incertains du fait des boucles de rétroaction sur la biodiversité marine que risquerait de provoquer un apport massif de fer. Dans de nombreuses simulations, le gain initial est totalement annulé par ces rétroactions[29]. Vu l'ampleur des incertitudes et des risques pour la biodiversité marine, il est préférable de ne pas se lancer dans l'aventure de la « géo-ingénierisation » de l'océan.

Renoncer au mirage de la fertilisation des océans à grande échelle ne signifie nullement qu'il faille cesser les recherches sur les algues et leur rôle potentiel pour stocker du carbone. On quitte alors le registre de la géo-ingénierie pour la mise au point de projets ciblés à des échelles territoriales. Par exemple, le pilote industriel testé par la start-up Carbonworks en Aquitaine, captant grâce aux microalgues le CO_2 rejeté par la combustion de biomasse d'un méthaniseur agricole pour le transformer en produits de biocontrôle pour la viticulture n'utilisant pas de cuivre. Les quantités qu'on pourrait gagner par cette voie ne sont pas à l'échelle de la géo-ingénierie. Mais elles sont un investissement susceptible de contribuer efficacement à l'augmentation du puits de carbone terrestre.

Sur terre, le 6e rapport du GIEC mentionne trois types de techniques susceptibles d'accroître artificiellement le stockage du CO_2 : la capture directe de CO_2 dans l'atmosphère, l'utilisation de biochar et le couplage d'unités de capture du CO_2 à des installations de combustion de biomasse.

Si elle est pratiquée avec une source d'énergie décarbonée, la capture directe du carbone accroît effectivement la capacité du puits naturel si le CO_2 est correctement piégé dans des réservoirs souterrains ou dans des matériaux, sans retour possible à l'atmosphère. Mais cette voie est gourmande en énergie. C'est pourquoi elle est beaucoup moins déployée dans les scénarios prospectifs étudiés par le GIEC que ceux utilisant la bioénergie.

Le biochar est un charbon de bois aujourd'hui produit par pyrolyse (combustion sans oxygène) qui a la propriété, une fois enfoui dans les sols, d'améliorer leur structure et, dans certains cas, leur fertilité. Il a sans doute été utilisé en Amazonie dans des systèmes agricoles précolombiens, où les brûlis étaient enfouis dans le sol. Le rapport spécial du GIEC sur les sols estime que de 1 à 2 Gt de CO_2 pourraient être stockées grâce à l'utilisation à grande échelle du biochar pour amender les sols agricoles.

Cela suppose en premier lieu que ce changement technique soit adopté à grande échelle par les agriculteurs. Si elle a été autrefois pratiquée en Amazonie, la technique du biochar y a été abandonnée depuis très longtemps. Elle n'est pas d'un usage répandu dans les systèmes agricoles contemporains. En supposant que les obstacles à l'adoption du biochar soient levés, est-on certain du résultat attendu ? Il faut en premier lieu que les techniques agricoles assurent la pérennité du stockage de carbone enfoui dans le sol. Il faut surtout que la production de biochar ne provoque pas de prélèvement en forêt affaiblissant le fonctionnement du puits de carbone forestier.

Les pilotes industriels développés par les start-up françaises Carbonloop et NetZero ne s'approvisionnent, d'après leurs promoteurs, qu'en sous-produits de l'activité forestière ou de l'industrie du bois. Leur approvisionnement n'altère donc pas le puits de carbone forestier. Pour enfouir de 1 à 2 Gt de CO_2, il faudrait radicalement changer d'échelle en opérant des prélèvements sur le stock de bois en forêt au détriment de la capacité du puits de carbone naturel. Dans ce cas de figure, il n'y aurait pas à court terme d'accroissement du stockage de CO_2, mais simple transfert depuis le bois sur pied vers le biochar enfoui dans le sol. À moyen et à long termes, le gain n'apparaîtrait que si le biochar est bien conservé dans le sol et si la repousse des arbres permet de reconstituer la capacité d'absorption de la forêt.

Comme on l'a vu dans notre zoom hexagonal, l'adjonction de capacités de capture à des installations produisant de l'énergie à partir de la biomasse répond à la même logique. Si la biomasse utilisée ne provoque aucun prélèvement dans la nature réduisant le fonctionnement du puits de carbone terrestre (cas des sous-produits agricoles ou forestiers ou des déchets organiques), on est bien en régime d'émissions nettes négatives. S'il y a prélèvement dans le stock forestier par coupe des arbres, il y a simple transfert et le gain n'apparaîtra qu'à mesure de la reconstitution de la capacité d'absorption du puits naturel. Les scénarios climatiques visant la neutralité carbone passés en revue dans le 6e rapport du GIEC donnent une place assez grande à ces techniques susceptibles de stocker pratiquement 3 Gt de CO_2 en 2050. Il faudrait réunir beaucoup de conditions pour que la biomasse utilisée ne réduise pas la capacité d'absorption du puits de carbone naturel, par ailleurs affaibli par les impacts du réchauffement. La question ne concerne pas que le futur. Elle interroge les décisions d'aujourd'hui en matière de bioénergie et leurs interactions avec le cycle du carbone vivant.

LE BOUCLAGE CARBONE FOSSILE-CARBONE VIVANT

La centrale de Drax, située dans le Yorkshire, a été l'une des plus grandes centrales électriques en Europe fonctionnant au charbon. Elle émettait encore plus de 20 Mt de CO_2 en 2012. Ses émissions ont été ramenées à 0,3 Mt en 2022, le charbon ayant été remplacé par des pellets de bois et, de façon résiduelle, par un peu de gaz. Mieux, Drax investit dans un dispositif de capture et stockage du CO_2. La centrale devrait devenir une installation à émissions négatives retirant environ 8 Mt de CO_2 de l'atmosphère en 2030. Probablement une première mondiale. La capture du CO_2 est devenue un levier de développement. La société, qui n'avait jamais quitté le Yorkshire, projette de s'installer aux États-Unis pour implanter des centrales à émissions négatives et probablement bénéficier des généreuses subventions locales au titre de la transition énergétique.

Voilà la belle histoire d'une reconversion industrielle. Elle est soutenue par les pouvoirs publics britanniques. La reconversion de Drax à la biomasse a fait baisser de plus de 20 Mt les émissions de CO_2 inscrites dans l'inventaire national. À ce narratif s'oppose celui des militants écologistes pour lesquels les rejets de CO_2 issus de la biomasse contribuent au réchauffement car ils réduisent d'autant la capacité d'absorption de CO_2 atmosphérique des forêts dont sont issus les pellets de bois brûlés dans la centrale (principalement importés depuis les États-Unis). Sans compter les émissions résultant de leur transport et de leur stockage le long de la chaîne d'approvisionnement. D'après eux, les 8 Mt de CO_2 qui seront captées et stockées en 2030 ne peuvent donc être comptées comme émissions négatives.

Comme nous venons de le voir, l'argument écologique est recevable à 100 % à court terme. Le même bois ne peut pas simultanément pomper du carbone en forêt et être brûlé dans une centrale. À moyen et à long termes, l'impact climatique dépend de la vitesse de reconstitution de la forêt d'où est extrait le bois. En supposant qu'une reconstitution à l'identique soit opérée en cinquante ans, on pourra alors considérer les 8 Mt de CO_2 comme des émissions négatives (en négligeant celles liées à la coupe et au transport). Mais il faudra attendre 2080 pour que cela soit effectif ! Les règles actuellement en vigueur en Europe et au Royaume-Uni, considérant la combustion de biomasse comme neutre, ne tiennent pas compte de ce décalage temporel. Elles permettent encore moins de gérer tous les risques pesant sur la capacité de régénération des forêts.

En l'absence d'un système de comptabilisation plus élaboré, la pertinence de ce type de projet se juge au cas par cas, parfois à la suite de recours en justice. En France, le

Conseil d'État a ainsi confirmé en mars 2023 la suppression de l'autorisation d'exploitation de la centrale à la biomasse de Gardanne, dans les Bouches-du-Rhône, qui devait prendre le relais d'une unité fonctionnant au charbon. Le motif invoqué est l'insuffisance des études d'impact sur les zones forestières d'où devait être prélevé le bois.

Ces deux exemples montrent combien la protection des puits de carbone doit être considérée comme un pilier majeur des politiques climatiques. Sitôt qu'on creuse les scénarios conduisant à la neutralité climat, il apparaît souvent que les puits de carbone terrestres sont mobilisés comme s'ils étaient une sorte de réservoir inépuisable. En particulier, les techniques « à émissions négatives » permettent d'atteindre assez facilement la neutralité sur le papier, comme si les puits de carbone pouvaient ajuster leur capacité d'absorption au volume des émissions qui n'ont pas pu être éliminées.

La réalité biologique est que cette capacité n'est pas extensible. Elle n'est pas non plus garantie, les mauvaises surprises étant toujours possibles. C'est bien cette capacité d'absorption qui limite la quantité d'énergie pouvant être mobilisée à partir du bois énergie et non l'inverse. Toute la difficulté est de s'accorder sur cette capacité qui subit et subira de multiples altérations pour se mettre, autant qu'il est possible, à l'abri des mauvaises surprises.

Outre les multiples altérations anthropiques qu'ils ont subies, les puits de carbone terrestres sont désormais impactés par les rétroactions du réchauffement climatique, comme l'a montré le cas français. On sait que les impacts du réchauffement vont se durcir d'ici à 2050, mais l'ampleur des rétroactions est difficile à prévoir. Elle dépend pour une part du type de scénario global dans lequel on est engagé et pour une autre des réactions des écosystèmes au changement des variables climatiques. Une double inconnue. La troisième est la capacité d'anticipation des gestionnaires de la forêt dans le cadre de leur stratégie d'adaptation au réchauffement global.

Face à ces inconnues, le plus prudent est de surveiller étroitement d'ici à 2050 les prélèvements effectués sur le milieu naturel pour élargir les sources d'énergie au détriment des fossiles. Pour le volet énergétique, cela implique de donner la priorité aux sources décarbonées qui ne prélèvent pas dans le stock de biomasse vivante. Pour le volet carbone vivant, cela implique d'accélérer les investissements dans la protection et l'élargissement des puits de carbone naturels.

Au-delà de 2050, un grand nombre de scénarios climatiques indiquent qu'il faudra passer par un régime d'émissions négatives pour rejoindre la cible de limitation du réchauffement à 1,5 °C. L'état des puits de carbone océaniques et terrestres restera alors une variable cruciale. Il est possible que des avancées technologiques permettent alors le déploiement à grande échelle de la capture directe du CO_2 atmosphérique. Baisser la garde sur les puits de carbone naturels au nom de l'optimisme technologique serait pourtant prendre un risque inconsidéré. Nous l'avons vu en introduction : océans et biosphère contiennent un stock de carbone représentant plus de cinquante fois la quantité de CO_2 présente dans l'atmosphère. Protéger ce stock est un impératif absolu pour conserver les chances de stabiliser le réchauffement climatique à 1,5 °C.

Conclusion

LE DONUT REVISITÉ

14 octobre 2022. Dans le cadre de « l'affaire du siècle », le tribunal administratif de Paris enjoint au gouvernement de réparer l'insuffisance de son action climatique. Les émissions de gaz à effet de serre ont dépassé le plafond fixé par le premier budget carbone (2015-2018). Le gouvernement devra réparer la carence de son action par des réductions supplémentaires.

Un gouvernement condamné par sa propre justice pour insuffisance de son action climatique. L'affaire n'est pas banale, mais de plus en plus fréquente. Aux Pays-Bas, en Allemagne et en Irlande, le juge a également condamné le gouvernement. Pour les mêmes raisons : le retard pris dans les réductions d'émissions observées (France, Pays-Bas) ou la lenteur de celles prévues dans les plans climat (Allemagne, Irlande).

Serait-ce une simple question de rythme ? Les gouvernements disposeraient-ils d'un bouton magique sur lequel il suffirait d'appuyer pour accélérer ? Le laisser croire ouvre la porte aux méthodes autoritaires consistant à vouloir imposer à la société des transformations en faisant l'économie de la confrontation des points de vue et du débat démocratique. Face à la lenteur de l'action, de telles méthodes peuvent séduire. L'expérience montre que leurs résultats sont généralement éphémères. Le bon cadre de décision est bien celui de la démocratie, qui laisse à la société civile la liberté de dénoncer l'immobilisme climatique et à ses juges celle de condamner les gouvernements pour les carences de leur action.

Les conditions pour accélérer la transition bas carbone sont multidimensionnelles. Dans l'ouvrage, je me suis concentré sur la dimension économique. J'ai cherché à analyser les conditions à réunir pour opérer les deux volets – carbone fossile, carbone vivant – de la transition climatique. Je les ai traités séparément, car ils renvoient à des logiques distinctes : la réduction des émissions de carbone fossile implique un désinvestissement massif des actifs carbonés pour sortir de la logique de l'empilement des sources d'énergie ; celle des rejets de carbone vivant passe par le réinvestissement dans la diversité du vivant pour assurer la sécurité des approvisionnements alimentaires et la protection des puits de carbone.

Le rythme de la transition bas carbone dépendra de la capacité des sociétés à mener de front ces deux transformations. En conclusion de l'ouvrage, je voudrais m'attarder sur les liens qu'elles entretiennent.

INÉGALITÉS, SOBRIÉTÉ

Les juges condamnent les gouvernements pour non-atteinte ou insuffisance des objectifs de réduction d'émissions de gaz à effet de serre. Ils ne nous disent pas ce qui est juste ou injuste en matière de réduction d'émissions, compte tenu des inégalités entre les différents émetteurs : inégalités entre pays, les plus discriminantes jusqu'aux années 1980, et inégalités individuelles qui comptent désormais autant, voire plus, que celles entre pays.

Il n'y a pas de chemin conduisant à une stabilisation du réchauffement à 1,5 °C qui puisse faire l'impasse sur les enjeux distributifs. Pour atteindre le rythme nécessaire de réduction d'émissions, il faut agir massivement sur la demande de consommation en l'orientant vers la sobriété. La bonne voie consiste à corriger les inégalités par le haut et par le bas en s'inspirant du fameux donut de Raworth : ramener les consommations d'énergie et de biens alimentaires en dessous des plafonds compatibles avec les limites planétaires ; élargir l'accès à l'énergie et assurer la sécurité alimentaire en assurant un plancher de consommations essentielles.

Ce schéma nous écarte des conceptions rawlsiennes de la justice qui autorisent, à certaines conditions, un accroissement indéfini des consommations des nantis[1]. Pour autant, la question climatique ne devient pas soluble dans la question sociale. L'idée qu'il suffirait de s'attaquer aux émissions des 1 % les plus riches, voire des 0,1 %, gagne du terrain parmi les militants du climat. Sans changements structurels dans la composition des biens consommés, toute réduction des inégalités accroît les émissions en ouvrant l'accès aux biens émetteurs à un plus grand nombre de personnes.

Pour les biens énergétiques, une tarification du carbone avec redistribution ciblée sur les plus vulnérables me semble constituer un instrument clef pour ramener les consommations à l'intérieur des deux bornes du donut. En renchérissant l'usage des énergies fossiles, la tarification carbone accélère le désinvestissement de ces énergies, nécessaire mais coûteux pour l'économie. En redistribuant son produit, elle permet d'assurer la couverture des besoins essentiels. Des systèmes alternatifs ont été proposés : quotas individuels ou taxation du carbone via une imposition du capital en proportion de son empreinte carbone. Outre les difficultés techniques de mise en œuvre, ces deux mécanismes ne toucheraient qu'une partie des émissions de carbone fossile. Ils seraient moins efficaces qu'une tarification portant sur leur totalité.

Pour les biens alimentaires, le principal levier d'action sur la demande consiste à réduire les produits animaux de la ration alimentaire, en particulier ceux issus des élevages de ruminants. Ces produits constituent la catégorie de biens alimentaires dont la consommation est le plus corrélée aux inégalités économiques. La réduction de leur consommation au sein des populations aisées apporterait de nombreux bénéfices nutritionnels. Elle permettrait de renforcer la sécurité alimentaire globale sans accroître la pression sur l'offre agricole. Malgré ses nombreux cobénéfices, la réorientation de la consommation alimentaire vers des régimes sobres en produits animaux se heurte à des représentations sociales et culturelles fortement ancrées dans les populations. Et il n'y a pas d'instrument équivalent à la tarification carbone pour hâter la transition.

Les redistributions impliquées par la sobriété ne sont pas neutres pour la croissance des économies qui subissent le double choc de l'investissement dans les actifs bas carbone et du désinvestissement des actifs émetteurs de gaz à effet de serre. Elles impactent le contenu de cette croissance, en privilégiant les usages sur la propriété et la durabilité sur l'obsolescence accélérée. Elles ont des effets différenciés sur les régimes de croissance, suivant la structure des économies. Traumatisante pour les rentiers du fossile et les pays riches encombrés d'actifs économiques liés aux énergies fossiles, la transition bas carbone est un formidable levier de développement pour les pays moins avancés. C'est pourquoi elle porte une promesse de redistribution de la croissance dans le monde.

Nécessaires, les redistributions requises par la transition climatique sont-elles pour autant réalisables ? Les inégalités préexistaient au changement climatique. De multiples raisons militaient déjà en faveur de leur réduction. Cela n'a pas empêché une majorité de pays de conduire, depuis les années 1980, des politiques qui ont engendré leur aggravation. Le réchauffement global ne nous transporte pas miraculeusement dans un monde altruiste où les riches renonceraient spontanément à leurs modes de vie, au nom de la justice climatique. Les impacts du réchauffement menacent cependant aussi bien la position des nantis que celle des démunis. Cela crée une « communauté de destin[2] », suivant la formule reprise par Catherine Larrère, propice aux transformations impossibles à mener en absence de menace globale. Ce constat rejoint les observations de Piketty et Milanović : les périodes où le capitalisme a été contraint de réduire sa propension intrinsèque à creuser les inégalités ont été les guerres ou les crises systémiques imposant à tous une solidarité face à des menaces globales.

Une chose est certaine : ces redistributions ne peuvent spontanément résulter de la logique du capitalisme viral basé sur l'information et l'électron vert, en train de supplanter le capitalisme thermo-industriel d'hier reposant sur l'énergie fossile. Elles doivent lui être imposées par des régulations et l'arme de la fiscalité progressive sur les revenus et les patrimoines. Une autre limite du capitalisme viral est que sa logique de contrôle multiforme des systèmes d'information s'applique très mal au vivant. Elle est même antinomique avec la transition agroclimatique.

CARBONE VIVANT, ATTÉNUATION, ADAPTATION

Deuxième volet de la transition climatique, la révolution agroécologique est plus complexe à conduire que la transformation du système énergétique. Elle concerne des centaines de millions d'unités de production dans le monde. Elle est tributaire des rythmes biologiques. Elle doit affronter le durcissement des conditions de production imposé par le changement climatique. Pour s'inscrire dans la durée, les actions de réduction d'émissions visant l'atténuation du réchauffement doivent donc simultanément renforcer la résilience des systèmes agricoles face aux désordres climatiques. Cela conduit à réévaluer l'importance du volet « adaptation » dans les politiques climatiques.

Les modèles productivistes, issus de la seconde révolution agricole, sont basés sur une logique de contrôle du milieu naturel par des techniques qui forcent la nature pour soutirer du rendement à court terme. Leurs résultats ont été spectaculaires dans un premier temps : une abondance agricole jamais atteinte dans le passé. Mais les performances de l'extractivisme agricole s'érodent à moyen et à long termes. Le milieu naturel s'épuise. Le réchauffement accélère cet épuisement. Il révèle l'impossibilité d'une prise de contrôle du milieu naturel par des moyens techniques qui affaiblissent la diversité du vivant.

Les stratégies d'adaptation consistent à s'écarter des modèles extractivistes en s'appuyant sur la biodiversité pour produire mieux, de façon intensive à l'hectare et en assurant la régénération du milieu vivant. Ces stratégies d'adaptation basées sur l'agroécologie sont également celles qui permettent de réduire les émissions spécifiques de l'agriculture et de renforcer le puits de carbone terrestre grâce à une meilleure protection des sols vivants. Pour avoir un impact massif sur les rejets de carbone vivant, cette révolution agricole doit également inverser la courbe d'augmentation du nombre des animaux d'élevage, qui amplifie l'empreinte anthropique sur les milieux naturels.

La promotion de l'agroécologie par les politiques d'adaptation au changement climatique répond aussi à des objectifs d'équité. En réaction au réchauffement, les écosystèmes s'adaptent par un déplacement général des êtres vivants depuis les tropiques vers les pôles. Cela affecte les systèmes agricoles et halieutiques de façon contrastée suivant les latitudes. La dégradation des conditions de production de l'agriculture et de la pêche est plus lente à apparaître dans les zones tempérées qui sont réceptrices des espèces vivantes s'éloignant des tropiques. Elle est nettement plus rapide sous les tropiques et dans les zones intertropicales comme le Bassin méditerranéen. Elle frappe particulièrement les deltas exposés à la salinisation des sols et les zones semi-arides menacées par la désertification. C'est pourquoi le renforcement de la résilience des systèmes agricoles et l'amélioration des conditions de vie des populations qui en dépendent sont un impératif climatique autant qu'une exigence d'équité.

Le lien entre les actions d'adaptation et l'équité ne concerne pas que le champ du carbone vivant. L'action climatique ne peut se contenter d'agir sur les inégalités existantes pour mieux réduire les émissions de gaz à effet de serre. Elle doit contrer l'aggravation ou l'apparition de nouvelles inégalités provoquées par le réchauffement global. Le diagnostic d'ensemble est bien connu. Ce sont les pays ou les populations ayant le moins contribué au réchauffement par leurs émissions qui sont généralement exposés aux dommages les plus élevés. Ce diagnostic est à la base du principe de « responsabilité commune mais différenciée », l'un des socles des accords climatiques internationaux.

L'application du principe de différenciation de la responsabilité a connu des traductions diverses au gré de la négociation climatique. Elle se polarise désormais sur la faiblesse des transferts financiers vers les pays en développement pour s'adapter au changement climatique et faire face aux coûts des pertes et dommages qui s'accroissent. Ces pays considèrent que le monde industrialisé a accumulé une « dette climatique » qu'il lui faut désormais régler. Qu'il faille accroître ces transferts au nom de la justice climatique est une évidence. Leur montant actuel est dérisoire comparé à la masse des capitaux qui circulent dans le monde et aux moyens à mobiliser.

Sur le plan économique, les impacts du changement climatique renchérissent les coûts de la production de certains biens essentiels comme l'alimentation ou l'approvisionnement en eau douce. Les mesures d'adaptation pour protéger les populations contre les pics de chaleur, l'intensification des événements extrêmes ou la remontée du niveau de la mer impliquent de mobiliser des ressources additionnelles. Dans la figure de donut, cela revient à relever le plancher des ressources à mobiliser pour couvrir les besoins essentiels de la population. Le plancher se rapproche dès lors du plafond écologique – fixé par le stock de gaz à effet de serre –, ce qui restreint l'espace de fonctionnement de l'économie dans la zone de sécurité. Tant que le réchauffement n'est pas stabilisé, les impacts se durcissent et l'espace continue de se rétracter. Il pourrait même disparaître si le réchauffement n'est pas stabilisé à temps. On quitterait alors les scénarios climatiques intermédiaires du GIEC pour rejoindre ceux, en rouge, conduisant à un effondrement des économies.

LES LIENS CLIMAT-BIODIVERSITÉ

Le bouclage des scénarios conduisant à la neutralité climat est souvent bien fragile car il repose sur l'hypothèse d'une capacité des puits de carbone naturels qui pourrait s'adapter aux besoins d'absorption des émissions résiduelles. Or, la capacité de ces puits n'est nullement extensible, encore moins modulable en fonction du volume des émissions résiduelles à compenser. Elle risque même de s'altérer si l'on ne sait pas la protéger.

Bien loin des solutions miracles – afforestation massive, puits de carbone artificiels, productions énergétiques à émissions négatives –, la protection des puits de carbone est complexe. Il faut agir sur deux fronts : contrer les méfaits directs de l'empreinte anthropique, par exemple en stoppant la déforestation tropicale ou en remettant du carbone dans des sols vidés de leur matière organique par des pratiques agricoles ; faire face aux rétroactions climatiques qui affaiblissent la capacité des puits de carbone naturels, comme les stress hydriques, les tempêtes et les maladies affectant la croissance des arbres ou l'impact du réchauffement sur la désertification et l'accroissement des rejets de méthane dans les zones humides.

Dans les deux cas, la protection des puits de carbone passe par la restauration de la biodiversité, qui joue un rôle clef dans l'absorption du carbone atmosphérique. Par ses impacts, le réchauffement climatique contribue à affaiblir la biodiversité. En retour, l'érosion de la biodiversité contribue, via l'affaiblissement des puits de carbone, à accélérer le réchauffement. Maîtriser ces interactions est une condition déterminante pour atteindre la neutralité climat. À plus long terme, si ces interactions ne sont pas maîtrisées, on prend le risque des scénarios de l'emballement climatique si les puits de carbone libèrent une partie, même modeste, des stocks considérables de carbone qu'ils piègent. L'inconnue majeure est ici l'océan, de loin le plus grand réservoir de carbone du système Terre.

Les enjeux conjugués du climat et de la biodiversité conduisent aussi à s'interroger sur les conditions d'habitabilité des différentes espèces, parmi lesquelles la nôtre, sur une planète dont le climat se dérègle.

Cela concerne en premier lieu la localisation des habitats. Le réchauffement a déjà déclenché un mouvement général des espèces vivantes qui se déplacent depuis les tropiques vers les pôles. Avec des rythmes bien différents d'une espèce à l'autre, le déplacement est le mode d'adaptation au réchauffement le plus répandu dans le vivant. Concernant les humains, certains déplacements, non anticipés et subis, sont déjà observés. L'une des questions clefs des stratégies d'adaptation est d'anticiper les bons choix en matière de localisation de nos habitats futurs compte tenu des conditions climatiques de demain.

À plus long terme, la question du volume global de la population de notre espèce est posée. *Homo sapiens* est, de loin, l'espèce invasive qui a colonisé les plus grands espaces de notre planète. Elizabeth Kolbert le décrit avec brio dans son ouvrage consacré à la biodiversité[3] : après avoir éliminé des concurrents redoutables comme le mastodonte en Amérique du Nord, le mammouth en Sibérie ou les mammifères géants qui peuplaient l'Australie, *Homo sapiens* décime, par l'expansion inconsidérée de son habitat, de multiples espèces visibles ou invisibles dont l'abondance est la condition de la reproduction de la vie. Dans l'évolution du vivant, les plus grands prédateurs, à force d'éliminer leurs concurrents, finissent souvent par détruire l'habitabilité de leur environnement et voient leur nombre diminuer, voire disparaissent. *Homo sapiens* ferait-il exception ?

À terme, ce sera l'état de la biodiversité qui déterminera l'espace habitable et le nombre d'unités de notre espèce que la planète sera susceptible d'héberger. Sous cet angle, la figure du donut présentant les limites planétaires comme autant de cadrans de taille équivalente ne doit pas induire en erreur. La biodiversité ne constitue pas l'un de ces cadrans, mais plutôt l'enveloppe globale fixant les limites ultimes de l'utilisation des ressources de la planète. On pourrait redessiner le donut en figurant la biodiversité comme la frontière enveloppant chacune des limites déjà identifiées. Mais il n'y a pas une variable de contrôle unique, similaire au stock de gaz à effet de serre pour le climat, qu'on puisse lui associer pour guider l'action. C'est pourquoi le combat pour freiner l'érosion de la biodiversité pourrait être de bien plus longue haleine que celui pour stabiliser le dérèglement climatique. Plus fondamentalement, ce combat va nous conduire à reconsidérer notre rapport au vivant et à tous les êtres, humains et autres qu'humains, dont la diversité permet la reproduction.

Annexe 1

DES « LIMITES PLANÉTAIRES » À « L'ÉCONOMIE DU DONUT »

Dans l'ouvrage, je fais référence aux « limites planétaires » et à « l'économie du donut », deux concepts auxquels tous les lecteurs ne sont pas nécessairement familiarisés. Quelques éléments de contexte et deux illustrations graphiques permettront à chacun de mieux s'approprier ces deux notions.

LIMITES PLANÉTAIRES

Le concept de « limites planétaires » ou « frontières planétaires » est issu de travaux de recherche conduits par un groupe de scientifiques de renom, animé par Johan Rockström et Will Steffen, dans le cadre du Stockholm Resilience Centre. L'objectif était d'identifier les risques des atteintes anthropiques sur le système Terre et de quantifier les limites à ne pas dépasser à partir de variables de contrôle.

L'article fondateur de la démarche, « Planetary Boundaries : Exploring the Safe Operating Space for Humanity », a été publié en 2009 dans deux revues scientifiques. Il est accessible par le lien : https://www.ecologyandsociety.org/vol14/iss2/art32/.

En 2015, un second article a actualisé la démarche. L'article est accessible par le lien : https://www.science.org/doi/10.1126/science.1259855.

Par ailleurs, le lecteur désirant connaître les développements plus récents de la démarche peut consulter les pages dédiées du Stockholm Resilience Centre : https://www.stockholmresilience.org/research/planetary-boundaries.html.

Les neuf limites identifiées peuvent se lire sur le diagramme reproduit ci-dessous, tiré de l'article de 2015. Elles concernent le changement climatique, la biodiversité (*Biosphère integrity*), les changements d'usage des sols, etc. Le cadran « *Novel entities* » désigne les pollutions chimiques pour lesquelles les variables de contrôle n'ont pas encore été définies. Dans certains cas, la frontière peut se subdiviser en sous-catégories. Par exemple, les cycles biogéniques se réfèrent au cycle de l'azote et à celui du phosphore.

Pour chaque cadran représentant un système de régulation naturel, les scientifiques s'accordent sur une limite, définie à partir d'une ou plusieurs variables de contrôle, au-delà de laquelle l'humanité quitte la zone de fonctionnement sécurisé (au centre sur le diagramme ci-dessous) pour pénétrer dans une zone intermédiaire (en gris clair sur le diagramme). Si ce risque n'est pas maîtrisé et que la perturbation anthropique se poursuit, on entre dans la zone de risques élevés figurée par le gris foncé.

On peut illustrer la méthode à partir du climat, pour lequel les auteurs utilisent les travaux du GIEC afin de fixer la limite. La principale variable de contrôle retenue est la concentration de CO_2 dans l'atmosphère exprimée en parties par million (ppm). La valeur de 350 ppm donne la limite à ne pas dépasser pour rester dans la zone de sécurité. Elle a été franchie à la fin des années 1980. En 2022, cette concentration a atteint 428 ppm. Au rythme actuel, le seuil à partir duquel l'humanité passerait au rouge (450 ppm) serait atteint avant 2035.

À l'exception de la couche d'ozone, les variables de contrôle qui ont pu être calculées évoluent dans le mauvais sens. Elles alertent sur une dégradation des systèmes de régulation naturelle du fait de l'activité anthropique. Les trois cadrans relatifs aux indicateurs dont on a dépassé les seuils de risque élevé concernent les cycles de l'azote et du phosphore et l'abondance du vivant (« *Genetic diversity* »).

Représentation visuelle des limites planétaires

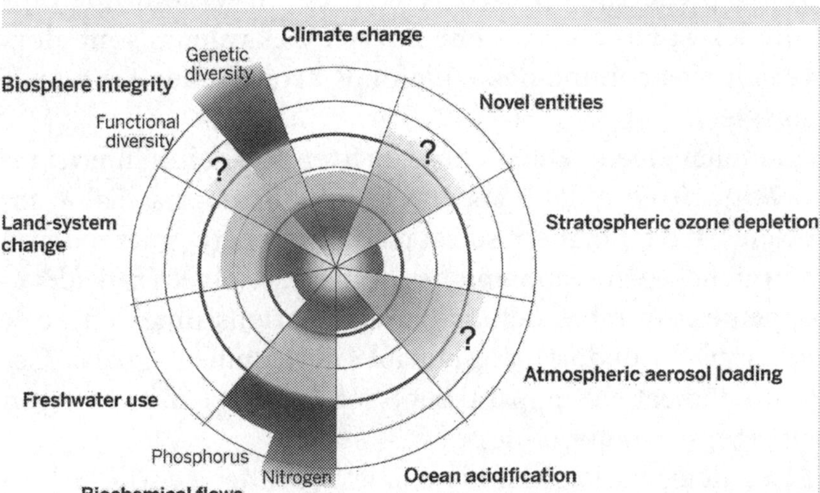

Source : https://www.science.org/doi/10.1126/science.1259855.

Les scientifiques qui ont construit cette méthode sont bien conscients des interactions entre les différentes limites planétaires. Par exemple, le réchauffement climatique est le principal facteur d'accroissement de l'acidité de l'océan et les changements d'usage des terres sont la première cause d'érosion de la biodiversité terrestre. Par ailleurs, ils insistent sur le fait que ces limites ne sont pas définies une fois pour toutes. C'est pourquoi les seuils et les variables de contrôle peuvent évoluer dans le temps, en fonction de l'amélioration de notre connaissance du système Terre.

L'ÉCONOMIE DU DONUT

Dans son ouvrage, Kate Raworth reprend les neuf limites planétaires précédemment définies, dont elle rappelle les valeurs limites en annexe[1]. Ces valeurs sont alors considérées comme des « plafonds écologiques » à ne pas dépasser.

Simultanément, elle propose de fixer des limites inférieures constituant ce qu'elle appelle le « fondement social » des sociétés. Ce fondement social peut être repéré grâce à douze indicateurs socio-économiques dérivés des objectifs de développement durable définis par les Nations unies en 2015 (https://www.undp.org/sustainable-development-goals). Ces douze indicateurs apparaissent sur le visuel illustrant son ouvrage, reproduit ci-dessous.

Les deux limites définissent la zone de sécurité à l'intérieur de laquelle peut évoluer le système économique. Raworth définit cette zone comme « l'espace juste et sûr pour l'humanité ». Le dépassement d'un plafond écologique intervient sitôt que le système économique provoque le dépassement d'une variable de contrôle. Dans le cas du climat, la variable de contrôle pertinente est plus le stock atmosphérique de l'ensemble des gaz à effet de serre que celui du seul CO_2. Cela permet d'introduire plus explicitement les émissions spécifiques agricoles et la problématique du méthane.

Les indicateurs du fondement social retenus par Raworth concernent l'accès aux biens essentiels comme l'alimentation, l'eau, le logement, la santé, etc., et des indicateurs d'équité comme l'égalité des genres, la paix, la justice distributive. Certains sont assez faciles à intégrer dans les modèles économiques. D'autres posent plus de difficultés. On pourrait judicieusement ajouter des indicateurs environnementaux comme l'accès à un air pur ou à des écosystèmes non appauvris en abondance du vivant.

Lorsqu'on s'inspire du schéma du donut en matière de climat, on s'aperçoit que les indicateurs du fondement social ne sont pas indépendants de ceux qui fixent le plafond écologique. Par exemple, le réchauffement climatique accroît les difficultés d'approvisionnement en eau douce ou en biens alimentaires. Pour maintenir le système économique dans l'espace de sécurité, il faut donc agir à la fois sur les paramètres qui nous poussent au-delà du plafond écologique en réduisant les émissions de gaz à effet de serre et sur ceux qui accroissent la difficulté à fournir les biens essentiels pour assurer le fondement social. Les actions d'atténuation du changement climatique visent à ramener le système économique en dessous du plafond écologique. Les actions d'adaptation visent à assurer la continuité des approvisionnements en biens essentiels, malgré le durcissement des conditions de production.

Représentation visuelle du donut

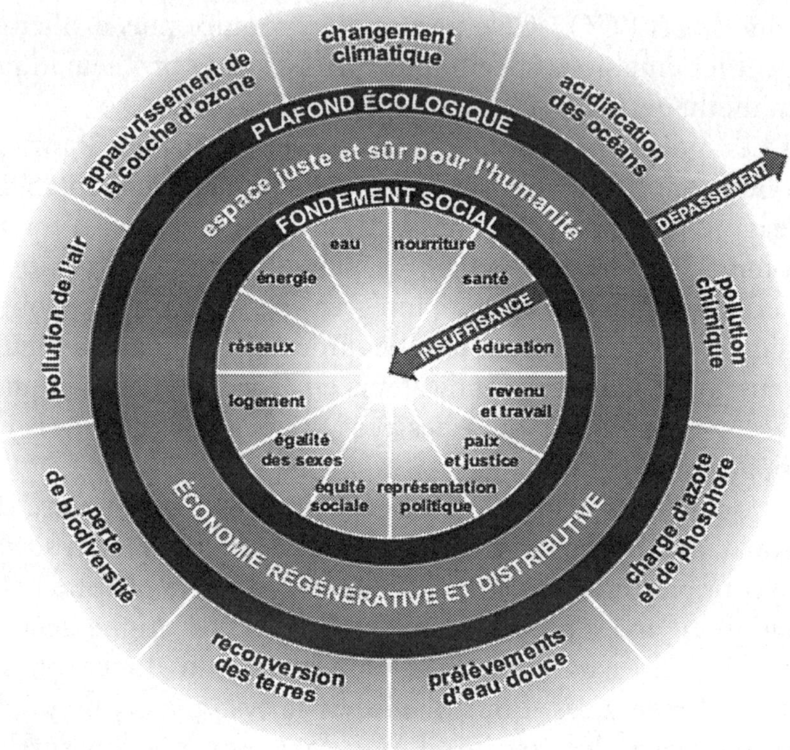

Source : K. Raworth, *La Théorie du donut. L'économie de demain en 7 principes*, Paris, Flammarion, 2021, p. 72.

Annexe 2

LES SOURCES STATISTIQUES ET LEUR UTILISATION

Le livre utilise beaucoup de données chiffrées qui viennent de bases de données ou de rapports internationaux accessibles à tous. Tous n'ont pas le même degré de fiabilité et certains posent de sérieux problèmes d'évaluation. Pour ne pas alourdir la lecture, je n'ai pas discuté ces questions dans le corps du texte. Cette annexe récapitule les principales sources de données utilisées et donne quelques précisions sur les difficultés d'évaluation ou d'interprétation qu'elles peuvent soulever.

LES SOURCES DE DONNÉES GÉNÉRALES SUR LE RÉCHAUFFEMENT CLIMATIQUE (CHAPITRE 2)

Pour l'essentiel, les chiffres utilisés dans le chapitre sont issus du rapport du premier groupe de travail du 6e rapport d'évaluation du GIEC. Les données plus récentes sur le réchauffement moyen et les concentrations des gaz à effet de serre proviennent de l'Office météorologique mondial et sont accessibles sur son site.

Les données d'émissions de l'ensemble des gaz à effet de serre sont consolidées à chaque rapport d'évaluation du GIEC, dans la partie produite par le troisième groupe de travail. Entre deux rapports, on peut facilement les actualiser à partir des tableaux Excel détaillés produits chaque année en annexe du rapport annuel intitulé *Trends in Global CO_2 and Total Greenhouse Gas Emissions* de l'Agence environnementale néerlandaise (PBL Netherlands Environmental Assessment Agency).

Pour le CO_2 la base de données la plus complète, actualisée chaque année, est celle du *Global Carbon Budget* qui à la fois couvre les émissions de CO_2 d'origine énergétique et industrielle et donne les différentes estimations des rejets et absorptions de CO_2 liés aux changements d'usage des terres. Le *Global Carbon Budget* fournit également année par année une estimation des puits de carbone terrestre et océanique.

Pour la France, on trouve sur le site du CITEPA toutes les données d'émissions, avec un grand degré de détail. Depuis 2020, le CITEPA publie un tableau de bord trimestriel permettant un suivi infra-annuel.

LES SOURCES DES DONNÉES SUR L'ÉNERGIE (CHAPITRES 3 ET 4)

L'Agence internationale de l'énergie (AIE) est la source principale sur laquelle je me suis basé, tant en ce qui concerne les séries historiques que les scénarios prospectifs. La plupart de ces données sont directement accessibles sur le site de l'Agence.

Pour des raisons de commodité, j'ai également utilisé la base de données Excel de BP actualisée chaque année sur le site de la compagnie : « Statistical Review of World

Energy ». Les données convergent avec celles de l'AIE, mais les conventions utilisées pour convertir l'énergie finale en énergie primaire ne sont pas les mêmes.

Les données sur les émissions de CO_2 provenant de la combustion d'énergie fossile sont très fiables. Une incertitude plane sur celles de méthane. La question a été longuement discutée aux États-Unis à propos des données de l'inventaire national, suspectées de sous-estimer cette catégorie d'émissions. Une étude récente utilisant l'imagerie satellite confirme la sous-estimation probable de l'estimation des rejets de méthane par l'industrie pétrogazière (https://www.cnrs.fr/fr/des-emissions-massives-de-methane-par-lindustrie-petroliere-et-gaziere-detectees-depuis-lespace).

LES SOURCES DE DONNÉES SUR L'AGRICULTURE ET LA FORÊT (CHAPITRES 5 ET 6)

Les informations sur les émissions liées à l'agriculture et à la forêt sont d'une bien plus grande fragilité que celles liées à l'énergie et font l'objet de révisions qui peuvent être importantes. De plus, les estimations des différents organismes qui les publient ne sont pas toujours concordantes.

Concernant les émissions spécifiques de l'agriculture, j'ai repris les données de la FAO, qui sont toutes accessibles sur le site de l'organisation (base de données « Faostat »). Ces données sont celles qui sont utilisées dans les rapports du GIEC. Leur fiabilité est approximative car elles sont calculées, sur la base des déclarations des pays, à partir de coefficients forfaitaires d'émissions qui ne reflètent pas toujours correctement la réalité.

Pour les émissions liées aux changements d'usage des terres, j'ai repris les évaluations du *Global Carbon Budget* à partir de l'édition de 2022. Le 6e rapport d'évaluation du GIEC privilégie également cette source d'information. Mais il s'est basé sur les chiffres de l'édition de 2020, qui ont été révisés depuis par le *Global Carbon Budget*. C'est pourquoi les chiffres reproduits dans le tableau de synthèse ci-dessous, utilisés dans l'ouvrage, ne correspondent pas avec ceux du rapport du GIEC.

Enfin, j'ai utilisé les données de l'inventaire forestier de la FAO pour les statistiques de superficies forestières. C'est une source de référence qui a beaucoup gagné en fiabilité grâce à l'imagerie satellite.

Tableau des émissions de gaz à effet de serre de l'agriculture et de la forêt

Unité : Mt d'équivalents CO_2	2020	2010	2000	1990
Productions animales	**3 250**	**3 036**	**2 839**	**2 874**
Fermentation entérique	*2 850*	*2 654*	*2 474*	*2 494*
Gestion des effluents d'élevage	*400*	*381*	*365*	*380*
Fertilisation des sols	**1 563**	**1 401**	**1 200**	**1 146**
Fertilisation chimique	*625*	*560*	*446*	*425*
Fertilisation organique	*938*	*841*	*754*	*721*
Gestion de l'eau	**1 608**	**1 578**	**1 512**	**1 460**
Riziculture	*686*	*683*	*653*	*621*
Drainage des sols	*922*	*895*	*859*	*839*
Traitement des déchets & brûlis agricoles	**1 494**	**1 422**	**1 310**	**1 129**
Changements d'affectation des terres & forêts	**4 060**	**4 840**	**5 120**	**4 880**
TOTAL GÉNÉRAL	**11 974**	**12 276**	**11 980**	**11 488**

Source des données : Faostat et *Global Carbon Budget* pour les changements d'usage des terres.

LES MÉTHODES DE COMPTABILISATION DES ÉMISSIONS LIÉES À L'USAGE DES TERRES (CHAPITRE 6)

Le calcul des émissions de gaz à effet de serre liées à l'usage des terres pose de réels problèmes méthodologiques. La connaissance des changements d'usage des terres a fait de grands progrès grâce à l'imagerie satellite. L'interprétation des images satellite permet de connaître les surfaces déforestées, reforestées, ainsi que les changements dans les systèmes de cultures (terres labourées, prairies permanentes...). Il faut ensuite transformer les hectares en tonnes d'équivalent CO_2, ce qui est un exercice délicat. C'est particulièrement complexe pour tout ce qui est lié à la dégradation des forêts, des milieux humides ou des changements de pratiques au sein d'un système de culture (par exemple passer au non-labour).

On dispose de trois grandes sources d'information :

— les données actualisées chaque année par le *Global Carbon Budget* (CGB), qui sont celles reprises dans les modélisations du GIEC donnant les trajectoires d'émissions et le budget carbone résiduel pour viser tel ou tel objectif de limitation du réchauffement ;

— les données d'inventaires nationaux des émissions de gaz à effet de serre, calculées par les différents pays à partir d'une méthodologie validée par le GIEC ;

— les données calculées par la FAO et accessibles sur Faostat, qui convergent avec celles des inventaires nationaux, sans les recouper rigoureusement.

Un écart de l'ordre de 6 Gt de CO_2 par an (sur la décennie 2012-2021) sépare les données du GCB, qui estime à 4,5 Gt les émissions nettes de CO_2 résultant des changements d'usage des terres (principalement déforestation tropicale), de celles de la FAO et des inventaires, qui estiment que ces changements ont généré des émissions nettes négatives (ou absorptions) de l'ordre de 1,5 Gt de CO_2.

L'écart provient principalement de la façon dont on comptabilise l'absorption du CO_2 par la forêt. Les données d'inventaires incluent dans les calculs les absorptions de CO_2 induites par « l'effet de fertilisation » résultant de l'accroissement de la teneur atmosphérique en CO_2, qui active la photosynthèse. Les modèles utilisés par le GCB et le GIEC ne considèrent pas ces absorptions comme anthropiques et ne les incluent donc pas dans leur estimation.

On peut assez aisément réconcilier ces deux séries, ce que font le 6e rapport du GIEC (groupe de travail numéro 3, chapitre V, p. 758-763) et le rapport du GCB (https://doi.org/10.5194/essd-14-4811-2022). Mais cela a une conséquence majeure pour la négociation climatique et en particulier pour le premier bilan global de l'accord de Paris, qui doit être réalisé en 2023 et 2024. Comme ce bilan sera réalisé à partir des données d'inventaires sur la base desquelles sont établis les objectifs climatiques, il conviendra de corriger en conséquence le budget carbone résiduel calculé par le GIEC et actualisé chaque année par le GCB. Le 6e rapport du GIEC estime cette correction à 104 Gt de CO_2 (19 %) pour un objectif de limitation du réchauffement à 1,5 °C, et à 170 Gt de CO_2 (18 %) pour 2 °C (*op. cit.*, p. 763). Une autre façon de le dire est qu'il faudra réévaluer de quelque 20 % les objectifs de réduction d'émissions pour viser les cibles de réchauffement correspondantes.

NOTES

Introduction

ABONDANCE, RARETÉ, ÉQUITÉ

1. Henry David Thoreau, *La Désobéissance civile*, trad. Jacques Mailhos, Paris, Gallmeister, 2017.

2. Nicholas Stern, *The Economics of Climate Change. The Stern Review*, Cambridge, Cambridge University Press, 2006.

3. A. Denny Ellerman, Franck J. Convery, Christian de Perthuis, *Pricing Carbon. The European Union Emissions Trading Scheme*, Cambridge, New York, Cambridge University Press, 2010.

4. Nicholas Georgescu-Roegen, *The Entropy Law and the Economic Process*, Cambridge (Mass.), Harvard University Press, 1991.

5. Kate Raworth, *Doughnut Economics. Seven Ways to Think Like a 21st-Century Economist*, Londres, Random House Business Books, 2017 (paru en français sous le titre *La Théorie du donut. L'économie de demain en 7 principes*, Paris, J'ai lu, 2021).

6. Amartya Sen, *Poverty and Famines. An Essay on Entitlement and Deprivation*, Oxford, Clarendon Press, 1981.

CHAPITRE I. MAUDITE ABONDANCE

1. Annie Ernaux, *Les Années*, Paris, Gallimard, « Folio », 2008, p. 40.

2. Angus Maddison, *L'Économie mondiale. Une perspective millénaire*, Paris, OCDE, 2001.

3. Paul Bairoch, *Victoires et Déboires. Histoire économique et sociale du monde du XVI*e *siècle à nos jours*, Paris, Gallimard, 1997.

4. Annie Ernaux, *Les Années*, *op. cit.*, p. 45.

5. *Ibid.*, p. 232.

6. Jean Fourastié, *Les Trente Glorieuses ou la révolution invisible de 1946 à 1975*, Paris, Fayard, 1979.

7. Annie Ernaux, *Les Années*, *op. cit.*, p. 228.

8. *Ibid.*, p. 232 et 234.

9. Gene M. Grossman et Alan B. Krueger, « Economic Growth and the Environment », *The Quarterly Journal of Economics*, vol. 110, n° 2, mai 1995, p. 353-377.

10. Roger Fouquet et Peter J. G. Pearson, « The Long Run Demand for Lighting. Elasticities and Rebound Effects in Different Phases of Economic Development », *Economics of Energy and Environmental Policy*, janvier 2012.

11. *Observatoire des inégalités*, données : https://www.inegalites.fr/evolution_pauvrete_annuelle, 14 octobre 2022.

12. Thomas Piketty, *Le Capital au XXI*e *siècle*, Paris, Le Seuil, 2013.

13. Branko Milanović (2016), *Inégalités mondiales. Le destin des classes moyennes, les ultra-riches et l'égalité des chances*, Paris, La Découverte, 2019.

14. World Bank, *Poverty and Shared Prosperity 2022. Correcting Course*, 2022.

15. Karl Marx (1875), *Critique du programme de Gotha*, Paris, Les Éditions sociales, 2008.

16. John Maynard Keynes (1930), *Essays in Persuasion*, New York, W. W. Norton & Co., 1963, p. 358-373.

17. John Stuart Mill, *Principles of Political Economy, with some of their Applications to Social Philosophy*, Londres, Longman, 1848, p. 743.

18. Michael J. Sandel (2012), *Ce que l'argent ne saurait acheter. Les limites morales du marché*, Paris, Le Seuil, 2016.

19. Tim Jackson, *Prospérité sans croissance. Les fondations pour l'économie de demain*, Louvain-la-Neuve, De Boeck Supérieur, 2017, p. 40-41 et p. 139.

20. Timothée Parrique, *Ralentir ou périr. L'économie de la décroissance*, Paris, Le Seuil, 2022, p. 100 et p. 104.

21. Richard Fuller, Philip J. Landrigan, Kalpana Balakrishnan, Glynda Bathan, Stephan Bose-O'Reilly, Michael Brauer *et al.*, « Pollution and Health. A Progress Update », *The Lancet*, vol. 6, n° 6, juin 2022.

22. Arthur C. Pigou, *The Economics of Welfare*, Londres, Macmillan, 1920.

23. François Jarrige et Thomas Le Roux, *La Contamination du monde. Une histoire des pollutions à l'âge industriel*, Paris, Le Seuil, 2017.

24. Paul Crutzen, Mario Molina et Frank Sherwood Rowland.

25. Roland Jackson, « Eunice Foote, John Tyndall and a Question of Priority », *The Royal Society Publishing*, 13 février 2019.

26. Emily Elhacham, Liad Ben-Uri, Jonathan Grozovski, Yinon M. Bar-On et Ron Milo, « Global Human-Made Mass Exceeds All Living Biomass », *Nature*, vol. 588, p. 442-444.

27. Jean-Baptiste de Lamarck, *Système analytique des connaissances positives de l'homme*, cité dans Gilbert Haffner et Guillaume Lecointre (dir.), *Quel futur pour le vivant ?*, La Tour-d'Aigues, Éditions de l'Aube ; Paris, Grand Orient de France, Muséum national d'histoire naturelle, 2021, p. 19.

28. Denny Meadows *et al.*, *Halte à la croissance ? Enquête sur le club de Rome*, Paris, Fayard, 2013.

29. Robert M. Solow, « The Economics of Resources or The Resources of Economics », *The American Economic Review*, vol. 64, n° 2, Papers and Proceedings of the Eighty-Sixth Annual Meeting of the American Economic Association, 1974, p. 1-14.

30. Cité dans Tim Jackson, *Prospérité sans croissance*, *op. cit.*, p. 37.

31. David Ricardo (1817), *Des principes de l'économie politique et de l'impôt*, Paris, Flammarion, 1977.

32. William Stanley Jevons, *The Coal Question. An Inquiry Concerning the Progress of the Nation and the Probable Exhaustion of our Coal-Mines*, Londres, Macmillan, 1865, p. 140.

33. Harold Hotelling, « The Economics of Exhaustible Resources », *The Journal of Political Economy*, vol. 39, n° 2, avril 1931, p. 137-175.

34. Donella Meadows, Dennis Meadows et Jorgen Randers (2004), *Les Limites à la croissance (dans un monde fini)*, Paris, Rue de l'échiquier, 2012, p. 264-291.

35. Johan Rockström *et al.*, « Planetary Boundaries. Exploring the Safe Operating Space for Humanity », *Ecology and Society*, vol. 14, n° 2, p. 32.

36. https://www.stockholmresilience.org/research/planetary-boundaries.html.

37. Kate Raworth (2017), *La Théorie du donut. L'économie de demain en 7 principes*, Paris, J'ai lu, 2021, p. 79.

CHAPITRE 2. CARBONE FOSSILE, CARBONE VIVANT

1. John R. McNeill (2000), *Du nouveau sous le soleil. Une histoire de l'environnement mondial au XXe siècle*, Seyssel, Champ Vallon, 2010, p. 6-7.

2. Pierre Friedlingstein *et al.*, *Global Carbon Budget 2022* ; https://www.globalcarbonproject.org/carbonbudget/.

3. IPCC, *Climate Change 2022. Mitigation of Climate Change*, Working Group III, p. 9.

4. Lucas Chancel, *Insoutenables inégalités. Pour une justice sociale et environnementale*, Paris, Les Petits Matins, 2017, p. 137.

5. Lucas Chancel, « Global Carbon Inequality over 1990-2019 », *Nature Sustainability*, vol. 5, septembre 2022, p. 931-938.

6. https://oxfamilibrary.openrepository.com/bitstream/handle/10546/621052/mb-confronting-carbon-inequality-210920-en.pdf.

7. Shoibal Chakravarty *et al.*, « Sharing Global CO_2 Emission Reductions Among One Billion High Emitters », *Proceedings of the National Academy of Sciences (PNAS)*, vol. 106, n° 29, 21 juillet 2009.

8. https://aspofrance.org/.

9. Matthieu Auzanneau, *Or noir. La grande histoire du pétrole*, Paris, La Découverte, 2015.

10. Matthieu Auzanneau et Hortense Chauvin, *Pétrole. Le déclin est proche*, Paris, Le Seuil, 2021.

11. AIE, *World Energy Outlook*, 2022, p. 467.

12. IPCC, *Climate Change and Land*, Special Report, avril 2019.

13. https://unfccc.int/process-and-meetings/the-paris-agreement/the-paris-agreement.

14. IPCC, *Global Warming of 1,5 °C*, Special Report, octobre 2018.

15. UNFCCC, *Sharm el-Sheikh Implementation Plan*, Decision -/CP.27, 20 novembre 2022, p. 3.

16. https://public.wmo.int/fr/medias/communiqu%C3%A9s-de-presse/

encore-une-mauvaise-nouvelle-pour-la-plan%C3%A8te-les-niveaux-de-gaz-%C3%A0-effet.

17. Shushi Peng *et al.*, « Wetland Emission and Atmospheric Sink Changes Explain Methane Growth in 2020 », *Nature*, vol. 612, 15 décembre 2022.

18. Jean Jouzel et Anne Debroise, *Le Défi climatique. Objectif : 2 °C !*, Paris, Dunod, 2014, p. 117.

19. John Houghton, *Global Warming. The Complete Briefing*, Cambridge, New York, Cambridge University Press, 2015, p. 250.

20. IPCC, *Climate Change. The IPCC Scientific Assessment*, 1990.

21. Jean-Pierre Dupuy, *Pour un catastrophisme éclairé. Quand l'impossible est certain*, Paris, Le Seuil, 2004.

22. Valérie Masson-Delmotte, *Quel climat pour vous, vos enfants, vos petits-enfants ?*, Montrouge, Bayard, 2021.

23. *The Economist*, Weekly Edition, 5 au 11 novembre 2022.

CHAPITRE 3. TRANSITION ÉNERGÉTIQUE

1. Robert J. Gordon, *The Rise and Fall of American Growth. The U.S. Standard of Living since the Civil War*, Princeton, Oxford, Princeton University Press, 2016.

2. Vaclav Smil, *Energy Transitions. Global and National Perspectives*, Santa Barbara (Calif.), Denver (Colorado), Praeger, 2017.

3. *Ibid.*, p. 28-32.

4. Cesare Marchetti et Nebojsa Nakicenovic, *The Dynamics of Energy Systems and the Logistic Substitution Model*, IIASA Research Report, décembre 1979.

5. Christophe Bonneuil et Jean-Baptiste Fressoz, *L'Événement anthropocène. La Terre, l'histoire et nous*, Paris, Le Seuil, 2016, p. 120.

6. NégaWatt, *La transition énergétique au cœur d'une transition sociétale*, 2022 ; https://negawatt.org/IMG/pdf/synthese-scenario-negawatt-2022.pdf.

7. Vaclav Smil, *Energy Transitions*, *op. cit.*, p. 237.

8. Sylvie Cornot-Gandolphe, *Carbon Capture, Storage and Utilization to the Rescue of Coal ?. Global Perspectives and Focus on China and the United States*, IFRI, juin 2019.

9. IEA, *IEA Public Energy Technology R&D and Demonstration Spending by Technology, 1977-2019*, octobre 2022.

10. Mycle Schneider *et al.*, *The World Nuclear Industry Status Report 2022* ; https://www.worldnuclearreport.org/The-World-Nuclear-Industry-Status-Report-2022-HTML.html.

11. Vaclav Smil, *Energy Transitions*, *op. cit.*, p. 224.

12. Antoine de Ravignan, *Nucléaire. Stop ou encore ?*, Paris, Les Petits Matins, 2022.

13. François Lévêque, *Nucléaire On/Off. Analyse économique d'un pari*, Paris, Dunod, 2013.

14. Jacques Percebois, *L'Énergie solaire. Perspectives économiques*, Paris, Éditions du CNRS, 1975, p. 174.

15. Lee M. Miller, F. Gans et Axel Kleidon, « Estimating Maximum Global Land Surface Wind Power Extractability and Associated Climatic Consequences », *Earth System Dynamics*, 15 septembre 2010.

16. https://www.documentcloud.org/documents/20482842-scientist-leter-to-biden-van-der-leyden-michel-suga-moon-february-11-2021.

17. Charles A. S. Hall, *Energy Return on Investment. A Unifying Principle for Biology, Economics, and Sustainability*, Cham, Springer, 2017.

18. Jules Verne, *L'Île mystérieuse*, Paris, Jules Hetzel et C°, 1875, p. 318.

19. Christian de Perthuis, « L'hydrogène sera vraiment révolutionnaire si il est produit à partir des renouvelables », *The Conversation*, 14 février 2022.

20. Guillaume Pitron, *La Guerre des métaux rares. La face cachée de la transition énergétique et numérique*, Paris, Les liens qui libèrent, 2021.

21. Jean Pisani-Ferry et Selma Mahfouz, *Les Incidences économiques de l'action pour le climat*, Rapport à la Première ministre, France Stratégie, mai 2023.

22. Mark Carney, « Breaking the Tragedy of the Horizon. Climate Change and Financial Stability », 29 septembre 2015 ; https://www.bankofengland.co.uk/speech/2015/breaking-the-tragedy-of-the-horizon-climate-change-and-financial-stability.

23. William D. Nordhaus, *The Climate Casino. Risk, Uncertainty, and Economics for a Warming World*, New Haven, Londres, Yale University Press, 2013, p. 169-194.

24. Timothée Parrique, *Ralentir ou périr*, *op. cit.*, p. 53-90.

25. Kate Raworth, *La Théorie du donut*, *op. cit.*, p. 376.

CHAPITRE 4. INVESTIR ET DÉSINVESTIR

1. UNEP, *Production Gap Report* ; https://productiongap.org/2021report/.

2. https://hdr.undp.org/.

3. State of Qatar, *Nationally Determined Contribution (NDC)*, août 2021 ; site de l'UNFCCC.

4. https://www.europarl.europa.eu/doceo/document/RC-9-2022-0409_FR.html.

5. https://www.courrierinternational.com/article/analyse-un-projet-d-oleoduc-en-ouganda-revelateur-d-une-fracture-ecologique-entre-l-ue-et-l-afrique.

6. https://www.un.org/development/desa/dpad/least-developed-country-category/ldc-data-retrieval.html.

7. Cédric Philibert, « La cuisson électrique pour le développement soutenable de l'Afrique subsaharienne », *Briefings de l'IFRI*, 2022.

8. https://www.iea.org/reports/tracking-sdg7-the-energy-progress-report-2022.

9. Amitav Ghosh, *The Great Derangement. Climate Change and the Unthinkable*, Chicago, Londres, The University of Chicago Press, 2016, p. 87.

10. *China's Achievements, New Goals and New Measures for Nationally Determined Contributions*, novembre 2022 ; site de l'UNFCCC.

11. Government of India, *India's Updated First Nationally Determined Contribution Under Paris Agreement (2021-2030)*, août 2022 ; site de l'UNFCCC.

12. John Larsen *et al.*, *A Turning Point for US Climate Progress. Assessing the Climate and Clean Energy Provisions in the Inflation Reduction Act*, Rhodium Group, 22 août 2022.

13. Cédric Philibert, *Éoliennes. Pourquoi tant de haine ?*, Paris, Les Petits Matins, Institut Veblen pour les réformes économiques, 2023.

14. Pierre Veltz, *Bifurcation. Réinventer la société industrielle par l'écologie ?*, La Tour-d'Aigues, L'Aube, 2022, p. 130.

15. Jean Pisani-Ferry et Selma Mahfouz, *Les Incidences économiques de l'action pour le climat*, *op. cit.*, p. 101-111.

16. https://www.rte-france.com/analyses-tendances-et-prospectives/bilan-previsionnel-2050-futurs-energetiques.

17. https://ec.europa.eu/eurostat/web/products-eurostat-news/-/ddn-20220119-1.

CHAPITRE 5. TRANSITION AGROCLIMATIQUE

1. Marcel Mazoyer et Laurence Roudart, *Histoire des agricultures du monde. Du néolithique à la crise contemporaine*, Paris, Le Seuil, 2002.

2. Bertrand Valiorgue, « La durabilité agricole ou l'enjeu du siècle », dans *Agriculture et alimentation : la durabilité à l'épreuve des faits*, Iris Éditions, 2023, p. 25-38.

3. Marcel Mazoyer et Laurence Roudart, *Histoire des agricultures du monde*, *op. cit.*, p. 594.

4. Eduardo Brondizio, Sandra Diaz, Josef Settele et Hien T. Ngo (dir.) (2019), *Global Assessment Report on Biodiversity and Ecosystem Services of the Intergovernmental Science-Policy Platform on Biodiversity and Ecosystem Services*, Bonn, IPBES ; https://doi.org/10.5281/zenodo.3831673.

5. ONU-Info, *L'Obésité et la sous-nutrition, double fardeau de plus d'un tiers des pays à revenu faible ou moyen (OMS)*, 16 décembre 2019 ; https://news.un.org/fr/story/2019/12/1058351.

6. FAO, *The State of Food Security and Nutrition in the World. Repurposing Food and Agricultural Policies to Make Healthy Diets more Affordable*, 2022 ; https://www.fao.org/3/cc0639en/cc0639en.pdf.

7. https://www.wfp.org/publications/projected-increase-acute-food-insecurity-due-war-ukraine.

8. https://www.euractiv.fr/section/agriculture-alimentation/special_report/comment-la-guerre-en-ukraine-transforme-la-pac/.

9. https://www.who.int/news-room/fact-sheets/detail/obesity-and-overweight.

10. IFPRI, *Global Food Policy Report. Climate Change and Food Systems*, Washington D. C., 2022, p. 75 ; https://doi.org/10.2499/9780896294257.

11. IPCC, *Climate Change 2022*, *op. cit.*, p. 111.

12. https://www.fao.org/3/cc2672en/cc2672en.pdf.

13. Nicolas Bricas, Damien Conaré et Marie Walser (dir.), *Une écologie de l'alimentation*, Versailles, Éditions Quæ, 2021, p. 230-231.

14. https://www.fao.org/documents/card/en/c/cc2672en.

15. René Cuperus, « La révolte des Néerlandais contre une élite hors sol », *NSC Handelsblad*, reproduit dans *Courrier international*, n° 1692, avril 2023, p. 16-17.

16. Cécile Détang-Dessendre et Hervé Guyomard (dir.), *Quelle politique agricole commune demain ?*, Versailles, Éditions Quæ, 2023.

17. Sarah Laisse, René Baumont, Léonie Dusart, Didier Gaudré, Benoit Rouillé, Marc Benoit, Patrick Veysset, Didier Rémond et Jean-Louis Peyraud, « L'efficience nette de conversion des aliments par les animaux d'élevage : une nouvelle approche pour évaluer la contribution de l'élevage à l'alimentation humaine », *INRAE*, vol. 31, n° 3, dossier : *Ressources alimentaires pour les animaux d'élevage*, publié le 18 janvier 2019 ; https://productions-animales.org/article/view/2355.

18. Bruno David, *À l'aube de la 6e extinction. Comment habiter la Terre*, Paris, Grasset, 2021, p. 115.

19. https://www.science.org/doi/10.1126/science.aaq0216.

20. FAO, *The Future of Food and Agriculture. Alternative Pathways to 2050*, juin 2018.

21. Solagro, *Le Revers de notre assiette. Changer d'alimentation pour préserver notre santé et notre environnement*, juin 2019 ; https://solagro.org/images/imagesCK/files/publications/f85_le-revers-de-notre-assiette-web.pdf.

22. Solagro, *Le Pouvoir de notre assiette. Transition agricole, alimentaire et d'usage des terres : le scénario Afterres*, Namur, Éditions Utopia, 2023.

23. https://tappcoalition.eu/true-pricing-of-food.

24. Gilles Luneau, *Steak barbare. Hold-up végan sur l'assiette*, La Tour-d'Aigues, Éditions de l'Aube, 2020.

25. Jean-François Hocquette, Sghaier Chriki et Marie-Pierre Ellies-Oury, « Une alimentation sans agriculture demain : la "viande" produite en laboratoire ? », dans Sébastien Abis et Anaïs Marie (dir.), *Le Déméter 2023. Agriculture et alimentation : la durabilité à l'épreuve des faits*, Paris, IRIS éditions, 2023, p. 141-159.

26. Quentin Mathieu, « Des insectes pour sauver l'agriculture et l'alimentation mondiale », dans *ibid.*, p. 169-183.

27. Michel Griffon, *Qu'est-ce que l'agriculture écologiquement intensive ?*, Versailles, Éditions Quæ, 2013.

28. Xavier Poux, Pierre-Marie Aubert et Marielle Court, *Demain, une Europe agroécologique. Se nourrir sans pesticides, faire revivre la biodiversité*, Arles, Actes Sud, 2021.

29. Paul Luu, *Les agriculteurs ont la Terre entre leurs mains*, Auray, Éditions La Butineuse, 2023, p. 118.

30. Olivier Mora *et al.*, *Prospective : agriculture européenne sans pesticides chimiques en 2050*, Inrae, 2023, p. 12.

31. https://ec.europa.eu/environment/archives/soil/pdf/soil_and_climate_fr.pdf.

32. Thuy Le Toan, Nguyen Huu Quyen, Michel Simioni, Hoa Phan, Hironori Arai *et al.*, *Agriculture in Viet Nam under the Impact of Climate Change*, 2021 ; https://hal.inrae.fr/hal-03456472/file/2021_Simioni_Rapport_AFD_Climate%20change_GEMMES-pages-191-228.pdf.

33. Laurent Levrard (dir.), *Guide pour l'évaluation de l'agroécologie. Méthode pour apprécier ses effets et les conditions de son développement*, Nogent-sur-Marne, Éditions du Gret ; Versailles, Éditions Quæ, 2023.

34. https://www.ipcc.ch/report/ar6/wg2/downloads/report/IPCC_AR6_WGII_Chapter05.pdf.

CHAPITRE 6. ATTENTION : PUITS DE CARBONE !

1. Christopher C. Wilmers, James A. Estes, Matthew Edwards, Kristin L. Laidre et Brenda Konar, « Do Trophic Cascades Affect the Storage and Flux of Atmospheric Carbon ? An Analysis of Sea Otters and Kelp Forests », *Frontiers in Ecology and the Environment*, vol. 10, n° 8, octobre 2012 ; www.frontiersinecology.org.

2. Aldo Leopold (1949), *A Sand County Almanac, and Sketches Here and There*, Londres, New York, Oxford University Press, 1968, p. 130-132.

3. Oswald J. Schmitz, *The New Ecology. Rethinking a Science for the Anthropocene*, Princeton, Oxford, Princeton University Press, 2017.

4. *Ibid.*, p. 34.

5. https://ocean-climate.org/wp-content/uploads/2020/01/2.-Loc%C3%A9an-pompe-%C3%A0-carbone-Fiches-S-2019.pdf.

6. Enric Sala *et al.*, « Protecting the Global Ocean for Biodiversity, Food and Climate », *Nature*, n° 592, 2021, p. 397-402.

7. https://www.imo.org/fr/ourwork/legal/pages/unitednationsconventiononthelawofthesea.aspx.

8. Valentin Bellassen, Denis Angers, Tomasz Kowalczewski et Asger Olesen, « Soil Carbon is the Blind Spot of European National GHG Inventories », *Nature Climate Change*, vol. 12, 2022, p. 324-331.

9. Bernard Chevassus-au-Louis, *La Biodiversité, c'est maintenant*, La Tour-d'Aigues, Éditions de l'Aube, 2013.

10. https://research.wri.org/gfr/latest-analysis-deforestation-trends.

11. François-Michel Le Tourneau, *L'Amazonie. Histoire, géographie, environnement*, Paris, Éditions du CNRS, 2019.

12. Gabriela Simonet, « La gestion des forêts tropicales comme levier d'atténuation du changement climatique : l'expérience des projets REDD + », thèse, AgroParisTech et université de Montpellier, juin 2016.

13. François-Michel Le Tourneau, *L'Amazonie*, *op. cit.*, p. 481.

14. https://www.ipcc.ch/site/assets/uploads/2019/11/SRCCL-Full-Report-Compiled-191128.pdf.

15. Nedjma Rahmani, « Stratégie d'adaptation au changement climatique : l'expérience du Barrage vert en Algérie », *Forêt méditerranéenne*, t. XXXVIII, n° 3, septembre 2017.

16. Khaled Amrani, « Les oasis sahariennes, rempart menacé contre la désertification », *The Conversation*, 29 septembre 2020.

17. https://www.unccd.int/resources/publications/great-green-wall-implementation-status-way-ahead-2030.

18. https://www.fao.org/in-action/action-against-desertification/action-against-desertificationbackground/action-against-desertification backgroundvision/fr/.

19. Thierry Lebel, Gérémy Panthou et Théo Vischel, « Au Sahel, pas de retour à la normale après la "grande sécheresse" », *The Conversation*, 12 novembre 2018.

20. https://4p1000.org/.

21. https://www.sciencedirect.com/science/article/pii/S0016706117300095.

22. Sylvain Pellerin, Laure Bamière, Isabelle Savini et Olivier Réchauchère, *Stocker du carbone dans les sols français. Quel potentiel et à quel coût ?*, Versailles, Éditions Quæ, 2021.

23. https://www.ecologie.gouv.fr/sites/default/files/2020-03-25_MTES_SNBC2.pdf.

24. *Ibid.*, p. 186.

25. Citepa, *Gaz à effet de serre et polluants atmosphériques. Bilan des émissions en France de 1990 à 2021*, Rapport national d'inventaire, format Secten, juin 2022, p. 464-473.

26. https://trove-research.com/reports-and-commentary/.

27. https://www.carbonbrief.org/cropped-5-april-2022-carbon-offsets-scrutinised-un-water-talks-ipcc-beef-and-food-fraud/.

28. The Royal Society, *Geoengineering the Climate. Science, Governance and Uncertainty*, Londres, septembre 2009, p. 1 ; https://royalsociety.org/-/media/Royal_Society_Content/policy/publications/2009/8693.pdf.

29. Monica Evans, « Climate Fix ? 'Fertilizing' Oceans with Iron Unlikely to Sequester more Carbon », *Mongabay Series : Sea Change*, 4 mars 2020 ; https://news.mongabay.com/2020/03/climate-fix-fertilizing-oceans-with-iron-unlikely-to-sequester-more-carbon/.

Conclusion
LE DONUT REVISITÉ

1. John Rawls, *Théorie de la justice*, Paris, Le Seuil, 1997.

2. Catherine Larrère, Laura Centemeri, Cyria Emelianoff, Éloi Laurent et Gildas Renou, *Les Inégalités environnementales*, Paris, PUF, 2017, p. 60.

3. Elizabeth Kolbert (2014), *La 6e Extinction. Comment l'homme détruit la vie*, Paris, Librairie générale française, 2015.

Annexe 1
DES « LIMITES PLANÉTAIRES » À « L'ÉCONOMIE DU DONUT »

1. Kate Raworth (2017), *La Théorie du donut*, *op. cit.*, p. 455-460.

REMERCIEMENTS

Le projet de ce livre est né d'une conversation avec Sophie Kucoyanis, dans son bureau des éditions Gallimard, qui m'a ensuite accompagné durant toute la phase d'écriture. Je la remercie pour la qualité de son accueil, ses conseils toujours judicieux et la finesse de son retour sur le manuscrit. Merci également à Lionel Blot et à toute l'équipe de Gallimard chargée de la fabrication et de la diffusion du livre pour leur professionnalisme.

J'ai eu la chance de pouvoir profiter des conseils de nombreux collègues, dont certains m'ont même fait l'honneur d'une relecture complète. Leurs retours m'ont permis de corriger nombre d'approximations, voire d'inexactitudes, lors de ma première rédaction. Un grand merci à tous ceux qui ont contribué : Matthieu Auzanneau, Lucas Chancel, Amy Dahan, Pierre Friedlingstein, Elphège Ghestem-Zahir, Juliette Gougis, Alain Grandjean, Timothée Parrique, Jacques Percebois, Cédric Philibert, Anaïs Rémont, Gabriela Simonet.

Si, malgré leur vigilance, il subsiste des faiblesses dans l'ouvrage, il va de soi que j'en porte l'entière responsabilité.

Enfin, l'écriture d'un livre prend du temps, souvent un peu plus qu'on ne l'imagine au départ, ce qui impose des contraintes à ceux dont vous partagez le quotidien. Une fois encore, un immense merci à ma conjointe, Brigitte, qui n'a cessé de m'encourager malgré les désagréments qu'ont imposés mes travaux quotidiens d'écriture.

DU MÊME AUTEUR

CLIMAT. 30 MOTS POUR COMPRENDRE ET AGIR, De Boeck, 2022

ILS VOULAIENT REFROIDIR LA TERRE, roman, Librinova, 2021

COVID-19 ET RÉCHAUFFEMENT CLIMATIQUE, De Boeck, 2020

LE TIC-TAC DE L'HORLOGE CLIMATIQUE, De Boeck, 2019

LE CLIMAT, À QUEL PRIX ? (avec Raphaël Trotignon), Odile Jacob, 2015

GREEN CAPITAL. A NEW PERSPECTIVE ON GROWTH (avec Pierre-André Jouvet), Columbia University Press, 2014

LE COMPLOT CLIMATIQUE, roman, L'Harmattan, 2014

LE CAPITAL VERT (avec Pierre-André Jouvet), Odile Jacob, 2013

ET SI LE CHANGEMENT CLIMATIQUE NOUS AIDAIT À SORTIR DE LA CRISE ? (avec Anaïs Delbosc), Le Cavalier bleu, 2012

ET POUR QUELQUES DEGRÉS DE PLUS..., Pearson, 2e éd. 2009 ; version internationale : *Economic Choices in a Warming World*, Cambridge University Press, 2011

PRICING CARBON (avec Denny Ellerman & Frank J. Convery), Cambridge University Press, 2010

IDÉES REÇUES SUR LE CHANGEMENT CLIMATIQUE (avec Anaïs Delbosc), Le Cavalier bleu, 2009

LE DÉVELOPPEMENT DURABLE (avec Arnaud Berger et Nicolas Perin), Nathan, « Repères pratiques », 2005

LA FINANCE, AUTREMENT (avec Jean-Pierre Petit), Dalloz, 2005

LA GÉNÉRATION FUTURE A-T-ELLE UN AVENIR ?, Belin, 2003

Composition : Nord Compo
Achevé d'imprimer
sur Roto-Page
par l'Imprimerie Floch
à Mayenne, en septembre 2023.
Dépôt légal : septembre 2023.
Numéro d'imprimeur : 103310.

ISBN 978-2-07-302663-7 / Imprimé en France.

598380